消费者的
食品安全自我保护行为研究

白　丽　王明亮　著

本书受国家自然科学基金项目“消费者的食品安全自我保护行为：理论构建、实证检验及干预实验”（项目编号：71573103）资助

科 学 出 版 社
北　京

内 容 简 介

消费者是确保入口食品安全、防范食源性疾病的最后一道防线。消费者采取的一系列以保障食物安全消费为目标的行为，可以被称为食品安全自我保护行为。本书以社会心理学、消费行为学、公共卫生管理、风险管理理论为指导，构建中国文化情境下的消费者食品安全自我保护行为理论，设计消费者食品安全自我保护行为干预实验并评价干预效果。

本书可以作为食品安全、公共卫生、消费行为、食物经济管理、健康教育等专业学生的研究参考书和扩展读物，也可以为卫生防疫、食品安全监督等管理部门开展公众食品安全教育，提升公众食品安全自我保护水平提供支持。同时，本书还可以为消费者提升食品安全自我保护能力提供借鉴及参考，具有较强的实用性。

图书在版编目（CIP）数据

消费者的食品安全自我保护行为研究 / 白丽，王明亮著. —北京：科学出版社，2021.12

ISBN 978-7-03-068749-4

Ⅰ. ①消… Ⅱ. ①白… ②王… Ⅲ. ①食品安全-消费者-行为分析 Ⅳ. ①F713.55 ②TS201.6

中国版本图书馆 CIP 数据核字（2021）第 083925 号

责任编辑：陶 璇/ 责任校对：贾娜娜
责任印制：张 伟/ 封面设计：无极书装

科学出版社 出版
北京东黄城根北街 16 号
邮政编码：100717
http://www.sciencep.com
北京建宏印刷有限公司 印刷
科学出版社发行 各地新华书店经销

*

2021 年 12 月第 一 版 开本：720×1000 1/16
2021 年 12 月第一次印刷 印张：15 3/4
字数：316 000

定价：158.00 元

（如有印装质量问题，我社负责调换）

目　　录

第1章　绪　　论

1.1　选题背景与意义

食源性疾病是全球重大公共健康问题。从全球的数据来看，食源性疾病每年会影响10%的世界人口，每年至少有6亿人感染食源性疾病（包括食物中毒、肠道传染病、寄生虫病以及化学性有毒有害物质引起的疾病），并且造成至少42万人死亡[①]。从国内的数据看，我国每年每6.5人中有1人感染食源性疾病（徐文婷，2018）。2012年，陈君石院士在9个省以家庭为单位每两个星期做一次访问，共调查52 204人，发现3 099万人次感染急性胃肠炎。其中，由食品引起的感染人数为2 713万人次，相当于全国1.9亿人次（陈君石，2015）。根据我国原卫生部各年公开发布的食物中毒情况通报，2008~2015年，国家卫生和计划生育委员会共收到食物中毒报告1 597起，中毒人数58 235人，死亡人数1 023人。但是，世界卫生组织（World Health Organization，WHO）评估发展中国家食源性疾病漏报率在95%以上，中国估计在99%以上（王晓莉等，2015）。

降低食源性疾病的发病率需要全食物链安全的保障。全食物链的概念如图1.1所示。国外提出了“从农田到餐叉”的概念，我们国家的食物链安全则应是“从农田到筷子”全链条的安全。从图1.1可以看出，全食物链包括农业生产的种植及养殖环节、食品的加工和制造环节、批发零售与餐饮服务环节，以及消费者的选购及食物处理环节（Bai et al.，2014）。目前中国政府颁布了许多法律法规，如企业食物生产许可、可追溯体系的实施、“三品”认证、HACCP[②]管理体系的认证等，主要用以规范传统的食物供给链中农户、生产商、零售商等生产主体，而对最终环节的消费者却没有给予足够的关注与重视。

---

① World Health Organization.10 facts on food safety. http://www.who.int/features/factfiles/food_safety/en/，2016.

② HACCP：hazard analysis critical control point，危害分析的临界控制点。

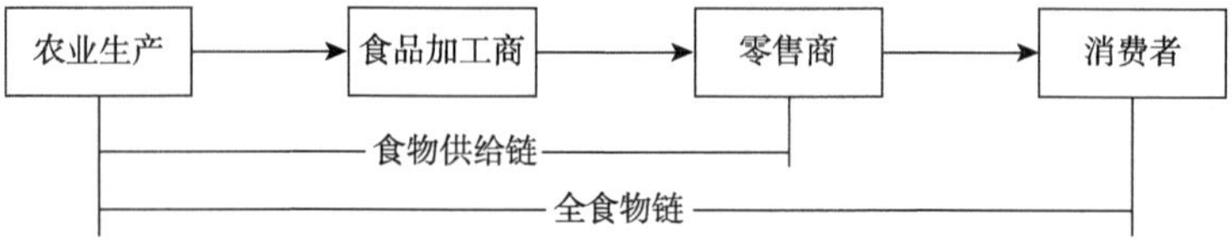

图 1.1　全食物链
资料来源：Bai 等（2014）

实际上，消费者在保障全食物链安全中起到了非常重要的作用。在全食物链中，消费者在一定程度上扮演着“守门员”的角色。在美国，被报告的食物中毒事件中有 12%~20%发生在家庭中；在澳大利亚和新西兰，被报告的食物中毒事件中有 20%~50%发生在家庭中；在欧盟，被报告的食物中毒事件中有 36.4%是消费者在家庭中不当的食物处理行为引致的；在发展中国家巴西，被报告的食物中毒事件中有 55%发生在家庭中（EFSA and ECDC，2013；da Motta et al.，2014；Redmond and Griffith，2009）。2010~2015 年，我国发生在家庭中的食物中毒事件的报告起数、中毒人数和死亡人数分别占全年食物中毒总数的 46%~55%、17%~31%和 72%~88%（图 1.2）。无论从全球还是国内的数据均可以看出，消费者在确保全食物链的安全中起重要作用。有鉴于此，在 2019 年 12 月 1 日起实施的《中华人民共和国食品安全法实施条例》中，第一章总则的第五条提出“国家将食品安全知识纳入国民素质教育内容，普及食品安全科学常识和法律知识，提高全社会的食品安全意识”。

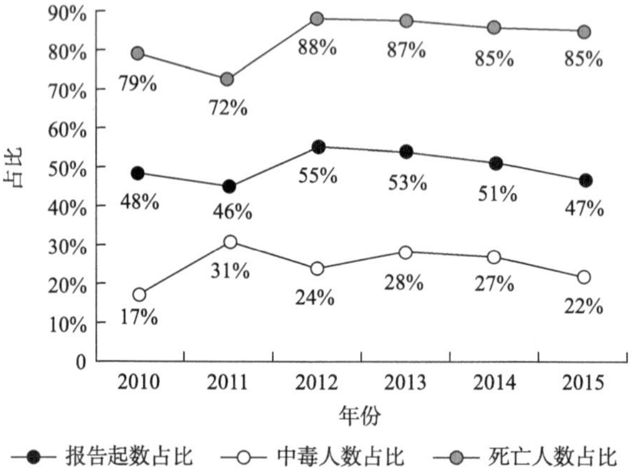

图 1.2　我国发生在家庭中的食物中毒占比情况
资料来源：原卫生部历年统计公报

当前，我国食品安全管理部门采取了越来越严格的监管策略，如实施食品生产许可制度（简称 SC）、有机等强制或非强制的食品安全认证制度，开展食品安全溯源建设，改革食品安全监管体系等确保食品供给的安全性（倪国华和郑风田，2014）。但是，从消费者的视角来看，确保食用安全有两个条件：第一，购买到安全的食品；第二，通过正确而规范的方式清洗、储藏及处理食品，确保食品在吃到嘴里时仍然是安全的。实际上，很多消费者在食品购买后不能采取规范的处理和制备行为，导致在购买时安全的食品，在食用时已经发生了变质。例如，一项研究表明，在接受调查的参与者中有三分之一到三分之二的人在处理完生肉后，处理生肉的菜板和菜刀没有经过认真清洗就再次投入了使用（Jevšnik et al.，2008a），从而造成了较严重的交叉污染风险。陈君石院士指出：微生物引起的食源性疾病是目前中国最主要的食品安全问题，而消费者没有学会自我保护技能是一个重要原因（陈君石，2008）。我国卫生、防疫等相关管理部门在消费者食品处理领域的食品安全意识及行为的教育或干预工作的开展还非常不足。

在管理部门重视力度不够和消费者食品处理行为不规范、食品安全意识不足（Gong et al.，2016）的双重困境之下，学界亟待开展相关研究工作。相比较而言，国内学者对消费者的食品安全选购行为关注度较高，研究成果相对丰富。例如，消费者对食品安全信号的认知及对食品安全属性的偏好（王志刚等，2013；王常伟和顾海英，2012），消费者对优质农产食品的溢价支付意向及溢价水平等（周应恒等，2004；吴林海等，2014；余建斌和乔娟，2010；姜百臣等，2013）。但是，对消费者在食品购买后的处理和制备行为关注的研究非常少。反观国外学者，在消费者食品安全行为领域的研究经过了以下几个发展阶段：阶段一，更为关注食品选购阶段的行为；阶段二，选购行为与购买后的食品处理行为并重；阶段三，更为关注食品购买后的处理行为；阶段四，从食品安全转向健康，既关注食品购买后的规范处理行为（确保食品安全），又关注膳食平衡行为。也就是说，当前发达国家的研究集中于消费者的健康行为及其干预，既包括了消费者的食物处理行为，又包括了膳食平衡行为。

有鉴于此，本书研究以确保消费者入口食品的安全性为出发点和落脚点，重点关注消费者在食品购买后的处理和制备行为，并将其定义为消费者的食品安全自我保护行为。具体来说，本书研究围绕消费者食品安全自我保护行为的影响因素及其作用机理和如何引导消费者采取食品安全自我保护行为两个关键问题，尝试构建消费者食品安全自我保护行为的“因素—情境—行为”模型，探索适合中国文化背景的消费者食品安全自我保护行为理论，并在此理论的指导下，设计干预实验并评价干预效果，从而为我国开展消费者食品安全自我保护行为教育，提升我国食品安全消费水平，降低食源性疾病的发生提供支持。

1.2 国内外研究评述

1.2.1 国内研究现状

对于食品质量安全的研究，目前国内主要集中在三个市场主体之间，即政府、厂商和消费者。政府、厂商作为市场的监管和生产主体，对其研究主要集中在法律法规的制定及实施和违规动机分析方面。由于食品安全这一要素具有信任品属性（Arrow et al.，1996；李想和石磊，2014），单纯依靠市场力量很难保证这一要素的供给。基于目前政府部门繁重的执法负荷和公共执法资源的稀缺，吴元元（2012）认为政府应通过法律促进食品行业和消费者之间的信息高效流动，引进声誉机制，积极探索食品安全的社会治理模式。此外，在当前公众对食品行业信任度低下的背景下，破解当前信任危机要依赖加强政府监管（包括完善信息披露制度、增加处罚力度、提高监管技术等）或转变当前监管模式（李想和石磊，2014；Jouanjean et al.，2015；李新春和陈斌，2013）。但是，谢康等（2016）认为以上研究是基于理性动机分析的结果，其分别利用基于理性假设的期望效用理论和有限理性假设的累积前景理论进行企业的违规动机分析，发现随着监管力度的增加，食品市场会陷入监管困境和违规困境，出现食品安全治理的监管有界性。

相较于针对政府和厂商两个行为主体的研究，国内学者对消费者的研究主要集中于食品购买阶段。对于安全食品的购买，我国消费者存在着巨大潜在需求，但信息不对称导致这种需求不能真正转化为实际购买力（李连英和郭锦墉，2015；王建华等，2016；钟甫宁和易小兰，2010），而且食品安全信息会通过影响消费者的态度而对购买意愿产生影响，从而影响最终的购买行为（周应恒等，2004；韩杨和乔娟，2009）。对消费者日常食物购买的研究发现，价格仍然是第一决定因素，但在剔除价格要素后，食品安全属性就凸显出来（韩杨等，2014；韩杨和乔娟，2009）。

较多的研究发现，消费者对具有安全标识的食品的认知度并不高。刘增金和乔娟（2014）调研了大连和哈尔滨 700 名消费者对于可追溯食品的情况，发现消费者对可追溯食品的整体认知水平偏低。对可追溯食品这种较低的认知度也导致了消费者对其较低的购买意愿（韩杨和乔娟，2009），而且这类产品的购买意愿和购买行为之间存在着显著的正相关关系（陈香玉等，2017）。王慧敏等（2012）基于北京市 993 名城镇消费者关于购买绿色食品认证猪肉的消费行为的问卷数据分析结果表明，消费者购买这类猪肉的意愿偏低，其主要受消费者对食品安全信息的关注程度、消费者的风险感知、对认证食品的认知程度等因素的影响。陈新建等（2014）利用北京、上海、深圳等一线城市的1 017名城市消费者有机食品认知和购买决策问卷的调研数据，通过结构方程所得的分析结果与王慧敏等（2012）的研究契合。面对消费者对安全食品需求旺盛而对安全认证食品实际选购行为不足的矛盾命题，有学者构建了政府公共管理信任和风险感知的分析框架，发现消费者购买品牌食品与安全标识食品的选择机制不同，选购品牌食品是基于食品安全风险感知，而选购安全标识食品则是基于消费者对政府公共管理的信任（王二朋和高志峰，2016）。

利用社会心理学方法研究中国消费者安全购买行为也是国内研究的热点之一，这类研究以计划行为理论为代表。研究表明，安全食品对消费者健康和环境友好的信念与安全食品的购买之间具有显著的正向相关关系（罗丞，2011，2010）。除了信念之外，行为态度、主观规范和知觉行为控制也对消费者食品安全购买行为具有显著影响（马小辉，2012；卢嘉怡，2015；陈香玉，2015）。

相较于国内对消费者食品安全购买行为的丰富研究成果，国内对于购买后的食物处理环节的研究尚处于起步阶段。一部分研究集中在食物中毒原因的研究方面，他们指出细菌性中毒是造成家庭食物中毒的最主要原因，化学性食物中毒在农村地区则更为普遍（任萍，2011）。另一部分研究集中在对消费者食物处理的知识和行为方面。滕月（2011）通过问卷调查的方式，分析了消费者在食物的购买、运输、储藏和家庭中食物制备四个过程中的知识和行为，发现消费者普遍在知识方面比较欠缺，并且存在不正确的操作行为。Gong 等（2016）的调研结果也支持这一观点，他们研究发现，消费者的食物处理行为存在较大的食品安全风险，被调查者的食物处理知识的平均得分仅是7.95分（满分26分），该研究在此基础上确定了知识得分最低的高风险人群，明确了公众食物处理行为教育应该教育谁的问题。巩顺龙等（2011）基于我国15个省市居民的肉类处理行为的调查发现，男性、低收入、低教育水平、未婚居民是家庭食品处理风险的重点关注人群。白丽等（2014a）认为性别、居住地、年收入三个人口变量对消费者食品安全知识的掌握具有显著影响。除此之外，还有学者开展了消费者食品安全自我保护行为的干预模式、干预渠道和制度保障等方面的探索（王林森，2013；魏昱同，2015）。

1.2.2 国外研究现状

与国内学者对食品购买后的食物处理行为研究较少的状况不同，国外在该领域的关注度较高，研究成果较为丰富，如Deatrick（2017）呼吁关注家庭环境下的消费者行为的研究、教育和政策制定。

大量的研究分析了消费者不规范的食物处理行为与食物中毒或食源性疾病之间的关系。澳大利亚的新南威尔士州食品管理局的研究结论表明，10%~20%的食物中毒是消费者行为导致的[①]。国外学者们基于HACCP的理念，研究了不规范的食物处理行为的危害，总结提出了四大类极易引发食物中毒的高风险食物处理行为：①不恰当的储藏；②不充分的烹饪和剩菜反复加热；③糟糕的个人卫生和不正确的清洗；④生熟食品间交叉污染（Collins，1997；Djuretic et al.，1996；Evans et al.，1998；Miles et al.，1999）。在此基础上，各国学者从以上四个层面对本国消费者的食品安全知识与行为进行了基线调查（baseline survey），并制定了消费者食物处理知识与行为的干预/教育素材。例如，在USDA（United States Department of Agriculture，美国农业部）、FDA（Food and Drug Administration，美国食品药品监督管理局）、CDC（Centers for Disease Control and Prevention，美国疾病预防控制中心）的合作伙伴，著名的食品安全教育项目 Fight BAC！（网址：https://www.fightbac.org/）的在线消费者教育材料中，着重强调了食物处理的四个关键步骤：清洗（clean），主要是正确地洗手和清洗厨房设施及器皿（工作台、菜板、刀具等）；分离（separate），避免厨房内生熟食品之间的交叉污染；冷藏（chill），将食物储藏在正确的温度和时间之下；烹饪（cook），将食物烹饪到建议的足够高的温度[②]。

消费者食品安全知识与行为之间的路径关系受到了学者们的关注，特别是食品安全“知识—行为”鸿沟（knowledge-behavior gap）问题（Hassan et al.，2018）。一方面，被调查者的食品安全知识与他们的行为密切相关（Parra et al.，2014），因此，设立食品安全教育的课程，向大中学生传授食品安全及食物处理的相关知识，可以降低其发生食源性疾病的风险（Osaili et al.，2011）。另一方面，后续更多的研究也发现，拥有知识并不一定能保证食品安全行为的实施（Ababio and Lovatt，2015），即存在着“知识—行为”鸿沟或“知行不一”问题。也就是说，知识到行为的路径关系，一定还被其他的变量影响或调节（Ko，2013）。据此，许多学者转向使用社会心理学的研究范式来探讨消费者食品安全知识与食品安全行为之间的一致性问题。

可以说，利用社会心理学理论和模型研究消费者食品安全行为是当前国际学界的理论前沿和热点所在，所采用的理论和模型主要包括激励（motivational）理论及模型，行为意向（behavioral enaction）理论及模型和多阶段（multi-stage）理

---

① 数据来源于新南威尔士州食品管理局，网址：https://www.foodauthority.nsw.gov.au/sites/default/files/2020-12/NSW-consumer-food-safety-behavioural-research.pdf.

② https://www.fightbac.org/food-safety-basics/the-core-four-practices/.

论及模型。鉴于此领域研究是消费者食品安全行为领域的前沿和热点，且对国内相关领域的研究具有重要参考价值，因此此处予以较详细的综述。

1. 激励理论及模型

激励理论及模型关注的是激励个体实施（或不实施）行为的因素（motivational factors）。常用来研究消费者食品安全行为的激励理论及模型包括：健康信念模型（health belief model，HBM）、保护动机理论（protection motivation theory，PMT）、理性行为理论（theory of reasoned action，TRA）、计划行为理论（theory of planned behavior，TPB）。

1）健康信念模型

如图1.3所示，在健康信念模型（Janz and Becker，1984；Rosenstock，1974；Strecher and Rosenstock，1997）中，提出了五个影响行为的因素：感知易感性（perceived susceptibility）、感知严重性（perceived severity）、感知收益（perceived benefits）、感知阻碍（perceived barriers）和行为线索（cues to action），另有研究将感知易感性和感知严重性的组合称为感知威胁（perceived threat）。

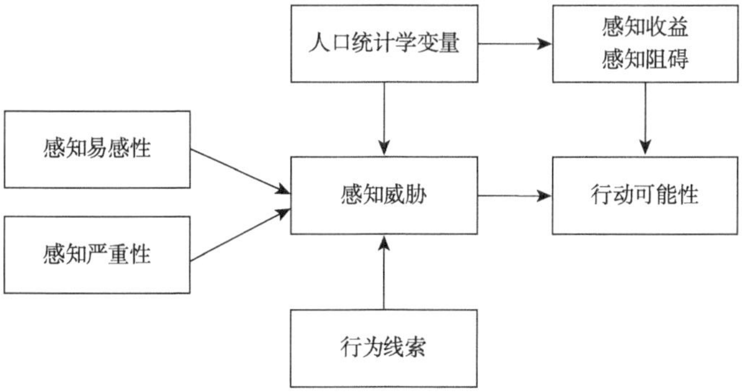

图1.3 健康信念模型

Hanson等（2015）利用健康信念模型调研了美国成年消费者的食品安全自我保护行为，发现消费者对食源性疾病的感知严重性与消费者的自我保护行为显著正相关，但是行为线索、感知易感性与自我保护行为均无显著相关关系。Pourtaheri等（2018）对320名伊朗的女性进行了调研，这些女性都是家庭的主要食物处理者，其研究结果表明，感知严重性、感知收益、感知阻碍和行为线索对自我保护行为具有18%的解释力度，而感知易感性与自我保护行为之间并没有显著的相关关系。

2）保护动机理论

保护动机理论（Rogers，1983）与健康信念模型有密切的联系。该理论将行为的应对模式分为两类：实施（adaptive coping）和回避（maladaptive coping）。采取哪种模式取决于个体对所面临威胁的评估，以及对实施行动的可能后果的评估。类似于健康信念模型，对所面临的威胁的评估由感知易感性和感知严重性决定，而对实施后果的评估则受到应对效能和自我效能的影响，见图 1.4 和图 1.5。

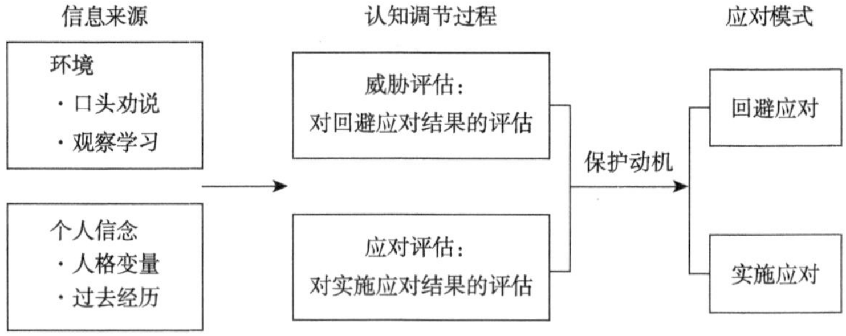

图 1.4 保护动机理论

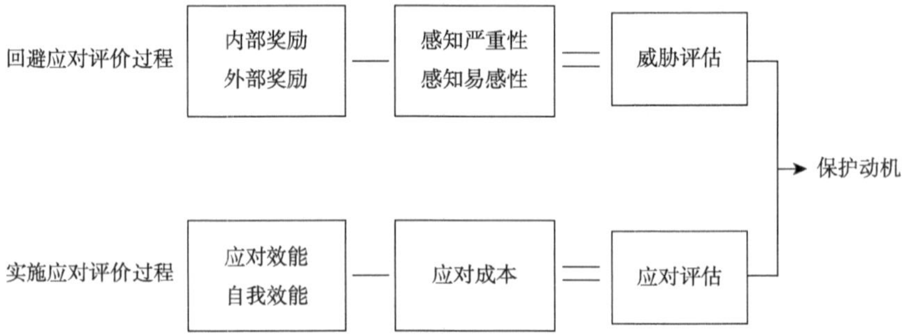

图 1.5 认知调节过程

Haapala 和 Probart（2004）较早使用保护动机理论来研究食品安全自我保护行为，他们发现感知严重性、自我效能与自我保护行为相关，但感知易感性却对自我保护行为没有显著影响。Mullan 等（2016）认为 Haapala 和 Probart（2004）的研究未能完整应用保护动机理论，而且调研对象为在校学生，他们可能没有食物处理经验，不能很好地适合本领域的研究。因此，Mullan 等（2016）利用完整版的保护动机理论分别研究了四个关键的食品安全自我保护行为：充分烹饪、减少交叉污染、保持食物在正确的温度下和避免不安全食物。Mullan 等（2016）的研究表明，保护动机理论能够解释上述四种行为动机变异度的 40%~48%，而且自我效能在四个行为中均对动机有显著影响。

3）理性行为理论和计划行为理论

理性行为理论认为意向是行为的直接影响因素（Ajzen and Fishbein，1980；Fishbein and Ajzen，1975）。理性行为理论将某一特定行为的动机定义为意向，而意向由两个因素决定：态度和主观规范。态度是个体对行为积极或消极的评价，主观规范则是对采取行动所面临的社会压力的感知，具体见图 1.6。

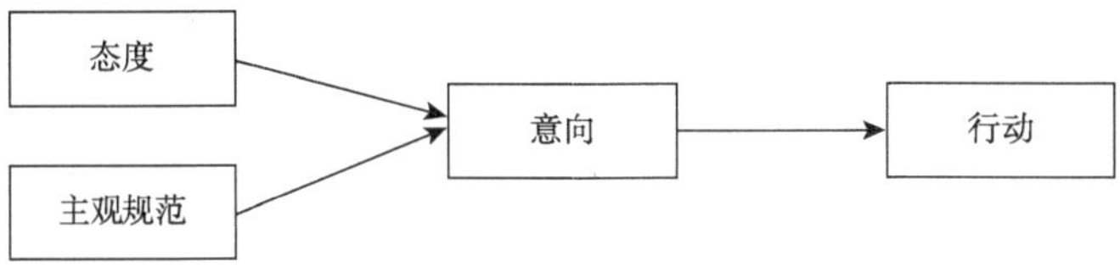

图 1.6 理性行为理论

资料来源：Fishbein 和 Ajzen（1975）

理性行为理论仅能解释纯意志性行为，而外部环境等要素则未被充分考虑。为此，Ajzen（1985）提出了计划行为理论，计划行为理论是理性行为理论的扩展，该理论增加了感知行为控制（perceived behavior control）变量作为意向和行为之间的一个决定性因素，感知行为控制是个体对克服所有困难实施某一行为的控制力和信心感知的函数，具体见图 1.7。

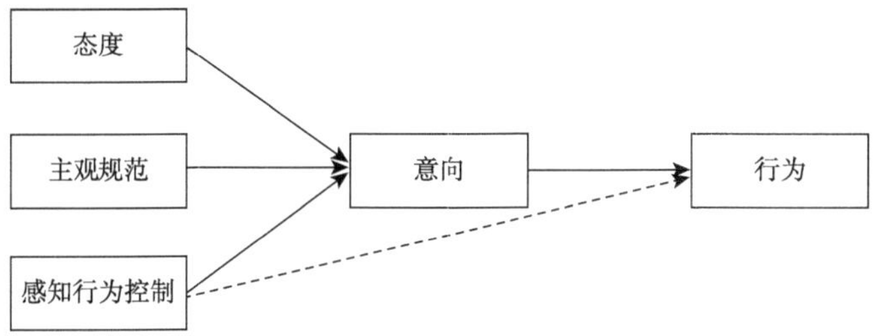

图 1.7 计划行为理论

计划行为理论被频繁应用于安全食品的购买行为、购买后的食物处理行为等领域的研究（Rodrigues et al.，2020；Ruby et al.，2019；Kim et al.，2014；Kothe et al.，2012；Mullan et al.，2013；Mari et al.，2012；Sainsbury et al.，2013）。计划行为理论在预测自我保护行为意向时取得了非常高的解释力度，对食物处理意向的解释力一般在 37%~76%，但是对食物处理行为的预测却不足，一般在 3%~43%（Young et al.，2017）。

在采取激励模型研究食品安全自我保护行为时，除了采取单一传统模型之外，不同模型间的整合和对某一特定模型在某个文化情境下的扩展也是目前的研究热点。例如，Rodrigues 等（2020）将乐观偏见（optimistic bias）作为影响食品安全自我保护意向的新变量加入计划行为理论模型之中。Mullan 和 Wong（2009）将过去行为（past behavior）变量添加到传统计划行为理论模型中，并取得了更好的解释力。

2. 行为意向理论及模型和多阶段理论及模型

在利用激励模型研究健康行为时，学者发现意向并不足以很好地解释行为，为了联通意向和行为间的鸿沟，很多学者开始转向基于行为意向模型的研究。比较有代表性的有 Gollwitzer 的实施意向（Gollwitzer，1993）、Bagozzi 的目标理论（Bagozzi，1992，1993）、Schwarzer 的健康行动过程方法理论或模型（Schwarzer，1992）。

在食品安全自我保护行为的研究中，极个别研究应用了健康行动过程方法这一多阶段方法。多阶段模型包括激励阶段（motivational phase）和意志阶段（volitional phase），认为个体在不同的阶段实施行为的影响因素有着本质的不同，这类模型能够更加细致地描述行为的改变过程，见图 1.8。

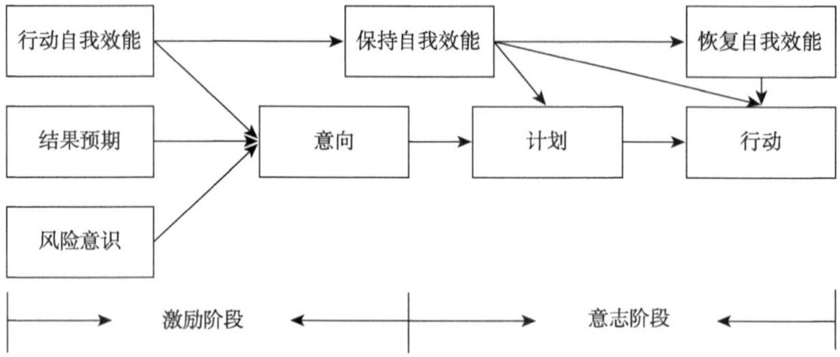

图 1.8 健康行动过程方法

资料来源：Schwarzer（1992）

在激励阶段，健康行动过程方法认为实施行为的意向被风险意识、结果预期和行动自我效能影响。风险意识是感知易感性和感知严重性的一个组合，因此，如果个体感知自己不安全食物处理的风险小或者风险不严重，个体实施自我保护行为的意向就会减小。结果预期则是对采取自我保护行为所受益处的感知，个体感知到实施自我保护行为有所增益时，其意向也会增加。行动自我效能是指个体是否有能力实施自我保护行为，意向的形成更可能出现在高行动自我效能感知的个体之中（Schwarzer，1992；Chow and Mullan，2010）。

在意志阶段，健康行动过程方法特别强调行动计划的重要性，该变量用来连接意向和行为之间的鸿沟。在食品安全自我保护行为中，更高的意向会导致个体有更高的制订行动计划的可能性，从而导致采取自我保护行为的可能性更大。除了行动计划，该阶段也强调保持自我效能（maintain self-efficacy）和恢复自我效能（recovery self-efficacy）。

利用健康行动过程方法研究消费者食品安全自我保护行为的研究成果非常有限。Chow 和 Mullan（2010）使用健康行动过程方法量表采用跨时间段的调研方式调查了 259 名本科生，发现原始版本的健康行动过程方法模型能解释意向变异的 30.8%和行为变异的 17%，增加了主观规范、社会支持和过去行为三个变量的扩展版健康行动过程方法模型对意向和行为的解释力度能达到 54.3%和 38.8%。Mullan 等（2010）分两个时间段进行了基于健康行动过程方法量表的调研，一共109 名消费者完成了两个时间段的调研问卷，数据分析结果表明意向是行为的显著解释变量，在增加了过去行为这一变量之后，模型优度并没有太明显地增加。虽然以上两个利用健康行动过程方法研究消费者食品安全自我保护行为取得了较好的解释力度，但其对计划变量的测量仅研究了行为计划，而目前很多研究已经建议将计划分为两个不同的类型，即行为计划和应对计划（Schwarzer et al.，2008）。

除了基于社会心理学模型研究消费者食品安全自我保护行为的影响因素，国外学者也对如何干预消费者进行了大量研究，这一领域的研究主要集中在干预内容、干预方式以及针对特定高风险人群的干预方案设计等方面。

3. 消费者食品安全自我保护行为的干预研究

在干预领域的研究中，对于干预内容的研究相对较早，国外学者基于 HACCP 方法，设计了在家庭中避免化学风险的指南，并提出了针对消费者在家庭中安全处理食物行为的干预策略（Ropkins and Beck，2000）。Medeiros 等（2001a）基于食源性疾病暴发的数据，归纳了五个预防食源性疾病的关键行为类型，分别是个人卫生、充分烹饪食物、避免交叉感染、保持食物处于安全温度下、避免来源不安全的食物，而且 Medeiros 等（2001a）认为未来的食品安全教育和教育效果评价都应该基于这五个关键行为展开。也有一些学者针对特定食物的处理行为及其风险进行了探索，如 Yang 等（2000）通过美国 5 个州的风险行为监控系统（behavioral risk factor surveillance system，BRFSS）调研了 14 262 名消费者，分析了消费者对生肉和家禽产品的标签认知，结果发现在标签上增加生肉和家禽产品的处理方法会有效改变消费者的生肉及家禽处理行为，并且认为这种标签会比提倡充分烹饪食物更能达到避免交叉感染的目的。此外，还有学者研究了特定国家的食物操作规范，如 Kang 等（2015）根据韩国的食品文化，制定了更适合韩国消费者的食物处理行为指南。

对干预路径和干预方式的探索是目前食物处理行为领域的研究热点之一。Chapman 等（2010）针对一种全新的食品安全信息沟通方法——食品安全信息表

（food safety infosheets）进行了研究，该方法每周向食品处理及服务人员提供食品安全信息表，并将这些表张贴在高度可见的地方，如厨房工作区域和洗手池上方等，通过对47名食品工作者的食物处理行为的观测发现，在张贴完食品安全信息表后，食物处理者的洗手行为获得了显著提高，促使交叉感染风险下降，表明食品安全信息表是一个有效的新型沟通方式，可以用于对食物处理者的行为进行干预。Powell 等（2011）对食品企业的食品安全文化展开了研究，认为建立组织中的食品安全文化，是一个有效提高企业食品安全水平的方法。在对家庭情境下消费者的干预方法的研究中，正向偏差模型（positive deviance model）被应用于干预方案的设计，基于正向偏差模型的干预方案被证明可以有效增加被干预者行为的遵从性。正向偏差模型采取公开对话和引导性沟通的方式来识别出具有相似障碍和生活条件的同辈中最好的操作方式，进而在同辈中倡导这种最佳方式。将这一方法应用在食物处理行为干预时，可以成功识别出在一个社区中最佳的食物处理策略，并推荐和推广给整个社区参考、执行。Whited 等（2019）使用正向偏差模型对高中生进行食品安全干预，发现能够显著增加学生的安全食物处理知识。Mayer 和 Harrison（2012）评价了基于社交媒体的干预体系"Safe Eats"对青年人食品安全态度、行为和知识的改变效果，结果发现基于社交媒体的干预方式能够显著影响被干预者的态度、行为和知识；而且，采用传统和社交媒体相结合的方式进行干预，优于采用单一干预方式的干预效果。Yeung 等（2019）评价了线下和线上两种干预渠道对食品安全教育的效果，结果发现线上和线下两种干预形式都能够有效提高参与者的食品安全知识。

对特定的高风险人群的干预也受到了很多学者的关注。食物中毒或食源性疾病无疑会对免疫功能低下的癌症患者构成更高的威胁，因而对癌症患者进行食品安全教育，提高其食品安全意识，降低食物中毒的风险是非常必要的。Medeiros 等（2008）基于对癌症患者的焦点小组访谈和对癌症治疗医务人员的个人访谈，形成了三个针对癌症患者的食品安全教育模型，这些教育模型得到了癌症患者的认同。同样，免疫系统丧失的艾滋病患者也属于特别需要接受食品安全教育的高风险人群。Hoffman 等（2005）基于五步信息开发模型（five-step message development model），开发了针对艾滋病患者的教育材料。而且，其研究还表明，认真广泛听取特殊群体受众和卫生部门相关人员的意见，以及对食源性疾病进行详细的文献调查是形成科学的干预材料所必需的，因为这样形成的干预资料才更有针对性，更可能被干预对象所接受。此外，Kendall 等（2003）也对孕妇、婴幼儿、老年人和免疫系统低下个体的食物处理行为进行了调研，并针对不同群体提供了特定的干预策略。

1.2.3 研究评述

国内外学者对消费者食品安全自我保护行为进行了广泛探讨，总体来看，国内学者对食品安全问题的研究主要集中在食物供给链环节，涉及厂商的违约动机分析和政府食品安全政策的制定。在消费环节，国内的研究则主要集中在消费者食品购买环节，如对有机、转基因等食品的食品安全认知及购买意愿等。针对购买后的食物处理环节，较多的研究集中于对食源性疾病的流行病学研究，主要探索导致我国消费者罹患食源性疾病的生物性或化学性因素，而对消费者的食物处理行为及其影响因素的相关研究比较少。

而且，国内有限的针对消费者食物处理行为的研究以描述性分析为主要分析方法，主要揭示当前我国消费者的食物处理知识及食物处理行为的现状，但是对行为影响因素及其作用机理的研究非常匮乏。仅有的针对食物处理行为影响因素的研究，仍是基于西方已有的理论框架，缺乏西方理论本土化的过程，因此这些研究的解释力度不高。例如，Mullan 和 Wong（2009）应用扩展后的计划行为理论，能够解释澳大利亚消费者食物处理意向的69.3%的变异，而 Bai 等（2014）应用扩展后的计划行为理论来研究我国消费者家庭中的食品安全处理行为时，仅解释了意向的 41.8%的变异。另外，国内尚未见到针对我国消费者食物处理行为进行干预的系统研究。对消费者行为进行量化分析时，有效、可靠且符合中国国情的调查量表是必备的，但目前的研究大多数基于国外问卷的翻译，这些问卷是否符合中国文化情境也是存疑的。

相比较而言，国外学者在消费者家庭食物处理行为及干预领域的研究比较系统和丰富，不仅对消费者知识、风险感知、态度、行为等进行了描述性研究，而且从经济和社会心理学等方面对影响消费者知识、风险感知、态度、行为等变量的因素进行了探讨。而且，基于上述较为丰富的理论及实证研究结论，发达国家学者对消费者家庭食物处理行为的干预问题也进行了较多的探索，在消费者食品安全教育领域取得了丰硕的成果。

基于国内外研究的差异性，也随着认知心理学、文化心理学等的发展，不同的文化传承、历史积淀和政治制度对公众行为的影响愈发被重视（钟年和彭凯平，2005）。因此，本书集中在以下几个方面来填补国内相关研究的不足：开发符合我国国情的量表，在理论和实证的基础上，构建出符合中国国情的消费者食品安全自我保护行为影响因素模型；建立中国情境下的消费者食品安全自我保护行为理论，针对消费者食品安全自我保护“知行不一”问题进行深入探讨；在上述研究的基础上设计消费者食品安全自我保护行为干预方案并进行实验验证。

1.3 研究内容及研究方案

本书研究将消费者行为、健康管理、社会心理学、食品安全风险管理、公共卫生管理等学科交叉，在健康管理理论、行为科学理论、风险沟通理论、社会心理学理论的指导下，借助统计学分析方法与工具，在深度访谈与大样本问卷调查的基础上，采用“理论发展—实证检验—理论应用”的综合研究方法，保证研究结论的科学性。

总体上，本书研究遵循微观研究为宏观管理服务的思路，对消费者食品安全自我保护行为的影响因素及作用机理进行针对性研究，以寻求规律并形成体系，进而探讨消费者食品安全自我保护行为的干预路径，这是基于由微观到宏观，再由宏观到微观的研究范式。具体研究内容集中于以下六个部分。

第一，构建了消费者食品安全自我保护行为概念模型（第 3 章内容）。

通过个人深度访谈、焦点小组访谈的形式，基于理论饱和的原则，访谈消费者 20 人，获得访谈资料 18 万字。采用扎根理论这一质化研究方法，进行范畴提炼和范畴之间典型结构关系的剖析，提出一个全新的中国情境下的消费者食品安全自我保护行为概念模型。

第二，开发了能够真正反映概念模型中各变量特质的研究量表（第 4 章内容）。

毋庸置疑，量表的可靠性对于保障研究结果的可靠性至关重要，因此课题组在量表构建部分投入了大量的时间和精力。项目组通过以下措施，确保研究团队所编制的各个量表的信度与效度：①题项尽可能源自成熟的文献、量表、理论、官方公布的指南；②请专家组对题项进行多轮的内容效度评估（专家组包括 1 名教授、2 名副教授、5 名博士生及 7 名硕士研究生，均是食品安全或消费者行为领域的专家）；③开展至少 5 轮的试调研，分别从题项难度、题项相关度、量表的效标效度、量表一致性信度、量表再测信度、量表的结构效度等方面系统全面地考察量表的信度和效度。

具体来说，第一轮试调研，在专家考察内容效度的基础上，考察量表的可读性、可理解性；第二轮试调研，考察题项的难度和相关度，同时利用 Cronbach's α 系数检验量表的内部一致性；第三轮试调研，通过比较专家组和普通消费者组的答题情况，考察量表的效标效度，同时利用 Cronbach's α 系数检验量表的内部一致性；第四轮试调研，考察量表的效标效度和结构效度，其中结构效度又包括判别效度和收敛效度（利用组合信度、平均提炼方差等指标衡量），同时利用 Cronbach's α 系数检验量表的内部一致性；第五轮试调研，利用再测信度（间隔四周后，用同一量表再测同一群体）考察量表的稳定性。每一次试调研之后，都会对问卷进行相应的修正。

第三，建立了中国情境下的消费者食品安全自我保护行为理论（第5章内容）。

由于食品安全自我保护行为的多样性，将多种行为杂糅在一起进行实证研究是不切实际的。而且，在调研时不区分具体的行为也会导致被调查者对所考察问题产生不一致的理解，从而导致调研取得的数据缺乏准确性。

因此在本书研究中，利用开发的量表，针对洗手、生肉处理、剩菜处理三种关键行为分别开展调研，在我国东、中、西部的9个省（区、市）发放问卷4 500份（每种行为1 500份），收回有效问卷3 541份（其中洗手1 152份、生肉处理1 103份、剩菜处理1 286份）。分别针对上述三种关键食品安全自我保护行为，从变量的直接效应、中介效应、调节效应三个层面系统剖析各个变量对意识及行为的作用路径和作用机理。

在建立概念模型和量化研究检验路径关系的基础上进行质化研究，发现了中国文化情境下影响消费者食品安全自我保护行为的独特变量、作用路径和影响机理，从而建立了中国消费者食品安全自我保护行为理论。

第四，探索消费者食品安全自我保护"知识—行为"鸿沟（第6章内容）。

消费者食品安全自我保护知识与自我保护行为不一致的现象，在国内外文献中均有不同程度的提及，但截至目前，很少有学者针对这种"知行不一"现象开展系统而深入的研究工作。为了弥补这一不足，在本书研究中对消费者食品安全自我保护知识—行为的不一致问题进行了较为系统而深入的探讨。

为了研究这一问题，首先需要构建标准化的量表。而且，量表的知识与行为题项，以及知识与行为题项的备选答案之间，需要严格采用一一对应的形式，从而避免因为知识题项和行为题项不对应所带来的分析结果偏差。在此基础上，利用开发的问卷进行大样本调研，发现消费者食品安全自我保护知识及行为不一致的主要环节或领域，同时采用回归模型确定"知行不一"状况在不同人群中的差异性。

第五，分析大学生这一特殊群体的食品安全自我保护知识、意识及行为（第7章内容）。

大学生是未来的食物处理者，而且国外的很多研究表明大学生比其他人更容易发生危险的饮食行为，同时大学生的食品安全自我保护知识、意识和行为千差万别。不过，大学生具有较强的健康饮食意识，具有较高的改正不良饮食习惯的可能性。当前，我国针对大学生群体开展的食品安全自我保护行为的研究成果也比较少。因此，我们对大学生的食品安全自我保护知识、意识及行为展开了系统的探讨。这项研究成果将有助于了解我国大学生的食品安全自我保护知识、意识和行为的现状，并为开展针对大学生的食品安全自我保护行为的相关教育活动提供借鉴和参考。

本书研究首先设计了符合中国大学生群体特点的食品安全自我保护知识、意识和行为量表并进行了信度及效度检验，在此基础上，利用此量表对四所大学的2 029 名大学生进行了大样本调研，并分析了不同专业、不同年级、不同经济状况的大学生的食品安全自我保护知识、意识和行为的差异性。

第六，消费者食品安全自我保护行为干预设计及实验验证（第 8 章内容）。

设计消费者食品安全自我保护行为的干预方案是研究的落脚点。如图 1.9 所示，本书研究在明确了干预重点、干预对象的基础上，建立了由调研经验丰富的人员组成的干预实验实施主体，选择了线上、线下两种干预渠道，确定了追踪式、连续性干预方案，并先后开展了 10 次、将近 2 个月的追踪式、连续性干预实验。

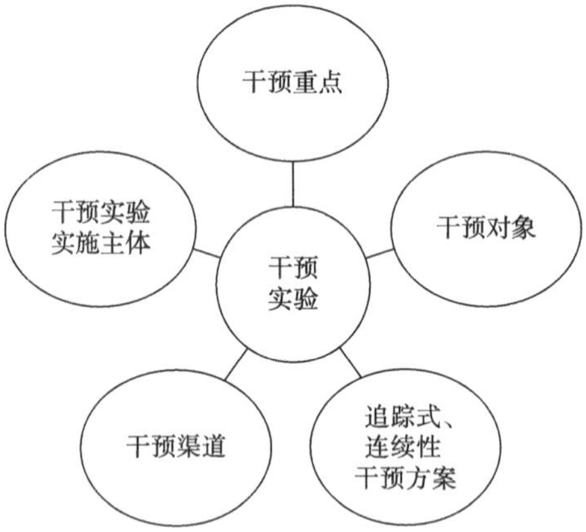

图 1.9　干预实验的设计

项目干预实验实施主体由来自 9 所高校的具有丰富调研经验并通过了本项目系统培训的 30 名教师、工程师、学生构成。依托本项目共干预农村家庭 139 户，在 10 次追踪式干预期间进行了 4 次干预效果评价（干预效果评价分别在干预之前、第 4 次干预之后、第 8 次干预之后、第 10 次干预之后进行），总计发放并收回干预评价问卷 556 份，干预评价问卷用于考察不同干预阶段对知识及行为的干预效果。

以 4 次干预效果评价问卷收集的数据为基础，干预效果的评价工作主要从两个方面进行。一方面，评价追踪式、连续性干预方案干预效果的显著性、持续性与稳定性；另一方面，对比线上与线下两种干预方式干预效果的差异性。在干预效果的评价中，主要采用了单因素方差分析法及 LSD（least-significant difference，最小显著差数）检验的方法。

1.4 本书研究的特色、科学意义及应用前景

1.4.1 特色

1. 具有明确的应用领域和较强的现实意义

本书研究可以为卫生预防、健康教育、食品安全管理等部门制定有效的干预政策，引导消费者采取食品安全自我保护行为提供理论支撑、基础数据支持和政策设计参考。研究成果还可以为每一位消费者认识、改进其食品消费行为提供实质性帮助，因此具有较强的现实意义。

2. 研究选题的前沿性

在食品安全管理领域的研究中，消费者食品安全行为一直备受关注。在消费者食品安全行为的研究中，学者们对食品选购行为的研究兴趣颇高，但是对食品安全自我保护行为的关注不够。消费者食品安全自我保护行为是当前的一个新兴研究方向，大量的问题有待分析和解决，研究选题本身具有前沿性。

3. 具有重要的理论价值

国际上公认消费者没有充分发挥“守门员”的作用，因而在各国至为关注消费者食品安全教育和健康服务的大背景下，本书研究针对中国文化背景下的消费者食品安全自我保护行为的研究思路、研究方法和研究成果，将为国际上相关领域的研究提供重要借鉴和有益补充，具有重要的理论价值。

1.4.2 科学意义及应用前景

（1）中国文化情境下的消费者食品安全自我保护行为理论的建立，为消费者食品安全自我保护行为科普教育及干预工作的开展奠定了坚实可靠的理论和数据基础，同时也是对国际上消费者食品安全行为、健康行为相关研究成果的重要补充，具有较高的学术价值和科学意义。

（2）研究构建了消费者食品安全自我保护行为的干预方案，从知识、意识、自我效能三个维度，通过线上和线下两种渠道对农村消费者进行了干预实验并取得了良好的效果，从而为我国卫生保健、健康防疫等部门构建系统完备、科学规范、运行高效的消费者食品安全自我保护行为干预体系奠定了坚实的实验基础和数据支撑，具有重要的实践意义及应用前景。

第 2 章　概念界定、基础理论及研究方案

本章首先对食品安全、自我保护行为、消费者食品安全自我保护行为三个概念进行界定；其次对研究中所依托的基础理论，如计划行为理论、知—信—行理论等进行系统阐述；最后，对研究中所使用的扎根理论这一质化研究方法，以及研究量表开发、量表信度及效度评价的方法与程序进行介绍。

2.1　概 念 界 定

本书研究采用质化研究、量化研究、实验验证的方法，提出消费者食品安全自我保护行为的影响因素模型，建立中国文化情境下的消费者食品安全自我保护行为理论，开展这一研究的前提是厘清消费者食品安全自我保护行为这一概念的内涵和外延。

2.1.1　食品安全

无论是学术研究还是政策法规的制定，对食品安全给出准确的定义都是非常必要的（刘录民等，2008），目前对食品安全、食品质量、食品营养、食品卫生等概念还存在着混淆和争议（任端平等，2006）。

1. 食品安全概念的历史演变

1974 年 11 月，联合国粮食及农业组织（Food and Agriculture Organization of the United Nations，FAO）在世界粮食大会上首次提出食品安全这一概念。联合国粮

食及农业组织发表的《指导建立一个国家粮食控制系统》报告提出了食品安全的概念，但是当时对食品安全的界定主要还是基于粮食数量安全的角度。

1996 年，世界卫生组织把食品安全定义为对食品按其原定用途进行制作、食用时不会使消费者健康受到损害的一种担保。2003 年，在联合国粮食及农业组织和世界卫生组织联合发布的报告《保障食品安全和食品质量：强化国家粮食控制系统的指南》中，将食品安全界定如下：会使食物有害于消费者健康的那些危害，这些危害既可能是慢性的也可能是急性的（FAO and WHO，2003）。

任端平等（2006）认为，食品安全不仅是指食品及食品相关的产品不存在对人的健康有直接或者潜在的危害，还包括为保证这种状态所采取的管理方法和措施。刘录民（2009）认为食品安全是一个相对的概念，它随着一国经济、政治、科学技术和社会需要的不同而改变，经济实力羸弱的国家对食品安全的要求必然不如发达经济体。此外，食品安全分为相对的食品安全和绝对的食品安全。伴随着科技的发展，人们对有害物质的认知会不断加深，原本没有被认识到的有害物质被逐渐认识，原本没有被检测出的有害物质被逐渐检出（刘录民，2009）。

“阜阳奶粉”事件中的劣质奶粉虽然并不存在直接或者潜在威胁身体健康的有毒物质，但是长期食用这种奶粉会因缺乏人体必需营养素而导致婴幼儿严重的身体发育不良问题。受到此类问题食品事件的影响，我国有关部门除了关注食品中是否存在有毒有害物质之外，也特别关注食品中营养物质的含量是否符合相关标准或者达到厂商所声称的含量指标。因此，《中华人民共和国食品安全法》将食品安全定义为，指食品无毒、无害，符合应当有的营养要求，对人体健康不造成任何急性、亚急性或者慢性危害。在上述定义中，强调了“符合应当有的营养要求”。

综上，从食品安全定义的上述发展历程中可以看出，随着社会经济、科学技术、人类认知水平的提高，当前食品安全的概念主要集中在两个方面：一是食品对身体有无危害性；二是食品是否符合应当有的营养要求。

2. 食品安全与食品卫生

Djukic 等（2016）认为，食品卫生是指食物不受污染。世界卫生组织在 1996 年的报告《加强国家级食品安全性计划指南》中，把食品卫生定义为，为确保食品安全性在食物链的所有阶段必须采取的一切条件和措施（张涛，2005）。我国的《食品工业基本术语》将食品卫生定义为，为防止食物在生产、收获、加工、运输、储藏、销售等各个环节被有害物质（包括物理、化学、微生物等方面）污染，使食品有益于人体健康、质地良好，所采取的各项措施（全国食品工业标准化技术委员会，2003）。

食品卫生和食品安全这两个概念有重叠之处，极易让人混淆，但实际上两者之间存在差异。其一，食品安全是食品卫生的结果，食品卫生更注重过程管理。其二，安全的食品一定是卫生的，但是卫生的食品不一定是安全的。例如，含有过敏原的食品可能是卫生的，但是对于那些对该成分过敏的人群来说，该食品是不安全的。其三，食品污染包括化学污染、微生物污染、物理污染等多个方面，在当前的研究中，食品卫生主要是指为了避免微生物污染所采取的各项过程控制措施，如将食物认真清洗、储藏在合理温度下、避免生熟食品之间的交叉污染，从而避免微生物导致的食物污染等。

3. 食品安全与食品质量

联合国粮食及农业组织和世界卫生组织对食品质量的定义如下：食品质量是指影响一个产品对于消费者价值的属性，这些属性包括消极属性（如被污物污染、食物变色、食品损坏等）和积极属性（如食物的产地、颜色、香味、质地和加工过程）（FAO and WHO，2003）。在我国的《食品工业基本术语》中，食品质量被定义为，食品满足规定或潜在要求的特征和特性的总和，反映的是食品品质的优劣（全国食品工业标准化技术委员会，2003）。由此可知，食品质量更多强调的是食品的特性和性状。

在联合国粮食及农业组织和世界卫生组织于 2003 年联合发布的报告《保障食品安全和食品质量：强化国家粮食控制系统的指南》中，特别指出了食品质量与食品安全的差别。该报告指出，食品安全是一个不可协商的概念，具有绝对性和唯一性，食品质量作为食品特性的一种满足程度，对于不同的产品则是可协商的，具有较大的弹性（FAO and WHO，2003）。例如，某大型企业在某一食品的生产过程中采用高端的生产工艺来提高品质，另一小型企业采用低端工艺生产质量等级较低的产品，这是不固定的，但是对于这两家企业所生产的产品的食品安全的要求都是唯一的、不可妥协的，那就是食品必须具备对人体健康的无危害性。此外，食品品质差≠食品不安全，两者的衡量标准完全不一样，两者是完全不同的两个概念。例如，某一批上市的茶叶可能由于外观不整齐、香气不够高远，而被判定为品质较差、等级较低，但是该批茶叶的农药、化肥残留等必须符合国家、行业、地方的相关标准，即不能存在危害消费者健康的食品安全问题。

综上，食品质量与食品安全的主要区别可以总结为以下三个方面：第一，质量可以是分等分级的，如茶叶具有特级、一级、二级之分，而食品安全则具有唯一性，不可以分等分级，没有非常安全、比较安全之分，只能是“安全”或“不安全”的。第二，食品安全建立在科学性及严格的实验室评估的基础上，具有严格的阈值和规定，而食品质量则经历了“符合性质量—适用性质量—顾客满意性质量（主观感知）”的发展阶段，具有较高的弹性。第三，食品安全事关消费者的生命健康，必须予以确保。我国食品安全法明确规定，食品生产经营者对其生产经营食品的安全负责。

4. 食品安全与食品营养

食品营养是指食品含有人体所必需的能量和其他各种营养物质、矿物质元素，主要包括糖、脂肪、蛋白质、维生素、矿物质、纤维等（刘录民等，2008）。目前，慢性病是我国公民健康的头号威胁，恶性肿瘤、心脏病和脑血管疾病占据我国居民致死率的 60%以上，而膳食结构不合理导致的营养结构失衡（营养不良、营养过剩、营养摄入不均衡）是造成我国近些年慢性疾病发病率升高的一大因素（刘宁等，2008）。

但是，在世界卫生组织、联合国粮食及农业组织和一些学者对食品安全的定义中，并不涵盖食品营养。不过，基于我国当前的食品安全现状，《中华人民共和国食品安全法》将食品营养是否达标也列入食品安全考量的范围。由于当前较多的研究在对食品安全的界定中并不考虑食品营养这个范畴，并且这两个概念也存在较大差异性，在国务院 2017 年发布的《国务院办公厅关于印发国民营养计划（2017—2030 年）的通知》中，更是将食品安全和食品营养分别予以强调。

因此，本书在研究消费者的食品安全行为时，也不将消费者的食品营养摄入问题纳入研究范畴，仅考虑食品对于健康的即时或潜在危害性。同时，遵循学界及管理部门的共识，本书所提及的食品安全是指在遵循其制作及食用要求的前提下，食用后不会对消费者的身体健康造成即时或慢性危害。

2.1.2 自我保护行为

自我保护行为的概念早期出现在弗洛伊德的精神分析理论之中，弗洛伊德称之为自我防御机制（ego-defense mechanisms）。当个体面临不良信息时，为了避免这些信息使个体陷入精神冲突和矛盾，自我防御机制就会被潜意识启动，通过忽视这些不良信息，解除个体在心理防线上的预警，避免陷入心理困惑乃至导致心理疾病。在精神分析的研究范式中，自我防御机制被认为是介于本我和超我的纽带，用来处理个体内心的原始冲动和外在威胁之间的调节结构（陈勃，1999；陈燕和赵晨鹰，2009）。之后的很多研究，除了注重自我防御性的一面，也更加注重对个体成长的促进性和激发性（陈勃，1999），一些心理学家更是将自我防御机制中的防御（defense）改成了应对（coping）。当前的研究中，学者们采用自我保护机制（self-protective mechanism）来概括自我防御和应对功能，主要表现为个体对消极信息进行选择性和策略性的认知和加工，其中两个非常有代表性的信息加工方式为记忆忽视模型和自我免疫加工（陈燕和赵晨鹰，2009）。综上，在心理学上，自我保护行为被定义为个体为了维持心理平衡的一种自发性行为，即通过压抑、补偿、文饰和升华的手段改变对心理紧张的主观感受，用以减少痛苦以及对痛苦的意识，并达到心理平衡的行为反应（王思思，2013）。

在营销学领域，Bauer（1960）基于期望效用理论（expected utility theory），发现当消费者存在感知风险时，会主动采取一些措施来降低或消除感知风险，主动采取的这些措施被称为自我保护行为。在保险学领域，Ehrlich 和 Backer（1972）在应用状态偏好方法（state-preference approach）研究消费者在不确定情境下决策的论文中，提到了自我保护这一概念。该研究认为，自我保护能够减少损失发生的可能性。同 Bauer（1960）的研究一致，在 Ehrlich 和 Backer（1972）的研究中，损失也是指消费者主观感知到的损失，而不是实际发生的损失。与以上研究相类似，Mehr 等（1961）把自我保护这一概念等同于损失预防。

可见，自我保护行为在心理学、营销学和保险学领域的界定有一致之处，即自我保护行为是自发或主动进行的，其目的都是降低风险或避免损失，而且这类风险或损失都是个体主观感知到的风险或损失。借鉴以上定义，在本书研究中，消费者的自我保护行为是指消费者以减少或规避感知到的风险或损失为目的，自发或主动采取的一系列行为。

2.1.3 消费者食品安全自我保护行为

整合上述食品安全和自我保护行为的概念，在本书研究中，消费者食品安全自我保护行为定义如下：基于消费者个体的食品安全风险感知水平，其自发或主动采取的以控制和消灭食物中的物理、化学、微生物等有害物质，防止对其健康造成急性、亚急性和慢性危害，确保食用安全性为目标的行为。基于此概念，消费者能够实施食品安全自我保护行为的环节包括两个：购买时的食物选购阶段和购买后的食物处理阶段，故而消费者食品安全自我保护行为所包括的一系列行为可以被细分为食物选购、食物运输、食物清洗、食物储藏、食物处理、食物烹饪、个人卫生等食物选购和处理行为。

全世文和曾寅初（2014）将消费者购买具有安全标识（如食品安全认证标识、质量安全认证、食品可追溯标签等）的食物的行为称为标识选择行为，而把购买后对食物的加工处理行为称为自我保护行为。实际上，不论是购买拥有安全标识的食品，还是购买后对食品进行以确保食用安全性为目的的加工处理，其目的都是降低食品安全感知风险（Lusk and Coble，2005；Eom，1994；Kim，2012），因此，根据上节对于自我保护行为的内涵和外延的分析，二者都应该属于自我保护行为的范畴。但是，应该指出，消费者在购买时和购买后采取的食品安全自我保护行为的种类及其影响因素之间存在很大的差异性，因此在本书中仅讨论消费者食品购买后的食物处理行为。由于消费者食品安全自我保护行为具有自发性，本书研究的目的是深入剖析影响消费者自发采取或不采取食品安全自我保护行为的关键因素及其作用机理。对这一问题的回答，不仅能够阐明我国消费者食品安全自我保护行为的规律，还能够为后续开展针对消费者的食品安全教育及干预工作提供理论支持。

2.2 理论基础

2.2.1 计划行为理论

计划行为理论是理性行动理论的延伸，理性行动理论可追溯到多属性态度理论（Fishbein，1963；Montano and Kasprzyk，2015；Fishbein and Ajzen，1975）。多属性态度理论认为，对行为结果的预期决定行为态度，行为态度决定行为意向，行为意向决定之后的行为。之后，Fishbein 和 Ajzen 发展了多属性态度理论，提出了理性行为理论（Ajzen，1991； Beck and Ajzen，1991）。1985 年，Ajzen 在理性行为理论的基础上，增加了知觉行为控制这一变量，进而提出了计划行为理论，并于 1991 年发表了《计划行为理论》一文。

计划行为理论是指个体的某些行为既受行为意向的影响，也受个体的能力、资源等外部条件的制约。在外部条件充分的情况下，行为意向直接决定行为。知觉行为控制反映了对行为的实际控制状况，可以直接预测行为发生的概率。同时，行为态度、主观规范和知觉行为控制是决定行为意向的主要变量，行为态度越积极、重要个体越支持、知觉行为控制感越强，行为意向就越大，反之则反。信念是行为态度、主观规范和知觉行为控制的基础；个人因素、社会文化因素等通过影响行为信念，间接影响行为态度、主观规范和知觉行为控制，并最终影响行为意向和行为。行为意向、主观规范和知觉行为控制三个变量，彼此之间既相互独立又两两相关（段文婷和江光荣，2008），具体如图 1.7 所示。

在国内外的研究文献中，计划行为理论被广泛应用于各种消费者行为领域的研究之中，如消费者健康行为等。针对消费者食物处理行为这个领域，我国仅有 Bai 等（2014）应用计划行为理论进行了研究，其研究成果“Hygienic food handling intention. An application of the theory of planned behavior in the Chinese cultural context”发表在一区 SCI 期刊 *Food Control* 上。除此之外，尚未见有其他国内学者采用此理论开展消费者食品安全自我保护行为领域的研究工作。国外学者，如 Mullan 和 Wong（2009）的研究发现，计划行为理论可以很好地解释消费者安全处理食物的意向。Fila 和 Smith（2006）利用计划行为理论研究了年轻人的健康饮食行为。Mullan 等（2010）利用计划行为理论设计了一个针对家庭食物处理者的干预实验，干预后受访者的食品安全知识和行为的正确率均得到了显著的提升。Shapiro 等（2011）研究发现，知觉行为控制是解释消费者在家庭中规范地处理食物的意向的最强解释变量。可见，计划行为理论可以被应用于研究消费者的食品安全行为，解析影响消费者食品安全行为的因素及其作用机理。

2.2.2 知—信—行理论

现代社会心理学早已认识到，个体所属的各种社会和职业背景会激发其选择不同的道德立场、不同的信念，并采取不同的行动。Dennett（1981）和 Popper（1965）认为，行动是由信念而非仅仅由知识带来的改变。信奉实证主义的哲学家 Karl Popper 曾言，我们是按照自己的信念行事（O'Hear，1996）。上述哲学思想，构成了知—信—行理论的哲学基础。

知—信—行理论是知识（knowledge）、信念/态度（belief/attitude）、行为（practice）的简称，被用来解释知识和信念如何影响个体的行为实施和行为改变。该理论常被应用于健康行为的解释、预测及干预之中，很多学者以知—信—行理论为基础，指导健康行为干预体系的构建和实施。

根据知—信—行理论，个体行为的产生可以被划分为三个阶段：获取知识、产生相应的信念/态度、实施行为。该理论认为，知识、信念/态度、行为三者之间属于层级递进的关系，知识是行为改变的基础，而信念/态度是行为改变的内在动力（李维瑜等，2015）。在知—信—行理论中，"知"指的是个体知识、认知和理解，如在本书研究中将知识定义为消费者对食品安全自我保护行为的知识及认知；"信"指的是正确的态度或积极的信念，在本书研究中指的是消费者对采取食品安全自我保护行为所持有的信念或态度；"行"也就是行为，在本书研究中指的是消费者的食品安全自我保护行为。

知—信—行理论在行为解释和行为干预领域中已经被广泛使用，特别是在护理领域和健康行为领域。梅媛（2013）对 1 855 名长沙市居民进行心肺复苏培训，结果表明，在培训完后即刻、1 个月末和 4 个月末，个体的知识、态度和行为与基期相比均有显著差异，说明短期和长期的干预效果显著。汪清秀等（2015）基于知—信—行理论，对社区老年高血压患者自我管理行为进行干预，结果表明，干预后的知—信—行干预组在血压水平、自我管理行为上均与对照组有显著差异，表明基于知—信—行理论的干预，能够提高高血压患者的血压相关知识水平，提升其控制高血压的信念，并且促进其高血压自我管理行为的实施。此外，针对预防居家高龄养老者跌倒行为（魏洁，2019；陈荔萍等，2019），提高患者服药依从性行为（李玲玉等，2019）、肿瘤患者的术后康复行为（慎飞飞，2019），对糖尿病患者的健康教育行为（孙金姗等，2017）等的研究结果，均表明基于知—信—行理论的干预要优于常规的干预模式。但是，目前国内还缺乏利用知—信—行理论对消费者的食物处理行为进行干预的相关研究。在国外学者的研究中，Mitchell 等（2007）对食品行业的从业者进行了干预研究，认为针对食品从业人员的干预应该从三个方面展开，分别是激发因素（predisposing factors）、促进因素（enabling factors）和加强因素（reinforcing factors）。其中，激发因素包括食源性疾病相关的知识和信念、对食物处理的知识、食源性疾病的感知风险、对食物处理行为的感知控制力和自我效能，也就是说，Mitchell 等（2007）认为食物处理行为的干预需要基于知—信—行理论模型。Yarrow 等（2009）的研究表明，经过食品安全教育的大学生，其食品安全知识、态度或信念、自报告的行为都有所提高，Naing 等（2007）的研究也证实了这一点。综上，知—信—行理论可以被有效应用于解释和干预食物处理者的食物处理行为。

2.2.3　健康信念模型

健康信念模型是最早被用于解释信念与健康行为之间关系的模型之一（Minugh，1998），目前在公共卫生与预防医学、心理学、管理科学等领域被广泛使用。健康信念模型的产生主要来源于两个学习理论：刺激反应理论（Treisman，1960）和认知理论（Lewin，1951；Tolman，1932）。

Skinner（1938）提出，行为的频率取决于行为的结果，并从行为结果的反馈中获得不断的强化。行为和紧接着的奖励（行为后果）之间的关联性，被认为足以增加行为被重复的概率。Skinner 认为，个体的行为不需要进行思考或推理。然而，认知理论强调个体的期望，认为行为是结果的主观价值和主观概率或期望的函数。思维、推理、假设、期待等心理过程，是认知理论的重要组成部分。当研究健康相关行为时，“对避免疾病的重视”和“期望特定的健康行动可以预防疾病”被认为是采取健康相关行为的原因。

20 世纪 50 年代初，为了解释人们为什么不参与预防和检测疾病的项目（Hochbaum，1958；Rosenstock，1960，1974），美国心理学家提出了健康信念模型。之后，这一模型被用来研究人们对疾病症状的反应（Kirscht，1974），特别是对医学治疗的行为反应（Becker，1974）。

健康信念模型指出，个体行为的改变会受到感知易感性、感知严重性、感知收益、感知障碍、行为线索等的影响。如果个体认为自己容易受到某种影响，认为这种影响会产生潜在的严重后果，认为他们可以采取行动降低这种影响发生的可能性或者严重性，并认为采取行动的预期收益会超过采取行动的障碍（或者成本），那么他们可能会采取行动。具体如图 1.3 所示。

其中，感知易感性是指患上疾病的可能性（Glanz et al.，2008）。例如，只有妇女相信自身有可能患上乳腺癌，才有可能进行乳房 X 光检测。感知严重性是指对感染疾病的感知或对疾病不加以治疗的严重性的感知，包括个体对于感染疾病（如死亡、疼痛等）和可能的社会后果（如对工作的影响，对家庭、社会关系的影响等）的评估。感知易感性和感知严重性被归为感知威胁。

感知收益是指感知到的好处。感知到威胁后，个体是否会采取行动，受到个体对于减少疾病威胁的各种感知收益的影响。感知障碍是指，某一特定的健康行动潜在的消极方面。个体感知到的障碍，可能成为个体采取行为的障碍。在个体进行成本效益分析时，会权衡行动的预期收益与障碍。Bandura（1997）指出，自我效能是一个人能够成功执行行为的信念。Rosenstock 等（1988）建议将自我效能作为一个因素加入健康信念模型中，之后大量的学者认同自我效能在行为改变中的重要性（Bandura，1997）。

基于健康信念模型的干预研究涉及的领域非常广泛，包括临床医学、公共卫生与预防医学、心理学、基础医学、体育学、教育学等。Skinner 等（1998）利用健康信念模型为城市老年妇女提供社区教育干预课程，他们的研究目标是改变参与者的看法和行为，从而使参与者了解与乳房 X 光造影有关的知识。

目前国内将健康信念模型应用于慢性疾病的预防、遵医嘱治疗行为、不良行为干预、体育锻炼行为、青少年健康行为养成和调整不良饮食等各个方面。彭慧蛟等（2012）采用健康信念模型量表，探讨了健康信念与健康行为之间的关系，发现脑卒中患者的健康信念与健康行为呈显著正相关关系，脑卒中患者健康信念水平越高，其健康行为越好。谢红光（2013）基于健康信念模型，采用体质健康信念量表及锻炼态度量表对 383 名大学生进行测量，发现知觉锻炼益处、体质强弱、患病易感性对体质评价结果具有较大的影响。

2.3 扎根理论方法

2.3.1 扎根理论的起源与发展

扎根理论是质化研究的一种，最早版本的扎根理论出现在 20 世纪 60 年代，最初是用在社会学的研究中（Charmaz，2000；Strauss and Corbin，1990）。扎根理论的出现，是因当时社会学界出现的三大倾向（陈向明，2015）。其一是“宏理论”垄断学术界，只有少数学术大师生产理论，而其他学者所进行的仅是对这些理论的验证。其二是质化研究的困境，当时如民族志之类的质化研究方法仅是对客观现象的“印象式”描写，而不能产生深刻的理论建构。其三是缺乏系统的理论生产方法，在当时虽有一些研究提出了理论，但这些研究未能给出理论产生的过程。因而，Glaser 和 Strauss（1967）在做一个关于医院患者死亡的社会学研究时，提出了扎根理论。扎根理论能够在经验资料的基础上，产生一个适应经验资料，同时也适应真实世界的实质理论。

2.3.2　扎根理论的核心原则

扎根理论虽然是一个质化研究方法，但却努力将量化研究的内在优势整合进来，这主要是受到两位创立者教育背景的影响。Glaser 来自哥伦比亚大学，有深厚的量化研究学科背景，Strauss 来自芝加哥大学，受芝加哥学派解释主义符号互动论的影响极深。扎根理论集合了解释主义的深刻性、丰富性，以及量化研究的逻辑、严格和系统分析属性（Charmaz，2000；Dey，1999；Glaser and Strauss ，1967）。与以往先形成理论再寻找证据验证的研究范式不同，做扎根理论研究时，研究者先收集数据然后再在数据的基础上直接生成理论（Dey，1999）。

经过多年的发展，扎根理论也做了许多改变，并演化出多个版本。最初的扎根理论是 Glaser 和 Strauss 提出的，他们通过整理工作文本，于 1967 年发表了第一部扎根理论著作（Cutcliffe，2000）。1978 年，Glaser 出版了著作 *Theoretical Sensitivity*，作为对 1967 年版本的补充（Walker and Myrick，2006）。1987 年，Strauss 的 *Qualitative Analysis for Social Scientists* 一书，对原始版本的扎根理论做了较大改变（Walker and Myrick，2006）。1990 年，Strauss 和其学生 Corbin 所著的 *Basis of Qualitative Research*，对 Strauss 1987 年的版本做了解释（Walker and Myrick，2006）。1992 年，Glaser 的 *Emergence vs. Forcing：Basic of Grounded Theory Analysis* 一书对 1990 年 Strauss 和 Corbin 的版本做了批判（Walker and Myrick，2006）。2000 年，英国人 Charmaz 在借鉴了前人的基础上，提出了建构版本的扎根理论（Charmaz，2000）。因而，基于扎根理论，目前学界存在着三个版本：Glaser 和 Strauss 的原始版本，Strauss 和 Corbin 的程序化版本，Charmaz 的建构型扎根理论版本（费小冬，2008）。此外，扎根理论的应用也不再局限于社会学领域，而是广泛应用于人类学、护理学、情报科学和管理学之中（Cutcliffe，2000；González-Teruel and Abad-García，2012）。

扎根理论作为一个扎根于经验资料的方法论，从诞生开始就在理论建构领域具有颠覆性意义。扎根理论经历过多个版本的补充和发展，但是无论是原始版本的扎根理论，还是程序化和建构型扎根理论，虽在步骤和对数据的处理上存在不同，但几个主要原则却不曾更改过，这些主要原则包括以数据为核心、数据分析和数据收集同时进行、理论化抽样、理论饱和、生成中层理论。

（1）以数据为核心。质化研究分析的数据类型一般为文本、声音、图像和这些资料的隐喻（Miles and Huberman，1994）。扎根理论要求研究者严格以这些数据作为构建模型的原始材料，在研究过程中更加注重基于原始资料和研究主体的创造性建构模型或理论，而不是对过去的理论或假设予以印证。

当然，这并不是说研究者不需要进行相关文献的回顾，进行该领域内的文献回顾也是有必要的。虽然在研究开始时，避免文献回顾更可能生成一个完全扎根于研究数据的理论（Cutcliffe，2000），但是 Hutchinson 和 Wilson（1993）认为，文献回顾应该在数据收集和分析的过程中进行，这样可以帮助研究者了解目前研究上的不足并帮助提高最终构建的理论的合理性。此外，原始资料的产生多为研究者与所研究对象的访谈资料，理论建构也是研究者与所研究世界的互动，研究者过去的经历和知识会不可避免地被带入研究之中（Morse，1994），但这种蕴含着研究者反身性（reflexivity）的创造力才是扎根理论宝贵的地方（Turner，1981）。因而，在利用扎根理论时，应以原始资料为核心，并且需要处理好研究者在研究过程中的反身性。这也就是说，扎根理论是一种“归纳”的方法论而不是“推论”的方法论。

（2）数据分析和数据收集同时进行。扎根理论要求研究者在每次收集完数据之后就要进行一次分析，而且数据分析过程要秉持持续比较理论（constant comparative method）的原则，即每次数据分析都要求研究者在数据和数据之间、数据和所提炼范畴之间、范畴和范畴之间，以及范畴和概念之间进行反复比较，以使分析过程中归纳出的编码、范畴和理论最大程度包含着所收集资料的信息。因此，数据的持续比较贯穿于整个研究过程之中（Charmaz，2006）。

（3）理论化抽样。在分析过程中需要概念和范畴的呈现，因而扎根理论的样本集需要限定在特定数据源直至最终达到饱和。所以，扎根理论要求非随机抽样。扎根理论是要求寻找尽可能丰富的信息来填充范畴及其纬度，而理论化抽样是由上一个资料的分析结果来确定下一步的样本选取对象，即理论化抽样是随着概念的形成和理论的发展来有目的地选取调研对象（费小冬，2008），所以这种抽样方法能够使研究者获得的信息最大化。

在很多研究中，采取的不是理论化抽样而是目的性抽样，有的著作认为这两者是同义词。例如，Pickard（2013）认为，理论化抽样是目的性抽样的一种。但事实上两者并不是一回事。目的性抽样可以根据研究者先前的设想去寻找一个特定区域可计算的样本，在研究之前设想一个前期的纬度设定是合理的。很明显，这个思想与扎根理论的原则完全相背离，扎根理论要求研究者不对理论做预期设想，完全根据数据和研究的进程去建构理论，故选择目的性抽样的方法完全是错误的。

然而，在研究者进行研究之前，并没有演变的理论来指导理论化抽样，那么对于初始样本的选择应秉持重要个体的原则（Baker et al.，1992）。Morse（1991）认为重要个体是有研究所需要的经历和知识，有能力表达清楚，而且有时间也很愿意参与到这个研究中的人。

（4）理论饱和。理论饱和是扎根理论完成的条件，不同于量化研究先提出理论假设再验证的研究范式，扎根理论有其独特的理论完成标识。理论饱和是指对被研究对象已经充分理解，概念的属性和纬度、概念之间的关系已经被完全描述清楚（Sandelowski，2008）。Glaser 和 Strauss（1967）将理论饱和定义为新收集到的资料不再扩充某一范畴的特征。

（5）生成中层理论。为了实现理论构建和原始数据的耦合，扎根理论生成的只能是中层理论（陈向明，2015），中层理论是位于有关日常生活的较小的工作假设（working hypothesis）与无所不包的“宏理论”之间的理论。扎根理论生成的中层理论包括两类：实质理论和形式理论。实质理论是指研究对象是在一个情境下对某一现象的研究所获得的理论，消费者食品安全自我保护行为理论就是这类理论。形式理论是指在跨情境下对某一现象的研究所获得的理论，如社会变迁（陈向明，2015）。Glaser（1978）将基于扎根理论方法生成的理论看作找到行动者在处理某个问题时的各种行为模式，再将这些模式用理论的形式表达出来。

2.3.3　扎根理论的实现过程

对消费者食品安全自我保护行为来说，还没有成熟的变量范畴、测量量表和指导理论。而且，我们的前期研究表明，很多人对食品安全自我保护行为的理解也不尽一致。有鉴于此，研究中需要首先通过非结构化问卷（开放式问卷），对代表性消费者进行深度访谈，采用扎根理论这一质化研究方法进行范畴提炼，以制定理论分析框架，提出概念模型。具体如图 2.1 所示。

1. 样本选择

在本书研究中，样本选择严格按照理论化抽样的原则进行，即下一个样本的选择是基于对前面访谈资料分析的结果。例如，在访谈过程中，很多人提到老年

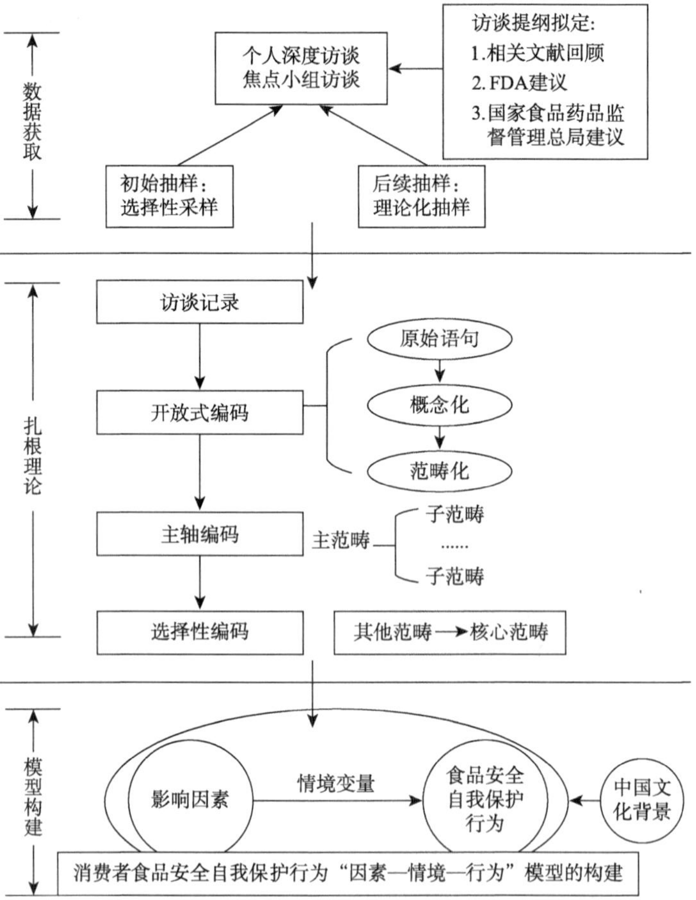

图 2.1　扎根理论的实施路径

人在食物处理方面做得比较差，而且存在严重的“知行不一”情况。基于以上发现，在接下来的访谈中会选取老年人作为访谈样本。最初样本的原则则是根据重要个体的原则，即选择能够流畅表达，并且有研究需要的知识的经历，有时间也乐于参与研究的消费者。所以，初始样本选取的是有丰富食物处理经验的家庭主妇，并且具有本科以上学历，在访谈之前都会征求对方参与研究的意愿并解释本次研究的目的和过程。

在后续研究中有被访者提到会因所处地域不同而导致消费者食品安全自我保护行为存在差异。我国疆域辽阔，纬度位于北纬 3°31′ ~北纬 53°30′（李勇，2013）。基于我国特殊的地理现状，为了使取样能够具有代表性，采集尽可能多地域的消费者样本，将大于北纬 40° 的位置设置为北部，北纬 30° 至北纬 40° 之间的位置设置为中部，小于北纬 30° 的位置设置为南部。在本书的研究中，访谈对象已经全部覆盖这三个区域。

2. 数据获取方法

研究选择访谈的方式来获取原始资料。由于本书研究是构建消费者食品安全自我保护行为理论，该理论应适用于普通的消费者，故在选择样本时应更广泛和多样化地取样，同时也要使获取的原始文字资料尽可能丰富，这样才可以深入理解受访者对食品安全自我保护行为的态度、情感及其内在动因。基于以上目的，本书研究在理论化抽样的基础上，数据获取都是采取半结构化的形式，访谈形式则主要采取个人深度访谈和焦点小组访谈相结合的方式。

个人深度访谈要求被访者仅有一人，访谈者就食品安全自我保护行为的关键问题与被访者进行交谈，访谈过程采取半结构化的访谈形式。这种方式能够在访谈中留给被访者充分的时间去思考问题，并且访谈者能够细致观察被访者的神情状态和语言表述，发现有价值的点进行持续追问，能够使后续路径构建中的框架更加清晰，各个范畴之间的内涵比较明确，但是，由于在访谈过程中，访谈中不能干预被访者的思路，要尽量保持中立，从而无法获得开放性的思考，导致个人深度访谈缺乏开放性。为了弥补深度访谈不足，研究引入焦点小组访谈方式，通过个人深度访谈、焦点小组访谈相结合的方式解决这一问题。

焦点小组访谈中，访谈者面对的被访者则是多个。在访谈开始时，访谈者抛出一个问题来尽可能地激发大家的头脑风暴，让各被访者之间充分讨论、相互启发、互相刺激，在发散状态的思维模式下尽可能全面地去挖掘食品安全自我保护行为的影响因素和内部作用机理，这种方法能够使获取的资料尽可能丰富，但缺点是无法针对每个人的特殊状态进行追问，故无法进行微观观察。此外，由于消费者是否采取食品安全自我保护行为有一定的私密性，在陌生人面前评论自己或他人在此方面的问题时会有所回避，因此，本焦点小组的成员选取的都是彼此比较熟悉的亲人或朋友，各小组成员为 2~4 人。

此外，中国是个有着深厚传统文化积淀的社会，中国人很看重人际关系，如果研究双方没有建立信任关系，研究者也很难收集到重要的信息（陈向明，2015）。为了保障收集到的信息尽可能真实有效和访谈过程的顺利，研究通过不着急询问对方问题，先从家庭琐事谈起等方式来保障访谈双方信任关系的建立。

3. 访谈提纲的设计

因为所研究的主题是消费者食品安全自我保护行为理论，所以必须先了解消费者采取食品安全自我保护行为的关键环节，通过文献综述确定食品安全自我保护的关键控制点，以此来设计访谈提纲。Collins（1997）研究发现，影响食品安全的因素包括不恰当的烹饪和储藏温度，以及糟糕的个人卫生。世界卫生组织将食品安全与食物来源不安全，不恰当的运输、烹饪和储藏，被污染的器具，糟糕的个人卫生联系在一起[①]。笔者根据以上文献资料拟定了初始提纲，然后又通过组织一次小组讨论对初始提纲进行探讨，最终确定了访谈的主要内容：①个人信息；②你如何进行食物的清洗、烹饪和储藏，这么做的原因是什么；③有没有发生过什么事情改变了你的食物处理行为；④在你看来，什么样的人注重安全地处理食物，什么样的人不注重；⑤你觉得影响消费者食品安全自我保护行为的因素有哪些。访谈之前会与被访者交谈一些与研究内容无关的话题来拉近彼此之间的距离，然后再进行访谈。访谈时会围绕上述提到的问题和捕捉出来的概念范畴进行进一步跟踪式提问，以尽可能深入地洞悉受访者的内在心理，每次访谈结束都会根据新的发现做出相应调整。对参加本次研究的访谈者和焦点小组讨论的主持人进行了相应的专业培训。

4. 概念模型的提出

以扎根理论为指导，通过对文本资料进行开放式编码（open coding）、主轴编码（axial coding）、选择性编码（selective coding）等，提炼出消费者食品安全自我保护行为概念模型。资料分析过程采用持续比较的思路，不断提炼和修正模型，直至达到理论饱和，即新获取的访谈资料不再对概念模型的建构有新贡献。

2.4 量表开发及信效度评价的方法与程序

2.4.1 题项样本池的建立

题项样本池的建立过程也是量表题项的生成过程，在明确消费者食品安全自我保护行为的概念界定与研究现状之后，针对基于扎根理论所构建的实质性理论中的各个变量，采取以下两种方法来建立各个变量考察题项的样本池：①文献查阅，借鉴国内外近年来针对消费者食品安全自我保护行为的相关文献及研究成果，提取出与研究相对应的题项；②焦点小组访谈，小组访谈是研究小组获取一手资料的重要途径，能够帮助调研人员更全面地掌握研究对象的观点，并将其观点整理成题项，从而形成题项样本池。

① 世界卫生组织于 2001 年发布的手册 *Five Keys to Safer Food*。

题项样本池建立后，需要对量表进行内容效度评价，通过专家讨论与小组测试对样本题项进行筛选，对于不恰当或表述不清楚的题项予以删除或修改。对于不同类型的量表，其信效度评价模式也是不同的。本书研究主要涉及两种量表，一种是选择型量表（单选题或多选题的形式，如知识类量表），另一种是利克特量表，如态度量表等，接下来将针对这两种量表的信效度评价程序分别进行说明。

2.4.2　选择型量表的信效度评价

信度是指量表的一致性、稳定性与可靠性。信度分析的常用方法包括难度系数、重测信度及内部一致性系数。

量表的难度由难度系数反映，题项的难度系数用题项的正确率考察。题项正确率越高，则难度系数越小，说明量表的题项越简单；题项正确率越低，则难度系数越大，说明量表的题项越难。一般题项难度系数分布在 0.2~0.8 比较合理。正确率超过 80%的题目被认为过于简单，缺乏区分度，一般可直接删除，但对于一些太难的题项（正确率低于 20%），是否需要删除或重新编制还需依靠其他指标进行综合判断。如果该题项是一个关键题项，正确率过低正好说明受访者在该领域的认知存在缺陷，此时如果删除该题项，则无法客观全面地揭示受访者的情况。

重测信度又称稳定性系数，是指用同一份量表对相同的受访者间隔一定时间后重新测量，通过比较两次结果的差异性来判定量表的稳定性。应该指出的是，重测时间过短，受访者容易受到上次调查的影响；时间过长，受访者容易受到外部环境影响而改变认知，因此重测时间控制在 2 周至 6 个月之间较为可行。重测信度一般通过 Pearson 相关性系数指标反映，重测信度（即两次调查结果的 Pearson 相关系数）大于 0.7 表示可以接受，大于 0.8 则说明量表的重测信度较高（Uggioni and Salay，2013）。

题项的相关性则是通过计算各个题项得分与总分之间的 Pearson 相关系数获得。当题项得分与量表总分的相关系数大于 0.3 时（有些认为最好在 0.5 以上），说明这个题项与考察主题的相关性较高。当相关系数小于 0.2 时，说明该题项的相关度很差。

内部一致性反映了各个题项之间的关系，考察题项是否测量了同一个内容。内部一致性的计算方法包括折半信度和同质信度。折半信度是将问卷的题项分为两部分，通过计算两部分数据的相关关系判断问卷是否考察了同一项内容。同质信度是检验问卷各题目之间在多大程度上考察了同一内容。同质信度的测量公式有库德–理查逊公式或者 Cronbach's α 系数。Cronbach's α 系数取值为 0~1，系数越大，表明内部一致性越好。一般认为对于探索性项目，当 Cronbach's α 系数大于 0.5 时，内部一致性通过检验。

效度是指量表是否符合研究目的，是否符合自己想要考察的内容。检验结果与要考察的内容越接近，则效度越高；反之，则效度越低。效度分为三种：表面效度、内容效度和鉴别效度。

表面效度是指从表面看来，研究设计的问题是否与研究目的相关。内容效度是指测量工具对所要考察概念的囊括程度。表面效度和内容效度常用的评价方法包括专家评价法、统计分析法与经验准则法，其中专家评价法最常用。专家评价法是指将完整量表与量表所包含的变量及题项的详细解释发放给相关领域的专家，由专家分析题项与研究内容的相关性和清晰度。鉴别效度是指量表能够区分两个不同的群体的能力。例如，对于知识类量表的鉴别效度评价，就是看这个量表是否能够区分知识水平高和知识水平低的个体，即知识水平高的个体使用该量表获得的分数应该高于知识水平低的个体。研究者可以选取知识水平差距较大的两组，判断两组个体在得分上是否存在显著差异。两组个体显著性差异的检验，可以通过参数检验或非参数检验的方法来进行，如果满足正态分布用参数检验，否则用非参数检验。

2.4.3 利克特量表的信效度评价

对于利克特量表，可以采用 Cronbach's α 系数评价量表的内部一致性。Cronbach's α 系数最好大于或等于 0.7，对于探索性量表至少也要大于 0.5。如果小于 0.5，认为该量表的内部一致性较差，可考虑删除或增加题项来提高量表的内部一致性（曾伏娥等，2011）。

利克特量表的效度分析包括表面效度、内容效度、鉴别效度和结构效度。表面效度、内容效度与知识类量表使用的方法一致，不再赘述。量表题项的鉴别效度可以通过计算各题项的临界比值（即 C.R.值）来判断，如果测量题项的 C.R.值达到显著水平（$p<0.05$），则证明该题项能够反映不同被测者之间的区别，予以保留（马庆国，2002）。其主要操作步骤如下：①求出量表总分；②按总分高低排序，并识别出得分排序前 27%的个体和得分排序后 27%的个体；③将其作为界限分成高分组与低分组，并对高低两组进行独立样本 t 检验，来验证它们在题项上的差异，将检验不显著的题项予以删除（吴明隆，2010）。

利克特量表的结构效度指标包括判别效度和收敛效度，需要使用探索性因子分析和验证性因子进行结构效度指标的测算。探索性因子分析首先需要判断样本数据是否适合进行因子分析，使用的检验方法为 KMO 检验与 Bartlett's 球形检验。

然后采取主成分分析法，以最大方差进行旋转做探索性因子分析，将特征值大于 1 的因子提取出来（刘丹，2013）。

探索性因子分析之后，再进行验证性因子分析，需要测量的是模型中各个潜变量的组合信度值（CR 值）。一般情况下，CR 值需大于 0.7（有些学者认为大于 0.5 即可）才能被认为模型的信度可靠。对收敛效度评价则需要通过各题项的标准因子负荷值以及各潜变量的平均方差提取值（AVE）来评判。通常认为，标准因子负荷值应在 0.5 以上，最好大于 0.7。AVE 则应大于 0.5，但对于处于探索期的模型，有学者认为大于 0.4 也是可以接受的。

关于评价模型拟合度的指标，根据 Hair 等（1998）的建议，模型检验中包含指标有近似误差的均方根（RMSEA）、拟合优度指数（GFI）、比较拟合优度指数（CFI）、卡方自由度之比（χ^2/df）。其中，RMSEA 是最常用的模型拟合度指标，RMSEA 越接近 0，则表示模型拟合越好，反之，则模型拟合较差。通常认为，当 RMSEA 值小于 0.05 时，表示模型拟合较好；当 RMSEA 值大于 0.05 而小于 0.08 时，则表示模型拟合效果尚可；当 RMSEA 值大于 0.08 而小于 0.1 时，认为模型拟合效果一般；当 RMSEA 值大于 0.1 时，认为模型拟合较差。对于 GFI，一般认为 GFI 应大于 0.9，且该指数越接近 1，表示模型拟合效果越好。对于 CFI，多数学者认为其值也应大于 0.9，但也有学者认为 GFI 的值至少应大于 0.8。对于 χ^2/df，则认为 χ^2/df 越接近 1，表示模型拟合效果越好，在实际研究中，χ^2/df 值接近 2，也可认为模型拟合效果良好，在实际应用中小于 5 也是可以接受的（张召普，2016）。

2.5　本章小结

本章界定了消费者食品安全自我保护行为概念；对研究中所依托的基础理论，如计划行为理论、知—信—行理论等进行了系统阐述；对研究中所使用的扎根理论研究方法，以及研究量表开发及信效度评价的方法与程序进行了介绍。

第3章　消费者食品安全自我保护行为概念模型的构建

应用社会心理学模型研究食品安全自我保护行为是当前的研究前沿与热点，但这些社会心理学模型大都由西方学者提出，在本土化的过程中或多或少会遇到一些问题。例如，Bai 等（2014）用计划行为理论研究了中国消费者食品安全自我保护行为，但模型的解释力度低于 Mullan 和 Wong（2009）对澳大利亚消费者的研究。而且，不同文化情境因素在管理学科中也越来越被重视（Pun et al.，2000；Nyarugwe et al.，2016）。Liu 等（2010）认为，在逻辑上，预防风险行为的模型和方法应用在不同文化的国家时，其结果可能是不恰当的。因此，开展基于中国文化情境下的消费者食品安全自我保护行为研究，构建一个扎根于中国国情的食品安全自我保护行为理论尤为必要。因而，本书研究采用扎根理论方法构建适合中国文化情境的消费者食品安全自我保护行为的影响因素模型。扎根理论方法的介绍参见第 2 章，本章直接阐述基于扎根理论的数据收集及分析过程。

3.1　访谈样本的确定

本次研究调研时间自 2016 年 10 月至 2017 年 2 月，访谈了 20 位消费者，具体人口统计变量见表 3.1。每次访谈时间为 30~90 分钟，在访谈之前 2~5 天会与被访者进行电话或当面沟通，告知本次研究的具体情况及涉及的问题（访谈提纲见附录 1），在征得被访者同意后才会预约时间进行访谈，同时也允许消费者对本次访谈问题进行提前思考。访谈场所大部分都选在被访者家中，有一小部分群体因距离原因通过电话访谈。

表 3.1　访谈样本情况

受访者序号	姓名	年龄	学历	职业	家庭所在地	家庭人均月收入/元	是否从事/曾从事与食品相关工作	访谈形式
001	张女士	38	本科	专职主妇	北部，城市	5 000	否	个人深度访谈
002	王小姐	23	研究生	在读学生	北部，农村	3 000	否	个人深度访谈
003	赵小姐	22	研究生	在读学生	北部，城市	4 000	否	个人深度访谈
004	樊小姐	20	本科	在读学生	南部，城市	5 000	否	个人深度访谈
005	张女士	42	研究生	大学教师	北部，城市	7 000	否	个人深度访谈
006	黄女士	31	研究生	大学教师	南部，城市	8 000	是	个人深度访谈
007	白女士	38	研究生	大学教师	北部，城市	8 000	是	个人深度访谈
008	代女士	48	大专	事业单位	北部，城市	3 000	是	个人深度访谈
009	王先生	50	小学	务农	北部，农村	2 000	否	个人深度访谈
010	刘女士	51	小学	个体经营	北部，城市	3 500	否	个人深度访谈
011	兰女士	76	中专	退休	北部，农村	3 700	是	焦点小组访谈
012	孙先生	46	初中	务农	中部，农村	4 000	否	个人深度访谈
013	刘女士	40	大专	事业单位	中部，城市	4 000	否	焦点小组访谈
014	孙先生	41	初中	打工	中部，城市	4 000	是	焦点小组访谈
015	张女士	71	小学	无业	中部，农村	1 500	否	焦点小组访谈
016	刘先生	74	高中	退休	中部，农村	1 500	否	焦点小组访谈
017	汪先生	65	小学	打工	北部，农村	800	否	个人深度访谈
018	何先生	23	大专	公司职员	中部，农村	3 500	否	个人深度访谈
019	张女士	43	高中	公司职员	中部，城市	2 000	否	焦点小组访谈
020	陈女士	34	大专	个体经营	中部，城市	3 000	否	焦点小组访谈

在访谈过程中，确保访谈环境足够安静，避免被外界干扰而引起思路中断。为了鼓励被访者如实回答问题并提高被访者的参与欲望，研究人员会根据每一位被访者的喜好提供相应的奖品（如向吸烟男士提供香烟一盒，向家庭主妇提供日用品或者直接给予金钱奖励等）。每次访谈过程都会被全程录音，然后利用讯飞听见语音转录平台及时将录音资料转成文字。同时，两名研究者分别将转录资料进行核对以保证数据的完整性和真实性。核对过程中，如发现语意不明确的文字则及时与受访者沟通，以获得准确的转录文字。转录中尽量保留原汁原味的语言，以便后期的数据处理不会出现偏差，同时也对被访者做了编号，并对语句进行编码。

3.2 数据分析与模型构建

扎根理论存在着不同版本，但不同版本包括的研究内容基本相同：获取数据、编码、比较、范畴化、理论化抽样、形成核心范畴、最终形成理论。虽然研究内容基本相同，但在不同内容的具体实施中不同版本之间仍存在差异。目前学界对于选择哪一版本的扎根理论还存在着很大争论，本书选择 Strauss 和 Corbin 的程序化版本，原因是该版本过程更加程序化，并且已经被很多的学者用于研究消费者的行为，如低碳消费行为（王建明和王俊豪，2011）、在线生鲜产品购买行为（公雪梅和杨蕙馨，2016）、健康饮食行为（Amiri et al.，2011）等。

程序化版本的扎根理论将数据分析分为三个循环往复的步骤，即开放式编码、主轴编码和选择性编码。在本书研究中，为了避免由研究者个人思维方式导致的反身性，在研究中充分利用了备忘录的作用。在每一个步骤中，原始资料经由一个研究者整理完成之后，将所提取的编码和范畴交由另一名研究者进行审核和修改。在理论模型构建完成之后，组织了一次专家小组讨论，对扎根理论的各个过程和最终构建的影响因素模型进行评价，尽量避免因研究者思维的主观性导致模型构建有偏差。

3.2.1 开放式编码

开放式编码是扎根理论分析过程的第一步，是从原始资料中找到与研究内容相关的语句进行编码，先将相关语句概念化，再将存在内在逻辑关系或相近的概念归入同一范畴中。该过程要求研究者要保持开放性，一行一行地分析数据，不受过去思维方式的约束，获得尽可能多的编码（Strauss and Corbin，1990），这一研究过程要确定概念及其属性和维度。Strauss 和 Corbin 认为，维度化各范畴的属性（如给距离属性标注短到长的维度）是核心任务。

表 3.2 是开放式编码结果，为了避免重复，研究将编码一致的原始语句仅保留了一条。数据处理过程使用 Nvivo 11 质化研究软件。

表 3.2 原始资料的一级编码

范畴	属性	维度	原始语句（编码）
食物品质	食物味道属性	味道被污染—味道未被污染	003 尤其夏天天热的话，我觉得有些事情不好说，尤其还是会有一些，比如小虫啊苍蝇啊，那就放冰箱里，放冰箱里吧，我又很厌烦，就是放冰箱里不会串味吗？下次拿出来味道就变了，我告诉你，一定要拿保鲜膜封着，我说你不封上，下次那东西真的就没法吃了（避免味道污染）

续表

范畴	属性	维度	原始语句（编码）
食物品质	外部物质污染	被污染—未被污染	012 一说是就是药物的残留了，或者是这个有这个虫子咬的呢，或者是冰雹打的，或者是那个皮硬的，这不是有时候当然还是吃打皮的好（化学残留问题、被其他生物污染、食物外部有创伤）
	食物外观	劣质—完美	003 我个人觉得肯定会有问题，肯定会有问题，但凡青菜，你想没虫子眼的然后很清新，我感觉他不排除是有农药化肥的存在的，那肯定需要啊（农药残留问题）
	食物品质	变质—未变质	002 哎呀，你就买完菜回来之后，怕坏的……哎呀，反正就……怕坏的，肉你肯定得往冰箱放吧（担心食物变质）
	食物口感	口感差—口感好	001 比如说沉的东西，就是这一般，这就是我觉得就是个人习惯了，沉的东西可能会放在袋的下边，然后可能怕压的东西都放在上面，就是没有太多用什么肉啊，菜（担心食物被损坏）
			002 就是有那种炒得特别生，就硬起来，就是吃起来还有点生的感觉（口感检验标准）
个人处理习惯	厨具使用习惯	未养成—养成	020 没这意识，他们就根本就没这意识，熟食生食没分过，做不到，别说老年人，咱也做不到（厨具使用习惯）
	食物处理习惯	未养成—养成	004 洗菜的时候也是开着水洗，但是不会开很大。洗碗也是开着水洗，因为我们冲东西都是开着水冲的，只是一种习惯吧，会觉得开着水会把脏的东西冲掉（食物清洗习惯）
			013 是的，大部分（错误的方式）都跟生活习惯有关。有的人他过得很好，但是很会过，这顿剩了，下顿还是吃剩菜，他永远都不吃新鲜菜了。吃饭的时候吃不了，下顿的接着吃，总吃剩菜，这是生活习惯，大部分都和生活习惯有关（生活习惯）
			012 应该是那个事，咋说，你要是有点毛病，反正也就是习惯的（个人习惯）
个人懒惰习惯	食物处理便利度	方便—麻烦	003 因为我觉得很麻烦啊，中间你边弄边收拾（食物处理麻烦）
	个人自我要求	懒惰—勤快	008 那就不得了，那就得搁盆里了。多叶的东西就搁盆里了。要你要那么冲的话，一个个那个冲费事啊，那么搁那里头好好洗(清洗麻烦）
			006 我现在有好多个菜板，但是我跟你说，生食没分开切，太麻烦（菜板使用麻烦）
			004 这个剩菜很少了，搁那第二天就吃了，哪有工夫包裹（食物储藏麻烦）
			004 因为我懒，其实很多东西你不能为了安全把所有的都要求好，这个生活很累啊，理论是完美的，但是实行起来并不一定能完美（对自我要求）
			012 有的时候一个人的时候做饭也属于糊弄（做饭麻烦）
			003 不然你等了每次你也不能吃的时候边化然后边切(解冻过程麻烦）
			013 个人不拘小节的那种，他那个马马虎虎的呗(马马虎虎生活作风）
过去经验	别人行为后果	未食物中毒—食物中毒	004 那我觉得在东北这边的人，他们一样生活很好，你看天天这样吃也没事，也没见中毒多少（别人行为后果）

续表

范畴	属性	维度	原始语句（编码）
过去经验	过去经历	无影响—有影响	007 应该是有的，再一个我猜是他们自己的经验，因为他们可能在困难时期，比如说买到东西不舍得吃或者什么，但是放久了也觉得没事的时候吃了，我觉得可能因为他们活了一辈子，可能也真的遇到过，说有点味，但是不要紧就吃吧，结果吃了他也没啥事了，他们就觉得没有那么严格，没有那么严，他自己遇到过就没事（过去生活经验）
	食物中毒经历	无影响—有影响	003 可能就再也没吃出来什么毛病，如果出了一次，以后可能会注意点哈（食物中毒经历）
家人健康	孩子因素	无小孩—有小孩	003 原因就是孩子。呃，相对于大人没有那种就是抵抗力啊不知道该怎么办，这个我觉得这个困惑我是存在的（家人身体抵抗力）
	为家人着想	不关心—关心	005 因为做母亲的都是会关注孩子吃得健不健康，那我们那个时候也是婴儿的，买一些笨鸡蛋给孩子吃（小孩因素）
			004 比如说，怕我吃不饱类似的，或者是怕菜不够吃，就会关心，会觉得，可能今天谁吃的比较多嘛，那我煮的刚刚好，可能谁就吃不饱之类的，或者怕不够吃，所以大家煮东西可能都会剩下一点（为家人着想）
家庭内部因素	家庭教育	不干预—有指导	003 他们之前会，但是我就觉得很不好。后来我告诉他们，你们就一定要，我就特意给他们买了一打保鲜膜，用保鲜膜封上，然后放冰箱里（与家人沟通）
	家庭氛围	被动接受—积极维护	004（如何处理食物）第一个是我妈告诉我的，外婆告诉我的（家人告知）
	家庭沟通	无交流—有沟通	006 我们家一直强调就是新鲜，我们家，而且我们家也很早就有冰箱，冰箱刚出来，反正家里有冰箱（家庭环境影响）
			019 但是跟老人住一块了就也吃，没法，哈哈，他们不要倒，你也不能不吃（家庭和睦）
			004 我做得不对嘛，所以就要，就要告诉我怎样做才是对的。要是我觉得这样做对，我就告诉这样做比较好，然后大家都会一样（家人互相影响）
健康意识	生活质量	要求低—要求高	002 并且没有那种意识吧。没有那种要健康的那种意识吧（缺乏健康意识）
	身体健康忧虑	不担心—担心	017 自己一个人能吃饱就行了。对我们农村人，哪讲究生活质量啊，能吃饱就行（生活质量要求低）
	健康意识	无意识—有意识	018 自己在外面是吧，再把身体搞坏，担心（担心身体健康）
勤俭节约文化	生活节俭品质	不舍得—舍得	006 就是能吃我还是留着嘛，我觉得很浪费粮食，其实就是浪费粮食（厌恶浪费）
			005 他们那一代人现在特别的节俭吧，就跟他们那个少年时期的那种童年时期的经历有关系（生活节俭）
			006 因为有时候可能就是，因为青菜如果是蔬菜类的嘛，那肯定就是倒掉的，但是如果是剩的是肉，然后可能就会保存下来（不舍得）
			005 我是考虑，嗯，这样解冻吗？用的过程在冷藏这个冰箱里头，它还会，嗯，释放冷，是一种能源的节约（节约品格）
时间因素限制	时间因素	紧张—宽裕	006 你要是把那个剩下的给扔掉了，我会考虑，哎呀，好浪费啊，完了我又得重新做还好浪费时间（避免浪费时间）

续表

范畴	属性	维度	原始语句（编码）
时间因素限制	生活节奏	缓慢—急促	003 那你实在不放心，就是削皮，蔬菜就没招了，就这么吃吧，毕竟工作都很忙碌（工作忙碌）
			008 就是说着急啊，着急了，那个，冲洗不那么细了。不着急就多冲洗几遍，再说我也得分啥菜（节约时间）
			003 嗯，生活节奏比较快，就是做完了就 ok 了，就吃掉了（生活节奏）
			005 虽然知道肉应该马上就洗好了，然后冻上啊，但是可能在这方面还是忽视的，也是都先放在冰箱里，然后时间的时候反正不是第一时间去处理吧，没有时间的时候（时间限制）
			007 非常着急的时候吧，例如家里边，比如说有客人有亲戚了，要做好几个菜，他们都在那等，这样的话就不能太悠闲地冲洗蔬菜（着急吃饭）
食品安全技能	食品安全技能	不具备—具备	003 尤其夏天天要热的话。然后你要不弄的话，我总感觉我，下次我怎么判断它能不能吃啊，我没有那些技能，我也闻不出来（判断技能缺乏）
			004 也没有，我就是可能自己就这个方法，也就是这样，没有没有，不知道有更好的方法嘛（缺乏处理技能）
食品安全知识	安全储藏知识	不具备—具备	005 我都是在百度上去搜，这样就很容易，个人的观点、每个人的观点都不一样，然后就弄糊涂了，不知道该信谁的（获取知识不一致）
	安全清洗知识	不具备—具备	001 就是我不会买太多，就是正常，可能因为菜的话放在冰箱里，时间长了，也是，嗯，也不一定太好，所以说一般可能就是最多 3 天（食物储藏知识）
	安全烹饪知识	不具备—具备	002 你了解好多东西，你肯定比较注意啊（具备知识）
	安全解冻知识	不具备—具备	002 就比如说，一些油的花生，带油的那种，就是放时间长了肯定会有什么味啊，什么的。也不知道会不会变质，这也不清楚（缺乏知识）
	安全运输知识	不具备—具备	005 而且就是洗手的话，搁自来水冲一下，那细菌也消灭不了（了解知识错误）
食物中毒危害性感知	感知易感性	不易感—易感	002 应该大家都知道吧，可能不会吃太多次吧（不安全食物食用频率）
	感知严重性	不严重—严重	005 我认为是安全的，因为最后这个菜都会经过高温的这个蒸煮什么的，炒啊，唉，这种小小的污染还没什么事（对污染态度）
			006 好像是吧，应该是没意识到有这个危害，因为也这么吃过来的，好像没啥事嘛（对危害性认识）
卫生意识	食物卫生	不重视—重视	008 特别在这块也不一样，觉得是不卫生，因为他接触这些东西，回家第一项业务脱完衣服马上就直接洗手，再干别的（重视清洗卫生）
	餐具卫生	不重视—重视	002 我觉得尤其是农村的老人，各个方面都不是很卫生（卫生意识差）
	个人卫生	不重视—重视	001 嗯，就有的时候会，有的时候就不会。这个没准。一般我都先切菜，再切肉，因为肉感觉太油，就觉得脏了（食物卫生状况）

续表

范畴	属性	维度	原始语句（编码）
卫生意识	个人卫生	不重视—重视	004 用冷水洗不干净，你肯定没洗过碗，你洗过碗？唉，你就是洗碗你也不懂，用冷水洗不干净（餐具卫生）
			004 我外婆是比较，我感觉她是比较注意卫生的，像我就经常被说（注重卫生）
无力感	外部食品安全形势	恶劣—优良	007 其实我们一直都在吃过保质期的东西，比如说鸡蛋什么，国外的放冷藏里面也只是一周，咱们不放冷藏里面，有的超市卖的都已经超一周了（经营环境影响）
	成本收益分析	低—高	003 大家都觉得可能食材如果不是那种特别严重的安全的话，这种化肥农药，现在大家都很明白，不可避免（农药残留无奈感）
			006 而且还有个原因嘛，食品环境这么差，你这点好像太微不足道了（食品安全形势）
			006 就是因为你知道这个事情，如果你要么去采取这么一个行为，它会给你带来很多成本，然后它所给你带来收益，你看不见。对你现在的收益，好像因为看不见，你没法衡量，嗯，相当于是不存在，就某种意义上不存在，除非你是跟我做实验的时候，我要这么吃的，然后我肚子里面会有什么变化，然后这么长期的过程会有什么影响，那我肯定会做，没有现行的数据摆在我面前（成本收益问题、危害结果不明显）
相关措施限制	厨房用具	不完备—完备	003 比如说炒完菜，这顿没吃了，剩下啦，嗯，那种放冰箱里，冰箱的地方非常有限，有些，所以说，冷藏的那个格就大约也就能放一放剩菜剩饭啊之类的（储藏设备限制）
	储藏设备	受限制—不受限制	006 我会熬一个粥，然后我就我一个人嘛，我家里锅有点大，它没办法做到就熬那么一点点，然后就是基本上我一次是两顿，我今天吃的应该是昨天早上熬好的，嗯，昨天早上一顿，然后剩下那点就放冰箱冻着，然后今天拿出来微波炉一热就吃了（厨具限制）
	清洗设备	不完备—完备	006 我现在租房子，租房子，那个房东，他是没做那个热水那个系统，但是如果我有家了，我肯定是热水（清洗设备限制）
周围人影响	他人示范	不参照—参照	006 因为不干不净，吃了没病，好像也还 ok 啊，大家都这么吃完了（参照别人行为）
	别人语言交流	不接受—接受	003 盐你放多少，比如说要出锅前什么放盐，不然会产生什么物质。觉得都是，但你要具体说有什么危害，你不这么做能怎么样。也不知道，大家只能说口口相传，知道这么做不好就不做了（别人沟通）
			018 还行吧，被那个经理带动的现在挺关注这方面的，这样吃合理搭配的，对吃这一块挺有研究（周围人影响）
专家媒体影响	新闻媒体	未影响—有影响	002 然后，我妈就经常看那个，电视那个，健康之路呀，什么讲堂，养生讲堂那些，就知道一些，这两年也开始看了（电视媒体影响）
	专家言论	违反—听从	005 因为现在电视都很少看，主要就是他的微信，通过这个（网络媒体影响）
	相关读物	未影响—有影响	002 你看我爸妈，现在都看那个，我爸就经常看一下医学方面的，就自己瞎看嘛，看书，了解什么（阅读相关书籍）

续表

范畴	属性	维度	原始语句（编码）
专家媒体影响	相关读物	未影响—有影响	005 剩菜啊，有一段时间是，看到这个新闻，与家说剩菜亚硝酸盐高。然后致癌什么的啊，确实是那个时候尽量避免剩菜或者是剩菜就不吃了。然后过了一段时间又看见有营养专家又说，做实验，嗯，说也没有那么严重什么的，然后也有辟谣说常年吃剩菜得什么胃癌的那些（专家言论）

3.2.2　主轴编码

主轴编码是程序化版本扎根理论的第二个阶段。主轴编码是通过建立范畴和子范畴之间的关联，将碎片化的数据拼接在一起。这个关联的建立需要通过一个编码范式，该范式集中在现象的三个方面：现象发生的条件或情境因素；个体对在该情境中发生现象采取的行动或互动策略；采取该行动或互动的后果（Strauss and Corbin，1998），具体编码范式见图 3.1。在主轴编码中，研究者的工作是去理解范畴和范畴之间及范畴和子范畴之间的关系。

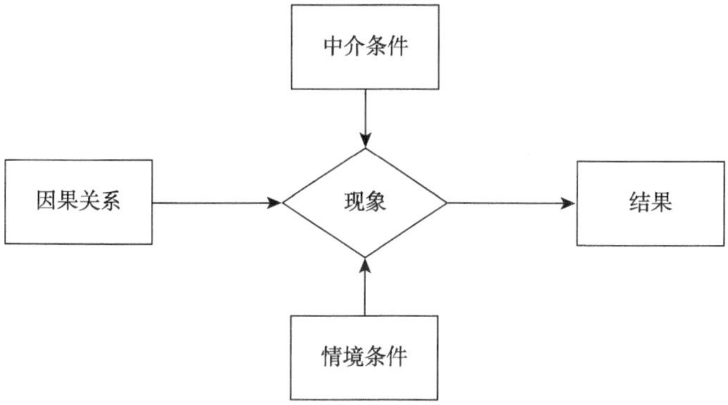

图 3.1　主轴编码的编码范式

通过主轴编码过程，确定了生活质量追求、个性特质、食品安全自我保护意识、物理环境、社会环境、食品安全知识、勤俭节约文化、食品安全自我保护行为（食物处理阶段）这八个主范畴，主范畴和子范畴之间的关系见表 3.3，各主范畴之间的典型关系结构见表 3.4。

表 3.3　主范畴的发展和范畴的内涵

主范畴	子范畴	范畴的内涵
生活质量追求	卫生意识	卫生意识是指消费者在处理食物过程中对食物、餐具、个人卫生方面的关注程度
	健康意识	健康意识是指消费者对个人及家人身体健康方面的关注程度
	食物品质	食物品质是指消费者对食物的口感、外观等品质属性方面的要求

续表

主范畴	子范畴	范畴的内涵
个性特质	个人处理习惯	消费者在长期食物处理过程中所形成的食物处理习惯，包括清洗方式、储藏方式、烹饪方式等
	个人懒惰习惯	个人懒惰习惯是指消费者的个人懒惰、个人疏忽或者避免麻烦的食物处理方式
	过去经历	消费者过去的食物处理经验或习惯、过去食物处理行为是否给消费者带来不适症状等
食品安全自我保护意识	食品安全风险控制的无力感	消费者感知食物的销售、生产等环节的安全风险严重而购买后食物处理行为却无法消除这种危害性而造成的食品安全风险控制的无力感
	食物中毒风险及危害性认知	对食物中毒风险的感知、食物中毒后果的认知、对安全处理行为的好处的感知
物理环境	配套设施因素	家庭内食物处理配套设施
	时间约束因素	工作时间、生活节奏、需要快速完成食物烹饪等时间约束
社会环境	周围人影响	周围人的干预或因周围人未采取食物安全处理行为后果的类比
	家庭内部因素	家庭教育或先辈的示范作用的影响
	专家媒体影响	新闻媒体或相关专家言论的影响
食品安全知识	相关知识	食品安全的相关知识，规范处理食物的相关知识
	相关技能	规范地处理食物的技能
勤俭节约文化	勤俭节约文化	中国勤俭持家、节约粮食、避免浪费食物的传统文化
食品安全自我保护行为（食物处理阶段）	食物运输方式	消费者家庭食物处理的四个关键关节的具体行为方式
	食物烹饪方式	
	食物储藏方式	
	食物清洗方式	

表 3.4 主范畴之间的典型关系结构

关系结构	关系结构的内涵
食品安全自我保护意识 → 食品安全自我保护行为	食品安全自我保护意识会直接影响消费者的食品安全自我保护行为，自我保护意识比较强的消费者能够更好地实施自我保护行为
食品安全知识 → 食品安全自我保护行为	食品安全知识能指导行为的实施，能直接影响消费者的食品安全自我保护行为，知识比较高的消费者会有更好的自我保护行为表现
个性特质 → 食品安全自我保护行为	个性特质主要包括个人处理习惯、个人懒惰习惯、过去经历，习惯对食品安全自我保护行为的影响是积极的还是消极的尚不可知，但是个人懒惰习惯、过去经历一般会对食品安全自我保护行为产生消极影响
勤俭节约文化 → 食品安全自我保护行为	勤俭节约文化一般会制约消费者实施食品安全自我保护行为，从而产生消极影响

续表

关系结构	关系结构的内涵
个性特质 ↓ 食品安全自我保护意识/食品安全知识　→　食品安全自我保护行为	消费者的个性特质是消费者食品安全自我保护行为的内部情境变量，它会调节食品安全自我保护意识、食品安全知识到食品安全自我保护行为的关系强度和关系方向
勤俭节约文化 ↓ 食品安全自我保护意识/食品安全知识　→　食品安全自我保护行为	勤俭节约文化是消费者食品安全自我保护行为的外部情境变量，它会调节食品安全自我保护意识、食品安全知识到食品安全自我保护行为的关系强度和关系方向
物理环境 ↓ 食品安全自我保意识/食品安全知识　→　食品安全自我保护行为	物理环境是消费者食品安全自我保护行为的外部情境变量，它会调节食品安全自我保护意识、食品安全知识到食品安全自我保护行为的关系强度和关系方向
食品安全知识 → 食品安全自我保护意识 → 食品安全自我保护行为	食品安全自我保护意识是食品安全知识和食品安全自我保护行为之间的中介变量，食品安全知识会直接影响食品安全自我保护意识，从而间接影响消费者的食品安全自我保护行为
生活质量追求 → 食品安全自我保护意识	生活质量追求是食品安全自我保护意识的内驱因素，该因素会影响食品安全自我保护意识
社会环境 → 食品安全自我保护意识/食品安全知识	社会环境是影响食品安全自我保护意识和食品安全知识的外部因素，该因素会影响消费者的食品安全自我保护意识和食品安全知识，但不确定是积极还是消极影响

3.2.3　选择性编码

选择性编码是扎根理论的最后一个步骤。根据 Strauss 和 Corbin（1998）的研究，选择性编码是整合和精炼理论的过程。为了完成这一过程，研究者需要确定一个核心范畴，这一核心范畴要与其他范畴建立关联。选择性编码类似主轴编码，因为主轴编码是形成范畴及各范畴的属性、纬度和关系，而选择性编码是以一种更抽象水平的分析来整合数据（Strauss and Corbin，1990）。

本书研究从主轴编码发展出的主范畴中提取出核心范畴，在原始资料的基础上，发掘出其他范畴与核心范畴之间的内涵关系，使用“故事线”的方式连接，以便发现其他范畴与核心范畴之间的作用路径。最终确定了自我保护意识这一核心范畴，其余各主范畴都与自我保护意识产生关联。

食品安全自我保护意识和食品安全知识是影响食品安全自我保护行为的两大驱动因素，这两个因素对食品安全自我保护行为均起到正向影响作用，同时食品安全自我保护意识也在食品安全知识与食品安全自我保护行为之间起中介作用。

生活质量追求是食品安全自我保护意识和食品安全自我保护行为的内驱因素，该因素既通过影响自我保护意识间接影响食品安全自我保护行为，又对自我保护行为具有直接影响。

物理环境、社会环境和勤俭节约文化是外部情境变量。其中，勤俭节约文化和物理环境这两个因素起调节作用，它们调节了食品安全自我保护意识、食品安全知识这两个变量到食品安全自我保护行为的作用路径。同时，这两个因素对食品安全自我保护行为也存在直接影响。另外，社会环境因素则通过直接影响食品安全自我保护意识和食品安全知识这两个变量，间接影响消费者的食品安全自我保护行为。

消费者的个性特质调节了食品安全自我保护意识和食品安全知识对食品安全自我保护行为的影响，同时，个性特质对食品安全自我保护行为也存在直接作用关系。

基于以上发现，本书构建了一个全新的可以用于解释中国文化情境下的消费者食品安全自我保护行为的理论构架，将其命名为消费者食品安全自我保护行为影响因素模型，具体如图 3.2 所示。

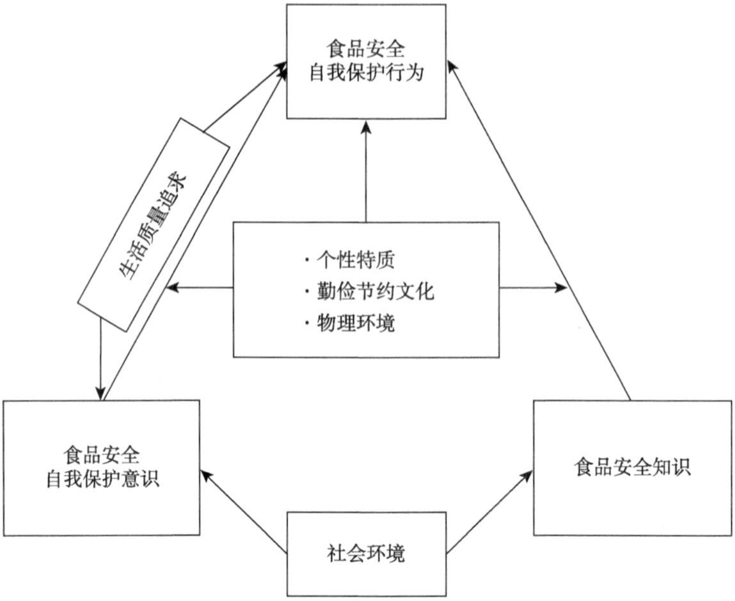

图 3.2　消费者食品安全自我保护行为影响因素模型

3.2.4　理论饱和度检验

扎根理论模型建构完成的标准是达到理论饱和，理论饱和的评判依据是新收集到的资料对已经形成的范畴不能产生新的属性和新的路径关系。本书研究基于理论化抽样方法，在对第 17 位被访者的资料进行处理时就发现已经达到了理论饱和点，但是为了避免抽样误差的存在，又收集了 3 位被访者的原始资料进行理论检验，发现构建的模型确已达到理论饱和，即新收集到的资料对已经形成的范畴不能产生新的属性和新的路径关系。此外，为了验证本书研究所形成的理论模型的效度，我们随机抽取了 5 名被访者对消费者食品安全自我保护行为影响因素模型进行审查，研究者先解释了模型各范畴的意义及相互之间的路径关系，询问该模型是否符合被访者想要表达的意思，结果表明，被访者对该模型的构建结果并无异议。

3.3 模型阐述

基于前面对原始资料的分析所构建的消费者食品安全自我保护行为影响因素模型，将对模型各范畴的内涵及不同范畴之间的关系做出详细阐释。

3.3.1 食品安全自我保护意识

食品安全自我保护意识是影响消费者食品安全自我保护行为实施的内部驱动因素，自我保护意识和自我保护行为具有显著的正相关关系，如图 3.3 所示。食品安全自我保护意识包括食品安全风险控制的无力感、食物中毒风险及其危害性认知两个方面，对这两个方面的考虑影响消费者的心理偏好从而影响其食品安全自我保护行为的实施。

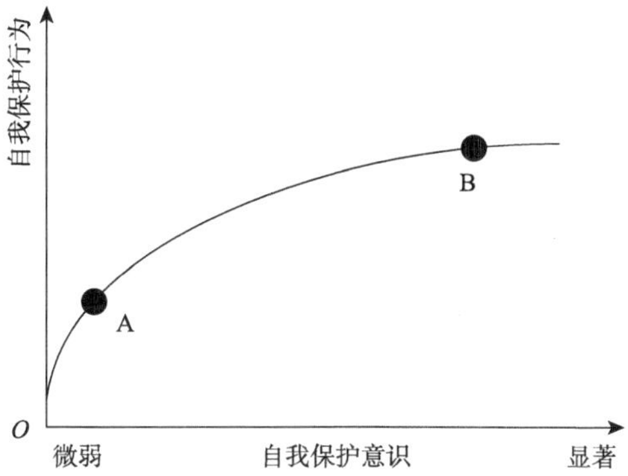

图 3.3　意识—行为关系

食品安全风险控制的无力感这一范畴的提出是本书研究中非常有趣的一个发

现。一方面，食品安全风险控制的无力感是指消费者受外部恶劣的食物生产、加工和销售环节影响，导致其认为安全的食物处理行为依然无法避免食源性疾病的侵害，从而产生一种无力感，如 006：而且还有个原因嘛，食品环境这么差，你这点（行为）好像太微不足道了。另一方面，食品安全风险控制的无力感是指，消费者认为个体采取自我保护行为付出的成本和获得的收益不匹配所造成的无力感，如 006：就是因为你知道这个事情，如果你要么去采取这么一个行为，它会给你带来很多成本，然后它所给你带来收益，你看不见。对你现在的收益，好像因为看不见，你没法衡量，嗯，相当于是不存在，就某种意义上不存在，除非你是跟我做实验的时候，我要这么吃的，然后我肚子里面会有什么发化，然后这么长期的过程会有什么影响，那我肯定会做，没有现行的数据摆在我面前。

食物中毒风险及危害性认知是以往类似研究中经常提及的变量，主要是指消费者对食物中毒的感知易感性和感知严重性会影响消费者对食品安全自我保护行为的态度，如 005：我认为是安全的，因为最后这个菜都会经过高温的这个蒸煮什么的，炒啊，唉，这种小小的污染还没什么事；006：好像是吧，应该是没意识到有这个危害，因为也这么吃过来的，好像没啥事嘛。

早先有较多的研究涉及自我保护意识和自我保护行为之间的关系。Bai 等（2014）的研究表明，对实施自我保护行为后果具有积极期望的个体更有可能采取食品安全自我保护行为。Hanson 和 Benedict（2002）的研究也发现，消费者对食物中毒风险及其危害性的认知越高，越能促使其实施自我保护行为。但是，意识和行为之间存在着鸿沟，Tóth 等（2017）更是将意识和行为之间的关系分为四类：无意识无行为（unconscious incompetence）、有意识无行为（conscious incompetence）、无意识有行为（unconscious competence）和有意识有行为（conscious competence）。在食品安全自我保护行为的研究领域，目前对意识和行为之间关系的研究还比较少。

本书研究表明，自我保护意识和自我保护行为之间的鸿沟主要是受到情境变量的调节作用的影响，这些情境变量包括内部情境变量（如个性特质）和外部情境变量（如勤俭节约文化），以上情境变量对于“意识—行为”一致性的影响主要基于两个路径。

路径一，当情境变量对“意识—行为”路径的影响较强时，“意识—行为”一致性则比较弱。例如，004 提到“就一般都不会想到安全，是一种习惯吧，你成为习惯之后就不会再考虑什么了，你觉得这习惯是安全就会保持下去”，该被访者认为显著的个人处理习惯对“意识—行为”具有较强的调节效应，从而出现意识—行为的不一致。同样的作用路径也被发现存在于社会文化和物理环境两个范畴中，如 006：我现在租房子，租房子，那个房东，他是没做那个热水那个系统，但是如果我有家了，我肯定是热水；005：比如说这个菜，我们吃饱了，这个菜我宁可扔掉，我也不吃了，但是我妈就不是，她就是一定要吃下去，认为这样不浪费，也是有一些水果要烂了的话，那得吃下去。

路径二，当情境变量对“意识—行为”路径的影响较弱时，“意识—行为”一致性则比较强。换句话说，情境变量与“意识—行为”一致性呈倒 U 形关系（图3.4），这一结果与王建明和王俊豪（2011）对公众低碳消费模式的研究中“意识—行为”一致性的结果一致。但本书研究认为，具有较强食品安全自我保护意识的个体对情境变量的调节效应反应也更不敏感，即食品安全自我保护意识和调节效应之间呈显著负相关关系，具有较高自我保护意识的个体可以降低调节效应的影响，表现出更高的“意识—行为”一致性。具体如图 3.5 所示。在图 3.4 和图 3.5 中，M、N、Q 分别表示三个不同自我保护意识水平的个体。在自我保护意识上，Q > N > M，而在调节效应的强度上，M > N > Q，在出现“意识—行为”一致性的可能性上，Q > N > M。此外，面对同样强度的调节效应时，个体 Q 比个体 M 表现“意识—行为”一致性的可能性更大，即 G″ > G′ > G，在整体“意识—行为”一致性上，Q > N > M。

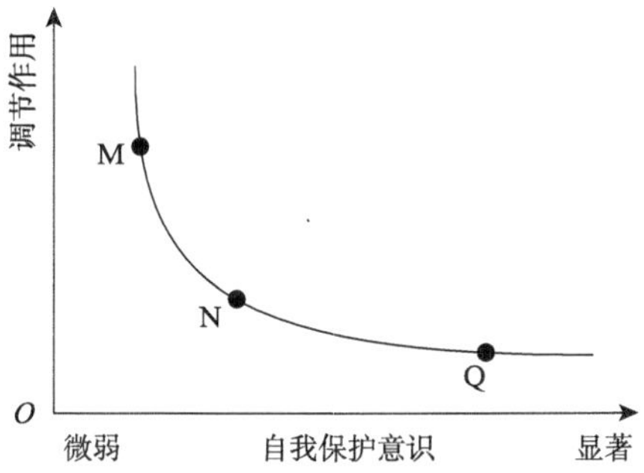

图 3.4　调节效应与自我保护意识影响关系

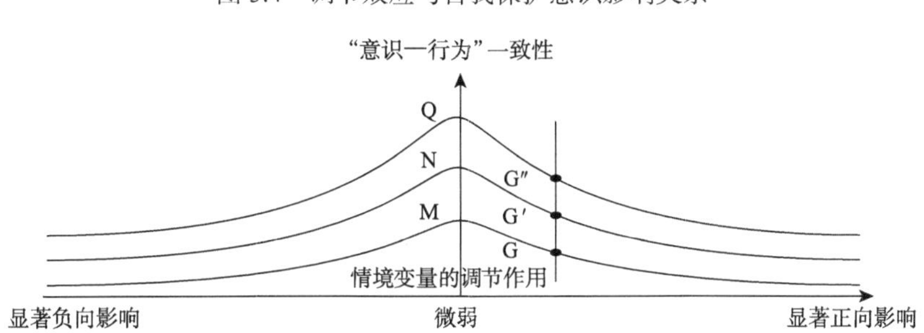

图 3.5　“意识—行为”一致性程度与情境变量的调节效应

而且，食品安全自我保护意识还受到了生活质量追求、食品安全知识和社会环境三个变量的直接影响，即自我保护意识充当生活质量追求、食品安全知识、社会环境三个变量与食品安全自我保护行为变量之间的中介变量，如 006 提到“肯定是流动的水，因为就家里面会，从小我就是有这种意识在，这种意识是从小被我爸灌输的吧”，她认为家庭教育因素会影响自我保护意识。生活质量追求和食品安全知识会促进自我保护行为的增加，社会环境虽然会影响自我保护意识，但是其影响方向却无法确定，社会环境对自我保护意识可能是正向影响也可能是负向影响，如 005 提到“家里没有其他人，他们也会认为，没有必要，有那么较真吗？大家不都这么吃吗？然后，在这种观念影响下，好像也是啊，何必为了这些事争执呢”，可以看出，同样是家庭成员的影响，但对自我保护意识的影响可能是积极的，也可能是消极的。

3.3.2 食品安全知识

食品安全知识是另一个直接影响食品安全自我保护行为的关键范畴，该范畴主要是指消费者对安全储藏、安全清洗、安全烹饪、安全解冻、安全运输等方面的知识和技能的掌握程度。拥有更高的食品安全知识的消费者更可能采取食品安全自我保护行为，这一路径也类似于自我保护意识与自我保护行为之间的关系，具体如图 3.6 所示。

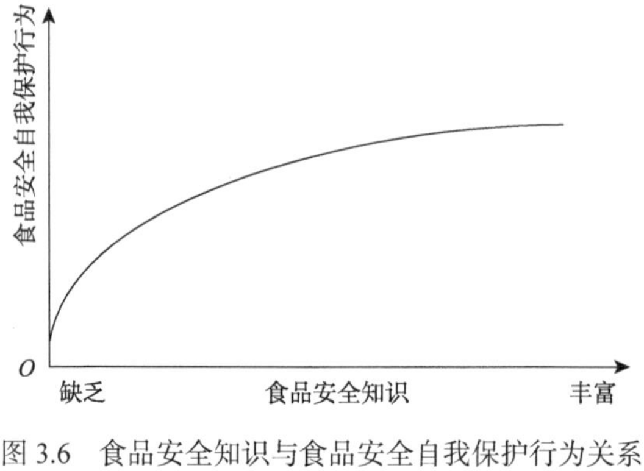

图 3.6 食品安全知识与食品安全自我保护行为关系

上述的食品安全知识和食品安全自我保护行为之间的关系也是知识—态度—行为模型所坚持的，即食品安全知识的增加能促进自我保护行为的实施（Kaliyaperumal，2004）。但是，类似于意识与行为之间存在鸿沟的情况，知识本身并不总是能导致积极自我保护行为的实施，该过程也受到其他变量的调节（Ko，2013），勤俭节约文化、个性特质和物理环境这三个范畴是造成这种“知行不一”现象的主要调节因素。例如，004 提到，“就像剩菜剩饭的话，有时候冰箱满了，直接放在桌上，拿东西盖住，就是那种小孔，有小孔，那个罩就罩着，第二天热了再吃”，该被访者会因为冰箱的空间限制而采取不恰当的食物储存方式；019 也提到，“采取这种错误的方式，是遵守老传统，中华民族的传统（即勤俭节约的传统）不能丢啊，所以不安全的剩饭剩菜还是会吃”，该被访者的行为表明勤俭节约文化会显著调节“知识—行为”路径；004 提到，“（采取不安全的清洗措施）因为我懒，其实很多东西你不能为了安全把所有的都要求好，这个生活很累啊，理论是完美的，但是实行起来并不一定能完美”，很明显，个人懒惰习惯是“知识—行为”路径的严重阻碍。

类似于“意志—行为”一致性的关系，“知识—行为”一致性也呈现倒 U 形结构，即情境变量显著的调节效应会严重制约“知识—行为”一致性，但具有较高食品安全知识的个体并不一定能抵制调节变量的影响，即食品安全知识和调节效应之间并不呈现负相关关系，因为虽然食品安全知识的缺乏是采取食品安全自我保护行为的主要阻碍之一（Meysenburg et al.，2014；Xue and Zhang，2013），但具备较高的食品安全知识的个体是否采取自我保护行为，则依赖于调节效应的大小（Ko，2013），即这一路径是由情境变量主导的，而食品安全知识变量只是被动接受这一调节效应。

如图 3.7 所示，具备同样食品安全知识水平的个体，其自我保护行为的表现受到调节作用的显著影响，我们称之为知识优势陷阱，即拥有食品安全知识的个体并不一定有更好的食品安全自我保护行为的表现。例如，004：那我得看（正确解冻的）程序如何，你要是非常麻烦，那我肯定不会；017：自己在家做饭就糊弄，因为别人不在家，我就自己有点啥吃啥，咱就吃一口得了，咋整就咋来的，凑合过。

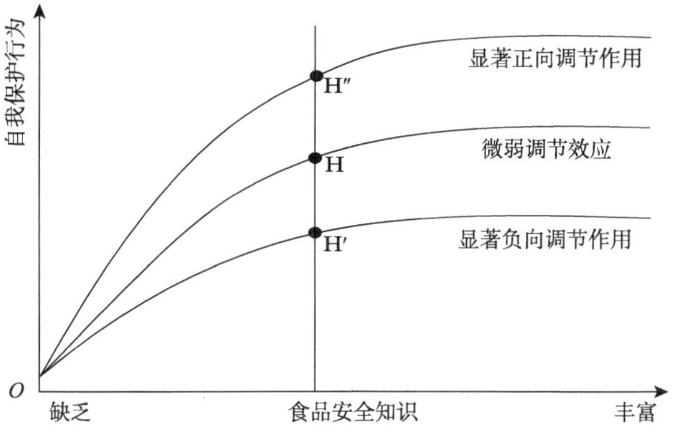

图 3.7　不同调节作用下，知识与行为的关系

此外，食品安全知识也充当了社会环境变量到自我保护行为变量之间的中介变量，很多被访者反映自己的食品安全知识是通过周围人、家庭或者专家媒体得到的。例如，003：那一个是呢，一个是网络，一个就是平时周围人的那个，

那个人的交流。016：你现在电视上每天都看这个讲食品安全。004：储藏东西，嗯，一般都是他们储藏，跟我没什么差别。因为要是我做得有差别的话，就会被骂，要标准化。因而，社会环境会对消费者的食品安全知识产生影响，从而影响自我保护行为的实施，但是，社会环境对食品安全知识的影响是积极的还是消极的无法确定，因为消费者个人很难判断从外界获取的信息正确与否，如013 提到"看电视的时候，有的讲法也不行，因为有的专家的这个讲法跟另一个人讲法互相矛盾"。

3.3.3 个性特质

个性特质是本书研究在食品安全自我保护行为领域中提出的一个全新范畴，在过去国际上对食品安全自我保护行为的研究中，对个体的个性心理特征的影响明显考虑不足。研究个性特质的影响，能够为提高行为的预测力提供一个新的渠道，并且能够缩小"意向—行为"之间的鸿沟（Lochbaum et al.，2010）。

在自我保护行为中，个性特质包括：个人处理习惯，主要是消费者在长期的食物处理过程中形成的食物处理习惯，包括清洗方式、储藏方式、烹饪方式等；个人懒惰习惯，这主要是指消费者因为个人懒惰、个人疏忽或者为了避免食物处理的麻烦，而不去关注食物处理细节和坚持正确的处理原则；过去经历，主要是指消费者过去食物处理经验或习惯、过去食物处理行为是否曾给消费者带来不适的症状。

个性特质在消费者食品安全自我保护行为中的作用主要表现在两个方面。一方面，个性特质调节了食品安全自我保护意识、食品安全知识这两个变量对食品安全自我保护行为的影响。另一方面，个性特质直接影响了消费者食品安全自我保护行为的实施。例如，013 提到，"是的，大部分（错误的方式）都跟生活习惯有关。有的人他过得很好，但是很会过，这顿剩了，下顿还是吃剩菜，他永远都不吃新鲜菜了。吃饭的时候吃不了，下顿的接着吃，总吃剩菜，这是生活习惯，大部分都和生活习惯有关"。013 认为个人对剩菜的处理行为会受到个人处理习惯的影响。002 也提到，"可能这种错误的做法也没吃出来什么毛病，如果出了一次，以后可能会注意点哈"。这种基于过去经验来处理食物的行为，无疑会阻碍消费者食品安全自我保护行为的实施。因而，考虑消费者的个性特质来研究食品安全自我保护行为是有必要的。

3.3.4 物理环境和社会环境

本书研究基于不同范畴之间的路径关系和范畴内部的联系，将环境范畴划分为物理环境和社会环境。在社会认知理论（social cognitive theory）中，环境因素被认为是影响个体行为和理解行为框架的重要因素（Bandura，1997）。在社会认知理论中，环境被分为两个类型：社会环境和物理环境。家庭成员、朋友和同事是构成社会环境的因素，而房屋面积、周围温度或者某类食物的可获取程度则被看作物理环境。在本书研究中，社会环境范畴被定义为周围人、家庭内部成员、专家媒体对个体的影响，该范畴主要是指人与人之间的一种影响，该过程的实现一般是语言命令和行为示范的方式。物理环境范畴则被定义为家庭的食物处理配套设施和消费者时间方面的制约，该范畴主要是指外部的实际资源对个体行为的影响。

从研究结果来看，这两个变量在模型中起到的作用是不一样的。物理环境作为情境变量，分别调节了食品安全自我保护意识和食品安全知识这两个变量对食品安全自我保护行为变量的影响，而社会环境变量则作为外部因素，通过影响食品安全自我保护意识和食品安全知识，间接影响食品安全自我保护行为。

3.3.5　勤俭节约文化

作为一类群体区别于另一类群体的思维的集体表征（Hofstede，1993），文化通过形成和构建个体的心理过程来影响个体行为（Dwairy，2015），并且受到了越来越多的关注。例如，有研究将中国文化视为以家庭为导向的集体主义文化（Pun et al.，2000）。但目前对于文化对食品安全行为影响的研究还较少，而且多借鉴自其他领域的研究。这些较为有限的研究主要集中于餐饮部门的管理，如 Nyarugwe 等（2016）在借鉴 Hofstede 对于国家文化研究的基础上，将影响餐饮机构员工食品安全表现的文化分为两个维度：国家食品安全文化和组织食品安全文化。

在本书研究中，基于对原始数据的分析，提炼出了符合中国情境下的文化内容，即勤俭节约文化的范畴。有被访者提到，为了节约用水而没有采取正确的清洗行为和为了避免食物的浪费而舍不得丢掉不安全的剩饭剩菜。可见，勤俭节约文化在消费者食品安全自我保护行为中起到了重要作用。具体来说，其作用主要体现在两个方面：一方面，该变量作为情境变量，调节了“食品安全自我保护意识—食品安全自我保护行为”和“食品安全知识—食品安全自我保护行为”这两个路径；另一方面，勤俭节约文化也直接影响了消费者食品安全自我保护行为的实施，如 007 提到“那可能就会清洗的时间长一点，因为我不怕费水”，该被访者认为自己不怕浪费水所以会清洗得更仔细、时间更久。

3.3.6 生活质量追求

生活质量追求包括消费者的卫生意识、健康意识和对食物品质的追求三个层面的内容。卫生意识是指消费者在处理食物过程中对食物、餐具、个人卫生方面的关注程度；健康意识是指消费者对个人及家人身体健康方面的关注程度；食物品质是指消费者对食物的口感、外观等品质属性方面的要求。

生活质量追求这一范畴作为自我保护意识前导激励因素，通过自我保护意识的中介作用对自我保护行为产生间接的影响，生活质量追求高的消费者有着更强的自我保护意识。

3.4 本章小结

扎根理论是一种成熟的质化研究方法，在 1967 年提出以后，一直以来受到理论研究者的关注，近年来也备受管理学者的青睐。扎根理论横跨整个理论形成过程，从研究设计到理论构建，通过扎根于原始访谈资料，扎根理论实现了经验资料和理论形成的耦合，实现了理论形成过程中由个性到共性、由特别到一般的飞跃。本书基于这一方法论开展消费者食品安全自我保护行为的研究，得出以下重要结论。

食品安全自我保护意识、食品安全知识、个性特质、勤俭节约文化、物理环境、社会环境和生活质量追求这七个范畴会对食品安全自我保护行为造成显著影响。其中，食品安全自我保护意识是核心范畴，其他范畴都与该范畴有直接或间接的联系。食品安全自我保护意识和食品安全知识是决定食品安全自我保护行为的两个关键性要素，但是这两个范畴与食品安全自我保护行为之间的关系会被多个情境变量调节。情境变量主要包括两大类：一类是内部情境变量，即个性特质；另一类是外部情境变量，包括勤俭节约文化和物理环境。此外，食品安全知识会受到社会环境的影响，食品安全自我保护意识则会受到社会环境和生活质量追求两个范畴的共同影响。值得注意的是，除了食品安全知识和食品安全自我保护意识两个关键因素之外，个性特质和勤俭节约文化也会直接影响食品安全自我保护行为。

本书研究还对情境变量的调节机理做了进一步剖析，发现了情境变量的强度与“意识—行为”一致性之间的关系，揭示了意识在其中起主导作用，较高的食品安全自我保护意识会显著减少调节效应的影响。但是，食品安全知识则是调节效应的被动接受者，同时本书研究也揭示了知识优势陷阱这一有趣现象。

第4章　消费者食品安全自我保护行为研究量表的开发

只有开发出具有针对性的可靠量表，才能开展进一步的研究工作，也才能使不同学者的研究工作可以在一个共同的平台上进行比较。由于文化及消费者行为的差异，直接采用国外的成熟量表不会有较好的解释效力（石贵成等，2005），为了使研究结论更具有说服力，必须在基于我国国情的基础上开发适用的研究量表。

4.1　题项样本池的建立

根据所构建的消费者食品安全自我保护影响因素模型，本量表中需要测量的题项包括八个主范畴：食品安全自我保护意识、食品安全知识、个性特征、勤俭节约文化、物理环境、社会环境、生活质量追求及食品安全自我保护行为，在这八个主范畴下又划分了健康意识、卫生意识、家人健康、个人处理习惯、勤俭节约文化、个人懒惰习惯、家庭内部因素、周围人影响、专家媒体影响、配套设施因素、时间约束因素、过去经历、食物中毒风险及危害性认知、食品安全风险控制的无力感、相关知识、相关技能、食物运输方式、食物烹饪方式、食物储藏方式及食物清洗方式共计20个子范畴，根据各范畴构建了本书研究所需的初步的测量题项，并作为样本池。

食物处理行为包括运输、清洗、烹饪、储藏等过程，仅仅以食品安全自我保护行为作为考察问题容易使被访者产生语义理解困难。过去的研究也发现，将食物处理行为作为一个整体去研究的时候容易产生不一致的结果，应该将具体的食物处理区分开来进行研究（Mullan et al.，2015a，2015b）。因而，本书研究以三个具体的食物处理行为进行研究，分别是洗手行为、剩菜处理行为和生肉处理行为。选择这三类行为：一是因为这三类行为是关键行为，在这三类行为中存在偏误是导致食源性疾病产生的重要原因（Kosa et al., 2015；Koppel et al., 2016）；二是这三类行为是常见的食物处理行为，被访者能够更好地理解题项。

通过阅读相关文献和小组讨论（包括一名教授、两名副教授、四个博士，这些学者的研究领域都是食品安全和消费者行为），设计了原始题项，主要参考的文献见表 4.1。

表 4.1　题项及出处

考察变量	题项数	题项文献来源
食品安全知识	生肉处理知识（7 题）、洗手知识（7 题）和剩菜处理知识（6 题）	Gong 等（2016）、Al-Shabi 等（2017），两道题目是自己编写
健康意识	共计 4 题	Gould（1988）、Guilabert 和 Wood（2012）、Michaelidou 和 Hassan（2008）
家人健康	共计 4 题	Gould（1988）、Guilabert 和 Wood（2012）、Michaelidou 和 Hassan（2008）
卫生意识	共计 4 题	自己编写，参考了 Gould（1988）
个人处理习惯	生肉处理习惯（4 题）、洗手习惯（4 题）和剩菜处理习惯（4 题）	Verplanken 和 Orbell（2003）
勤俭节约文化	共计 4 题	自己编写
个人懒惰习惯	共计 4 题	Lee 和 Ashton（2004）
家庭内部因素	共计 4 题	自己编写
周围人影响	共计 4 题	自己编写
专家媒体影响	共计 4 题	自己编写
配套设施因素	共计 4 题	de Boeck 等（2015）
时间约束因素	共计 4 题	de Boeck 等（2015）
过去经历	共计 4 题	自己编写
食物中毒风险及危害性认知	生肉处理（8 题）、洗手（8 题）和剩菜处理（8 题）	Schwarzer 等（2007）、Hingson 等（1990）、Kim 等（1991）
食品安全风险控制的无力感	共计 4 题	Wallston（2005）
自我保护行为	生肉处理行为（1 题）、洗手行为（1 题）和剩菜处理行为（1 题）	自己编写

题项的样本池初步生成后，要先通过预调研对各个题项进行审阅及修改，从而使题项语句表达清晰且没有歧义。本书研究采取专家小组分析的方法对内容效度进行评价，专家小组包括 10 位食品安全和消费者行为领域的学者，并让他们在填写完成后给出相关修改意见，以使题项达到测量所需的标准及要求。修改内容包括概念划分不清、提问方式具有一定引导性、选项存在错误或歧义、题项间的递进关系不合理等。

4.2　知识类问卷的信效度检验及评价

食品安全知识变量包含 20 个题项，共分为 3 个部分，第一部分是生肉处理知识，含 7 个题项；第二部分是剩菜处理知识，含 6 个题项；第三部分是洗手知识，含 7 个题项。

4.2.1　题项分析

包含 20 个题项的问卷被发放给吉林大学农林经济管理、食品科学与工程、食品质量与安全三个专业的学生进行填写，问卷总计发放 132 份，实际获得有效问卷共 123 份，问卷有效率为 93%。

1. 生肉处理行为量表

将数据录入后，通过 SPSS 软件分析生肉处理 7 个知识题项的内部一致性，仅为 0.359，低于建议可接受的最小值 0.5。需要通过题项分析和增减，提高内部一致性。

分别用 Excel 和 SPSS 22.0 对样本进行难度系数及相关性系数检验。不难发现，在表 4.2 中第 5、11、21 题的难度系数均低于 0.2，分别是 0.19、0.14、0.05，小于可接受的最低值。相关性系数的计算结果则显示，3 个题项的相关性系数也均低于要求的最低值，故直接将 3 个题项删除，删除后再次计算剩余题项的相关性系数，均有所提升。删除上述 3 个题项后，生肉处理类其余 4 个题项的内部一致性达到 0.637，与删除前相比有了显著提升。

表 4.2　生肉处理类难度系数及相关性系数

题项	难度系数	相关性 1	相关性 2
1.一个人用一块菜板切完生肉之后，现在他想再切蔬菜（用于凉拌），下面哪个方式是正确的?	0.42	0.632	0.686
2.解冻过的生肉是否可以再次冷冻起来以备下次使用?	0.38	0.67	0.721
5.下面哪种食物最有可能携带大肠杆菌?	0.19	0.029	
6.大块生肉应该被如何储藏?	0.64	0.693	0.7
11.冰箱最佳的冷冻温度是多少?	0.14	0.165	
12.您认为生肉应该如何解冻?	0.64	0.573	0.66
21.冷冻储藏的猪肉，最多能储藏多久?	0.05	0.181	

2. 剩菜处理行为量表

剩菜处理分量表的 Cronbach's α 系数为 0.543，对这些题项进行分析。在表 4.3 中，发现有的题项过于简单，如第 7 题，正确率达到 97%，可以直接删除。第 9 题（您认为剩菜最多可以吃几顿？）、第 17 题（下列选项中，哪个是正确的剩菜处理方式？）分别与第 3 题（剩菜可以反复加热吗？）的答案存在重复的部分，经讨论后删除第 3 题。最终剩菜处理知识包括 4 个题项，其内部一致性系数为 0.582。

表 4.3 剩菜处理类难度系数及相关性系数

题项	难度系数	相关性 1	相关性 2
3.剩菜可以反复加热吗？	0.21	0.442	
7.储藏在冰箱冷藏室里的剩菜最多能储藏几天？	0.97	0.231	
9.您认为剩菜最多可以吃几顿？	0.65	0.633	0.669
10.如果剩下的剩菜较多，应该怎么储藏？	0.62	0.621	0.692
17.下列选项中，哪个是正确的剩菜处理方式？	0.74	0.687	0.708
18.在室温下放置 3~4 个小时的剩菜，是否还能储藏在冰箱中再次食用？	0.25	0.584	0.594

3. 洗手行为量表

表 4.4 中，第 14 题和第 15 题被认为过于简单，难度系数分别为 0.99 和 0.84。特别是对于第 14 题“在家里处理食物时，接触完宠物是否需要洗手？”，99%的人给出的答案是需要洗手，表明该题项属于常识类题项。而且，第 14 题的相关性系数仅为 0.179，小于规定的最低值 0.2，表明该题项缺乏区分度。因此，根据上述分析，第 14、15 题被删除。另外，第 13 题“下列选项中，哪个是正确的洗手方式？”和第 19 题“在家开始做饭时，下面哪个选项是正确的洗手方式？”的正确答案存在相似之处，都涉及“温水”和“香皂”这两个关键词，可以认为这两个题项存在重复测试，故删除第 13 题。最终剩余的 4 道题的难度系数及相关性系数均符合要求，内部一致性系数为 0.574。

表 4.4 洗手类难度系数及相关性系数

题项	难度系数	相关性 1	相关性 2
4.在做饭的过程中，手接触到衣服之后是否还需要洗手？	0.53	0.660	0.792
13.下列选项中，哪个是正确的洗手方式？	0.70	0.535	
14.在家里处理食物时，接触完宠物是否需要洗手？	0.99	0.179	
15.在处理完生肉后应该如何洗手？	0.84	0.530	
16.洗手时，正确的揉搓时间应不少于多少秒？	0.13	0.514	0.600
19.在家开始做饭时，下面哪个选项是正确的洗手方式？	0.71	0.516	0.519
20.在做饭的过程中，手接触到脸之后是否还需要洗手？	0.47	0.658	0.732

4.2.2 区分效度

区分效度通过考察知识类量表是否能够有效地区别出食品安全专业的学生与非专业学生之间得分的差异来进行判定。在做区分效度检验时，要排除专业之外的其他因素的影响。在调研对象的选取上，分别选择了食品质量与安全专业的大三学生与农林经济管理专业的大二学生进行区分效度检验。

1. 生肉处理分量表

经检验，食品质量与安全专业样本的得分和农林经济管理专业样本的得分不服从正态分布。因此运用非参数检验方法，对两组学生的知识得分的差异显著性进行分析。

经过分析后得知，食品质量与安全专业组和农林经济管理组的学生知识水平的渐进显著性检验值为 0.013，小于 0.05，证明两组学生的知识水平之间存在明显差异。由此可见，生肉处理知识量表对于食品安全知识水平不同的人群具有很好的鉴别能力。

2. 剩菜处理分量表

经检验，食品质量与安全专业样本的得分和农林经济管理专业样本的得分不服从正态分布。因此运用非参数检验方法，对两组学生的知识得分的差异显著性进行分析。

分析表明，食品质量与安全专业组和农林经济管理组的学生知识水平的渐进显著性检验值为 0.004，小于 0.05，证明两组学生的知识水平之间存在明显差异。由此可见，剩菜处理知识量表对于食品安全知识水平不同的人群具有很好的鉴别能力。

3. 洗手分量表

经检验，食品质量与安全专业样本的得分和农林经济管理专业样本的得分不服从正态分布。因此运用非参数检验方法，对两组学生的知识得分的差异显著性进行分析。

分析表明，食品质量与安全专业组和农林经济管理组的学生知识水平的渐进显著性检验值为 0.004，小于 0.05，证明两组学生的知识水平之间存在明显差异。由此可见，洗手知识量表对于食品安全知识水平不同的人群具有很好的鉴别能力。

4.2.3 再测信度

再测信度又称稳定性系数，是指用同一测试方法在不同时间对同一群体进行的两次测试所得分数的相关系数。再测信度系数越大，表明量表的稳定性越好，通常认为再测信度系数应大于 0.8。

为了检验知识量表的稳定性，时隔两周之后，我们对农林经济管理专业的 31 名学生进行了再次调研。此次调研发放及回收问卷 31 份，其中有效问卷 24 份，问卷有效率为 77.42%。数据收回后将两次问卷进行对比分析，并通过 Pearson 相关系数来检验两份问卷的相关性。

计算表明，生肉处理量表的两次测量结果的 Pearson 相关系数 r =0.897，大于 0.800，表明该量表的再测信度良好。同理，对剩菜处理量表及洗手量表的两次测量结果进行分析，其 Pearson 相关系数分别是 0.830 和 0.826，表明所有量表的再测信度通过了检验。

4.3 利克特量表的信效度检验

除了知识量表之外，其他分量表（如健康意识、周围人影响等分量表）均是以利克特量表的形式设计的。因此，分别对洗手、剩菜处理、生肉处理三个量表的各个分量表（如健康意识分量表等）进行了信效度检验。为了节约篇幅，此处仅以洗手量表为例说明信效度分析过程，其他两个量表的分析过程类似。

4.3.1 数据收集

为了确保消费者食品安全自我保护行为量表的稳定性与可靠性，采取纸质版量表进行调研，确保数据的准确与完整性。共发放 300 份问卷，回收 248 份，删除无效问卷 2 份，保留有效问卷 246 份。首先对样本的特征，如性别、年龄、受教育程度、家庭人均月收入、是否从事与食品相关的工作等进行描述性分析，如表 4.5 所示。

表 4.5 样本特征统计

人口统计指标		人数/人	占比
性别	男	67	27%
	女	179	73%
年龄	18~24 岁	25	10%
	25~34 岁	58	24%

续表

人口统计指标		人数/人	占比
年龄	35~44 岁	65	26%
	45~54 岁	73	30%
	55~64 岁	13	5%
	65 岁及以上	12	5%
受教育程度	小学及以下	6	2%
	初中	41	17%
	高中	50	20%
	大学专科	53	22%
	大学本科	84	34%
	研究生	12	5%
家庭人均月收入	1 000 元以下	8	3%
	1 000~3 000 元（含）	96	39%
	3 000~5 000 元（含）	65	26%
	5 000~7 000 元	40	16%
	7 000 元及以上	37	15%
是否从事与食品相关的工作	是	34	14%
	否	212	86%

如表 4.5 所示，受访者中女性 179 人，达到 73%，女性受访者比例显著高于男性，由于本书研究选取的调研对象为在购买食品后能够对食品进行处理的消费者，因此符合条件的样本以女性为主。受访者的年龄集中在 25~34 岁、35~44 岁和 45~54 岁，上述三个年龄段的受访者占总体的 80%。受访者中，大学本科学历者最多，达到 84 人，占比 34%。在家庭人均月收入方面，除 1 000 元以下这一等级之外，其他等级人数分布较为均衡。受访者中，从事与食品相关的工作（如饭店工作人员、食品加工厂员工等）的人，仅有 34 人，占比 14%。

样本数据中的一部分（119 份）进行探索性因子分析，另一部分（127 份）用于验证性因子分析。

4.3.2　题项分析

题项分析中，采用 CR 值判断量表题项的鉴别度。如果测量题项的 CR 值达到显著水平（Sig.<0.05），则证明该题项鉴别度良好，可以予以保留。主要操作步骤如下：①求出量表总分；②按总分高低排序，并找出高分组（得分前 27%的样本）和低分组（得分后 27%的样本）；③对高低两组进行独立样本 t 检验，验

证它们在各个题项得分上的差异，并将 t 检验不显著的题项予以删除。题项分析结果如表 4.6 所示。

表 4.6 量表题项鉴别度情况（独立样本 t 检验）

题项		方差相同 Levene 检验		均值相同 t 检验		评价
		F	Sig.	t	Sig.	
A1	假设方差相等	0.198	0.658	3.176	0.002	有鉴别度
	假设方差不相等			3.187	0.002	
A2	假设方差相等	1.897	0.173	3.767	0	有鉴别度
	假设方差不相等			3.779	0	
A3	假设方差相等	0.584	0.447	3.886	0	有鉴别度
	假设方差不相等			3.893	0	
A4	假设方差相等	0.527	0.471	3.139	0.003	有鉴别度
	假设方差不相等			3.132	0.003	
A5	假设方差相等	0.992	0.323	5.777	0	有鉴别度
	假设方差不相等			5.811	0	
A6	假设方差相等	0.144	0.705	6.349	0	有鉴别度
	假设方差不相等			6.375	0	
A7	假设方差相等	1.083	0.302	6.62	0	有鉴别度
	假设方差不相等			6.659	0	
A8	假设方差相等	0.35	0.556	4.748	0	有鉴别度
	假设方差不相等			4.779	0	
A9	假设方差相等	17.816	0	2.739	0.008	有鉴别度
	假设方差不相等			2.755	0.008	
A10	假设方差相等	2.115	0.151	4.238	0	有鉴别度
	假设方差不相等			4.264	0	
A11	假设方差相等	4.017	0.049	3.154	0.002	有鉴别度
	假设方差不相等			3.164	0.002	
A12	假设方差相等	41.563	0	2.827	0.006	有鉴别度
	假设方差不相等			2.855	0.006	
C5	假设方差相等	2.409	0.125	4.053	0	有鉴别度
	假设方差不相等			4.072	0	
C6	假设方差相等	10.633	0.002	4.425	0	有鉴别度
	假设方差不相等			4.46	0	
C7	假设方差相等	15.99	0	4.104	0	有鉴别度
	假设方差不相等			4.131	0	
C8	假设方差相等	13.707	0	3.983	0	有鉴别度
	假设方差不相等			4.021	0	

续表

题项		方差相同 Levene 检验		均值相同 t 检验		评价
		F	Sig.	t	Sig.	
C17	假设方差相等	0.211	0.647	5.9	0	有鉴别度
	假设方差不相等			5.912	0	
C18	假设方差相等	0.138	0.711	5.414	0	有鉴别度
	假设方差不相等			5.423	0	
C19	假设方差相等	0.003	0.956	4.802	0	有鉴别度
	假设方差不相等			4.804	0	
C20	假设方差相等	5.065	0.028	0.508	0.613	没有鉴别度
	假设方差不相等			0.505	0.615	
D1	假设方差相等	0.409	0.525	3.288	0.002	有鉴别度
	假设方差不相等			3.293	0.002	
D2	假设方差相等	0.374	0.543	2.387	0.02	有鉴别度
	假设方差不相等			2.386	0.02	
D3	假设方差相等	0.046	0.831	1.913	0.006	有鉴别度
	假设方差不相等			1.914	0.006	
D4	假设方差相等	0.896	0.347	1.856	0.008	有鉴别度
	假设方差不相等			1.86	0.008	
D5	假设方差相等	0.751	0.389	3.753	0	有鉴别度
	假设方差不相等			3.759	0	
D6	假设方差相等	0.006	0.939	3.386	0.001	有鉴别度
	假设方差不相等			3.39	0.001	
D7	假设方差相等	0.744	0.392	4.253	0	有鉴别度
	假设方差不相等			4.267	0	
D8	假设方差相等	0.49	0.486	2.7	0.009	有鉴别度
	假设方差不相等			2.701	0.009	
D9	假设方差相等	0.982	0.325	4.135	0	有鉴别度
	假设方差不相等			4.129	0	
D10	假设方差相等	3.277	0.075	4.428	0	有鉴别度
	假设方差不相等			4.429	0	
D11	假设方差相等	0.959	0.331	4.864	0	有鉴别度
	假设方差不相等			4.861	0	
D12	假设方差相等	1.754	0.19	3.948	0	有鉴别度
	假设方差不相等			3.952	0	
E1	假设方差相等	9.113	0.004	3.723	0	有鉴别度
	假设方差不相等			3.751	0	

续表

题项		方差相同 Levene 检验		均值相同 *t* 检验		评价
		F	Sig.	*t*	Sig.	
E2	假设方差相等	6.276	0.015	5.449	0	有鉴别度
	假设方差不相等			5.494	0	
E3	假设方差相等	8.424	0.005	−0.257	0.798	没有鉴别度
	假设方差不相等			−0.255	0.8	
E4	假设方差相等	8.912	0.004	4.447	0	有鉴别度
	假设方差不相等			4.486	0	
E5	假设方差相等	0.632	0.43	1.567	0.022	有鉴别度
	假设方差不相等			1.566	0.022	
E6	假设方差相等	2.083	0.154	0.394	0.017	有鉴别度
	假设方差不相等			0.393	0.017	
E7	假设方差相等	0.813	0.37	−1.94	0.695	没有鉴别度
	假设方差不相等			−1.93	0.695	
E8	假设方差相等	0.488	0.487	0.082	0	有鉴别度
	假设方差不相等			0.082	0	
E9	假设方差相等	1.758	0.19	−1.267	0	有鉴别度
	假设方差不相等			−1.271	0	
E10	假设方差相等	0.003	0.958	−0.475	0	有鉴别度
	假设方差不相等			−0.474	0	
E11	假设方差相等	1.329	0.253	−0.767	0	有鉴别度
	假设方差不相等			−0.767	0	
E12	假设方差相等	0.884	0.35	−0.841	0	有鉴别度
	假设方差不相等			−0.841	0	
F1	假设方差相等	1.72	0.194	3.159	0.002	有鉴别度
	假设方差不相等			3.169	0.002	
F2	假设方差相等	5.698	0.02	2.96	0.004	有鉴别度
	假设方差不相等			2.97	0.004	
F3	假设方差相等	6.455	0.013	3.01	0.004	有鉴别度
	假设方差不相等			3.026	0.004	
F4	假设方差相等	6.199	0.015	3.047	0.003	有鉴别度
	假设方差不相等			3.064	0.003	
F5	假设方差相等	0.154	0.696	5.608	0	有鉴别度
	假设方差不相等			5.615	0	
F6	假设方差相等	0.464	0.498	5.213	0	有鉴别度
	假设方差不相等			5.224	0	

续表

题项		方差相同 Levene 检验		均值相同 t 检验		评价
		F	Sig.	t	Sig.	
F7	假设方差相等	2.198	0.143	3.057	0.003	有鉴别度
	假设方差不相等			3.052	0.003	
F8	假设方差相等	0.28	0.599	5.808	0	有鉴别度
	假设方差不相等			5.807	0	
F26	假设方差相等	0.028	0.867	0.565	0	有鉴别度
	假设方差不相等			0.566	0	
F27	假设方差相等	1.13	0.292	1.14	0	有鉴别度
	假设方差不相等			1.142	0	
F28	假设方差相等	0.125	0.724	1.148	0	有鉴别度
	假设方差不相等			1.147	0	
F29	假设方差相等	3.152	0.081	−0.027	0	有鉴别度
	假设方差不相等			−0.027	0	

Levene 检验是检验两组数据方差是否相等，若 F 统计量不显著，则方差相等。继而观察 t 统计量，如果 t 统计量的 p 值不显著，则表明题项的鉴别度较差，可以考虑将此题项删除。由表 4.6 可知，在 56 个题项中，C20、E3、E7 三个题项的鉴别度较低，不符合要求，将其删除后，保留其余 53 个题项。

4.3.3　内部一致性

由表 4.7 可知，量表包含的 53 个题项的校正项总计相关性（即 CITC 值）均在 0.3 以上，表明量表的收敛效果很好。而且，健康意识等各个分量表的 Cronbach's α 系数最小为 0.716，均大于 0.5 的标准，说明各个分量表的内部一致性较高。另外，量表的整体 Cronbach's α 达到 0.890，说明量表整体一致性较好。

表 4.7　量表内部一致性分析（n=119）

维度	题项编号	CITC 值	评价	各维度 Cronbach's α	整体 Cronbach's α
健康意识	A1	0.645	合理	0.841	0.890
	A2	0.714	合理		
	A3	0.727	合理		
	A4	0.621	合理		
卫生意识	A5	0.704	合理	0.865	
	A6	0.713	合理		
	A7	0.718	合理		
	A8	0.723	合理		

续表

维度	题项编号	CITC 值	评价	各维度 Cronbach's α	整体 Cronbach's α
家人健康	A9	0.485	合理	0.724	0.890
	A10	0.646	合理		
	A11	0.498	合理		
	A12	0.487	合理		
勤俭节约文化	C5	0.670	合理	0.877	
	C6	0.648	合理		
	C7	0.825	合理		
	C8	0.821	合理		
个人懒惰习惯	C17	0.736	合理	0.882	
	C18	0.825	合理		
	C19	0.758	合理		
家庭内部因素	D1	0.505	合理	0.778	
	D2	0.524	合理		
	D3	0.681	合理		
	D4	0.640	合理		
周围人影响	D5	0.451	合理	0.814	
	D6	0.739	合理		
	D7	0.626	合理		
	D8	0.736	合理		
专家媒体影响	D9	0.524	合理	0.795	
	D10	0.621	合理		
	D11	0.657	合理		
	D12	0.626	合理		
配套设施因素	E1	0.553	合理	0.782	
	E2	0.710	合理		
	E4	0.677	合理		
时间约束因素	E5	0.473	合理	0.716	
	E6	0.663	合理		
	E8	0.485	合理		
过去经历	E9	0.722	合理	0.923	
	E10	0.828	合理		
	E11	0.890	合理		
	E12	0.860	合理		
食物中毒风险及危害性认知	F1	0.723	合理	0.870	
	F2	0.688	合理		

续表

维度	题项编号	CITC 值	评价	各维度 Cronbach's α	整体 Cronbach's α
食物中毒风险及危害性认知	F3	0.772	合理	0.870	0.890
	F4	0.753	合理		
洗手行为认知	F5	0.790	合理	0.871	
	F6	0.730	合理		
	F7	0.651	合理		
	F8	0.736	合理		
洗手行为习惯	F26	0.617	合理	0.791	
	F27	0.682	合理		
	F28	0.596	合理		
	F29	0.529	合理		

4.3.4　探索性因子分析

在对洗手行为量表的数据进行探索性因子分析之前，首先要用 Bartlett's 球形检验和 KMO 检验判断原数据是否适合作因子分析。结果表明，量表的 KMO 值为 0.657，Bartlett's 球形检验显著概率是 0.000，故该量表的 53 个测量题项的数据结构比较理想，适合进行探索性因子分析。

经过探索性因子分析后，A11 和 D1 两个题项被删除。需要指出的是，每次删除题项后均需要重新进行因子分析，直到得到合理的结果为止，由于此过程过于烦琐，在此不做过多赘述。最终我们得到包含 51 个题项的测试量表，经过旋转后，每个题项的因子载荷值都在 0.5 以上，且该题项的最高因子载荷值只对应一个公共因子，不存在同时对应多个公共因子的现象，说明量表题项收敛性较高，量表结构较好。同时，提炼的公共因子及其所包含的题项与初始设计完全吻合，而且累计方差贡献率为 75.39%，大于 60%。综上，探索性因子分析结果表明，洗手行为量表结构合理，设计良好。采用类似过程，可以对剩菜处理行为量表和生肉处理行为量表进行探索性因子分析。

4.3.5　验证性因子分析

根据洗手行为的探索性因子分析结果，可知洗手行为量表涉及的测量题项为 51 个，分别归属于 14 个因子。因子 1（健康意识）下有 4 个测量题项，因子 2（卫生意识）下有 4 个测量题项，因子 3（家人健康）下有 3 个测量题项，因子 4（勤俭节约文化）下有 4 个测量题项，因子 5（个人懒惰习惯）下有 3 个测量题项，因子 6（家庭内部因素）下有 3 个测量题项，因子 7（周围人影响）下有 4 个测量题项，因子 8（专家媒体影响）下有 4 个测量题项，因子 9（配套设施因素）下有 3 个测量题项，因子 10（时间约束因素）下有 3 个测量题项，因子 11（过去经历）下有 4 个测量题项，因子 12（食物中毒风险及危害性认知）下有 4 个测量题项，因子 13（洗手行为认知）下有 4 个测量题项，因子 14（洗手行为习惯）下有 4 个测量题项。

用 AMOS 21.0 对模型进行验证性因子分析，计算方法采用最小二乘估计，得到模型拟合结果如表 4.8 所示。

表 4.8 模型拟合结果（n=127）

类别	χ^2/df	RMSEA	GFI	AGFI	NFI	CFI
模型拟合度判断标准	小于 1	小于 0.05、大于 0.05 且小于 0.08	大于 0.9	大于 0.9	大于 0.9、大于 0.8	大于 0.9、大于 0.8
模型拟合结果	0.45	0.071	0.917	0.903	0.882	0.868

从表 4.8 可以看出，χ^2/df 小于 1，RMSEA 的值为 0.071，小于 0.08，故模型拟合效果良好。从绝对适配度指标来看，适配指标 GFI=0.917，AGFI=0.903，均大于其标准临界值 0.9，表示模型拟合度较好，模型可接受。指标 NFI=0.882，CFI=0.868，也在其临界值 0.8~0.9 内，表明模型拟合度可以接受。综上所述，洗手行为量表的验证性因子模型的拟合效果较好。

验证性因子分析结果见表 4.9。由表 4.9 可知，洗手行为量表 14 个因子（潜变量）对应的 CR 值均在 0.6 以上，表明量表具有较好的信度。对于量表的收敛效度评价，本书研究采用的是因子的标准负荷与 AVE 两个指标进行测量。以洗手行为为例，量表中所有题项对应的因子标准负荷均在 0.5 以上，且结果在 0.001 的水平上显著；在 14 个因子所对应的 AVE 中，除家人健康因子外，其余因子的 AVE 值均高于规定标准值 0.5，而家人健康因子的 AVE 值虽低于 0.5，但高于 0.36，符合可接受标准（Fornell and Larcker，1981），可见洗手行为量表的收敛效度比较理想。

表 4.9 验证性因子分析结果

潜变量	题项	t 值	标准负荷	CR	AVE
健康意识	A1		0.71	0.81	0.51
	A2	5.653***	0.79		
	A3	5.876***	0.64		
	A4	5.834***	0.71		
卫生意识	A5		0.78	0.91	0.72
	A6	10.943***	0.86		
	A7	11.406***	0.86		
	A8	14.269***	0.89		

续表

潜变量	题项	t 值	标准负荷	CR	AVE
家人健康	A9		0.68	0.69	0.43
	A10	6.54***	0.61		
	A12	6.088***	0.68		
勤俭节约文化	C5		0.73	0.90	0.68
	C6	8.401***	0.85		
	C7	9.353***	0.86		
	C8	9.487***	0.86		
个人懒惰习惯	C17		0.90	0.93	0.82
	C18	16.118***	0.89		
	C19	15.125***	0.93		
家庭内部因素	D2		0.80	0.79	0.56
	D3	7.578***	0.79		
	D4	6.747***	0.64		
周围人影响	D5		0.69	0.81	0.51
	D6	4.537***	0.70		
	D7	4.285***	0.75		
	D8	4.576***	0.72		
专家媒体影响	D9		0.81	0.85	0.58
	D10	7.694***	0.73		
	D11	7.413***	0.75		
	D12	7.723***	0.76		
配套设施因素	E1		0.64	0.81	0.59
	E2	7.251***	0.90		
	E4	6.86***	0.75		
时间约束因素	E5		0.65	0.76	0.52
	E6	6.455***	0.72		
	E8	6.078***	0.79		
过去经历	E9		0.79	0.90	0.69
	E10	9.44***	0.89		
	E11	9.948***	0.86		
	E12	9.872***	0.79		
食物中毒风险及危害性认知	F1		0.75	0.89	0.68
	F2	8.605***	0.85		
	F3	9.772***	0.83		
	F4	9.867***	0.85		
洗手行为认知	F5		0.85	0.88	0.64
	F6	8.768***	0.80		
	F7	9.788***	0.74		
	F8	9.67***	0.82		

续表

潜变量	题项	t 值	标准负荷	CR	AVE
洗手行为习惯	F26		0.62	0.82	0.54
	F27	6.504***	0.94		
	F28	7.181***	0.78		
	F29	6.332***	0.55		

***表示 $p<0.001$

4.4 本章小结

本章以第 3 章中构建的概念模型为基础，参考国内外消费者行为领域的相关量表，针对洗手、剩菜处理、生肉处理三个关键性食物处理行为，建立了消费者食品安全自我保护行为量表，并通过系统的信度和效度检验，确保了所构建的量表的科学性，为后续的实证研究工作的开展奠定了坚实的基础。具体而言，在研究中对知识分量表进行了内容效度分析、题项分析、内部一致性信度检验、区分效度检验、再测信度检验等；对于利克特类型的分量表（如健康意识等），则在进行内容效度检验的基础上，将样本随机分为两部分，分别对其进行探索性因子分析及验证性因子分析，确保各个分量表的信度和效度达到要求。最终确定的洗手行为、剩菜处理行为、生肉处理行为及其影响因素的测量量表，详见附录 2。

第5章　消费者食品安全自我保护行为理论的建立

在质化研究及量表开发的基础上，针对三种关键食品安全自我保护行为，在我国的9个省（区、市）开展大样本调研，合计发放问卷4 500份。本章基于对大样本调研数据的分析，从直接效应、中介效应、调节效应三个层面系统探讨了中国文化情境下消费者食品安全自我保护行为的影响因素及其作用路径，进而构建了我国消费者食品安全自我保护行为理论。

5.1　假 设 提 出

根据第3章的研究结果，提出以下假设。

H5.1：食品安全自我保护意识对食品安全自我保护行为有显著正向影响。

H5.2：食品安全知识对食品安全自我保护行为有显著正向影响。

H5.3：社会环境会通过影响食品安全自我保护意识而间接影响食品安全自我保护行为。

H5.4：社会环境会通过影响食品安全知识而间接影响食品安全自我保护行为。

H5.5：生活质量追求会对食品安全自我保护行为有显著正向影响。

H5.6：生活质量追求会通过影响食品安全自我保护意识而间接影响食品安全自我保护行为。

H5.7：个性特质会影响食品安全自我保护行为。

H5.8：勤俭节约文化会影响食品安全自我保护行为。

H5.9：物理环境会影响食品安全自我保护行为。

H5.10：个性特质会调节食品安全自我保护意识到食品安全自我保护行为的路径关系。

H5.11：勤俭节约文化会调节食品安全自我保护意识到食品安全自我保护行为的路径关系。

H5.12：物理环境会调节食品安全自我保护意识到食品安全自我保护行为的路径关系。

H5.13：个性特质会调节食品安全知识到食品安全自我保护行为的路径关系。

H5.14：勤俭节约文化会调节食品安全知识到食品安全自我保护行为的路径关系。

H5.15：物理环境会调节食品安全知识到食品安全自我保护行为的路径关系。

具体如图 5.1 所示。

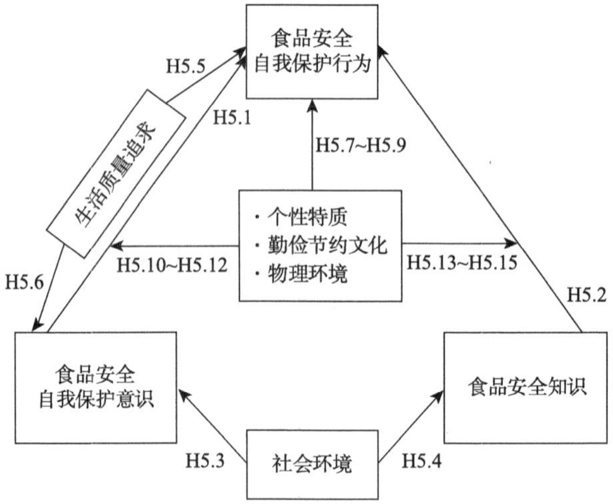

图 5.1　消费者食品安全自我保护行为理论模型

5.2　研究方案

由于食品安全自我保护行为的类型很多，将多种食品安全自我保护行为杂糅在一起进行研究是不切实际的，而且在调研时不区分具体的自我保护行为也会导致被调查者对所问问题产生不一致的理解，导致获取的一手数据缺乏准确性。由此，本书研究以三类具体的行为——洗手行为、生肉处理行为与剩菜处理行为作为研究对象。其中洗手行为是本书的主要研究内容，剩菜处理行为和生肉处理行为是对洗手行为研究结果的再验证，以保证结论的稳健性。

5.2.1　数据收集

使用经过信效度评价的问卷，开展全国性的样本调研。为了使样本具有足够的代表性，本书研究借鉴中国经济区域的划分[①]，包括东部地区、中部地区、西部地区和东北地区。每个地区随机抽取 1~3 个省份，再在每个省份随机抽取 1~2 个市，最终确定了 9 个调研地点，分别是东部地区的山东省济宁市、上海市和海南省瞻洲市，东北地区的吉林省长春市和辽源市，中部地区的山西省大同市和河南省驻马店市，还有西部地区的新疆维吾尔自治区乌鲁木齐市和四川省绵竹市。

对招募到的 46 名调查员进行了两次专业培训，为了增加被访者对研究问题的理解程度和减少问卷作答时的疲劳效应，使用彩印的纸质问卷进行面对面的调研，调研主要集中在各地区的人口密集地区（如农贸市场、大型商超）和农村。只有在最近一周进行过食物处理并且同意参与调研的成年消费者才能成为本次的调研对象。

本次调研共计发放 4 500 份问卷，其中洗手行为 1 500 份，生肉处理行为 1 500 份，剩菜处理行为 1 500 份。收回问卷 4 074 份，其中洗手行为 1 325 份，有效问卷（有未答题项和明显不认真作答的问卷属于非有效问卷）1 174 份，回收率为 83.33%，有效率为 88.60%；生肉处理行为 1 363 份，有效问卷 1 103 份，回收率为 90.87%，有效率为 80.92%；剩菜处理行为 1 386 份，有效问卷 1 286 份，回收率为 92.40%，有效率为 92.78%。

有效样本的人口统计分布比较均匀。从性别来看，洗手行为问卷中，男性占 36.9%，女性占 63.1%；生肉处理行为问卷中，男性占 37.4%，女性占 62.6%；剩菜处理行为问卷中，男性占 38.4%，女性占 61.6%。从年龄来看，洗手行为问卷中，18~24 岁的占比 18.5%，25~34 岁的占比 20.5%，35~44 岁的占比 21.1%，45~54 岁的占比 22.8%，55 岁及以上的占比 17.0%；生肉处理行为问卷中，18~24 岁的占比 19.0%，25~34 岁的占比 19.9%，35~44 岁的占比 21.4%，45~54 岁的占比 22.3%，55 岁及以上的占比 17.4%；剩菜处理行为问卷中，18~24 岁的占比 17.6%，25~34 岁的占比 19.9%，35~44 岁的占比 20.5%，45~54 岁的占比 24.4%，55 岁及以上的占比 17.6%。从受教育程度来看，三种行为中，最多的是初中学历的受访者，占比 33.9%~34.8%，其次是高中学历的受访者，占比 21.5%~22.7%，最少的是大学专科学历的受访者，占比为 12.0%~12.7%。从家庭人均月收入来看，三种行为的结果显示，家庭人均月收入在 1 000~3 000 元区间的样本最多，占比为 39.3%~40.5%，最少的是 7 000 元及以上的，占比为 7.0%~7.2%。从长期居住地来看，三种行为的结果显示，城市的为 51.6%、51.0%和 53.3%，农村为 48.4%、49.0%和 46.7%。另外，卡方分析的结果显示，生肉处理行为和剩菜处

① 国家统计局. 东西中部和东北地区划分方法[EB/OL]. http://www.stats.gov.cn/ztjc/zthd/sjtjr/dejtjkfr/tjkp/201106/t20110613_71947.htm，2011-06-13.

理行为的人口分布与洗手行为没有显著性，也表示三类行为的被访者具有较好的一致性。具体见表 5.1。

表 5.1 样本的人口统计变量分布

人口统计变量		洗手行为		生肉处理行为					剩菜处理行为				
		人数	占比	人数	占比	χ^2	df	p	人数	占比	χ^2	df	p
性别	男性	433	36.9%	412	37.4%	0.134	1	0.714	494	38.4%	1.143	1	0.285
	女性	741	63.1%	691	62.6%				792	61.6%			
年龄	18~24 岁	217	18.5%	210	19.0%	0.675	4	0.954	226	17.6%	2.378	4	0.667
	25~34 岁	241	20.5%	219	19.9%				256	19.9%			
	35~44 岁	248	21.1%	236	21.4%				264	20.5%			
	45~54 岁	268	22.8%	246	22.3%				314	24.4%			
	55 岁及以上	200	17.0%	192	17.4%				226	17.6%			
受教育程度	小学及以下	163	13.9%	155	14.1%	2.253	4	0.689	187	14.5%	1.492	4	0.828
	初中	398	33.9%	383	34.7%				447	34.8%			
	高中	267	22.7%	237	21.5%				292	22.7%			
	大学专科	149	12.7%	132	12.0%				156	12.1%			
	本科及以上	197	16.8%	196	17.8%				204	15.9%			
家庭人均月收入[1)]	低于 1 000 元	113	9.6%	116	10.5%	2.386	5	0.794	128	10.0%	1.538	5	0.909
	1 000~3 000 元	475	40.5%	446	40.4%				505	39.3%			
	3 000~5 000 元	333	28.4%	318	28.8%				375	29.2%			
	5 000~7 000 元	149	12.7%	130	11.8%				164	12.8%			
	7 000 元及以上	83	7.1%	77	7.0%				92	7.2%			
长期居住地	城市	606	51.6%	562	51.0%	0.180	1	0.672	685	53.3%	1.334	1	0.248
	农村	568	48.4%	541	49.0%				601	46.7%			

1）因有些被访者不愿意透露自己的家庭人均月收入，故家庭人均月收入题项的数据中存在缺失值，本书认为这一变量存在缺失值属于合理情形，故未将这部分问卷视为无效问卷处理

5.2.2 数据分析方法

AMOS 软件和 SPSS 软件被用于数据分析。由于知识部分是不定项选择题，因此，只要被访者没有选择到错误答案就标记为“1”，否则为“0”。5 级利克特分

别赋值为 1~5；每个题项的均值和标准差都被计算。知识部分用该部分得分的总和来表示，得分范围为 0~4。

Kurtosis 和 Skewness 被用来检验单变量正态性，Mardia test 被用来做多元正态性分析，当变量的 Skewness index <|3.00|，Kurtosis index<|7.00|时，认为符合单变量正态性（Kline，2011），multivariate Kurtosis critical ration <5.00 被认为符合多元正态（Byrne，2010）。数据结果表明所有的单变量都符合正态分布。为了保证三种行为调研样本分布的一致性，卡方检验被用来检验被调研样本年龄、受教育程度、年龄、家庭人均月收入和长期居住地有无显著性差异。p 值小于 0.05 被认为是统计显著的。

整个模型检验分为三个部分，分别为影响因素的确定、中介效应的检验和调节效应的检验。在影响因素确定部分，Bootstrap 被用来进行卡方值校正，因为数据不服从多元正态分布，容易导致方差膨胀。中介效应检验部分，5 000 次 Bootstrapping 被用来检验间接效应的路径关系，在调节效应分析部分，Hayes 的 Process V3.3 被用来做调节效应的检验，同时也应用 5 000 次 Bootstrapping。

5.3 数据分析

5.3.1 数据结果的描述性分析

表 5.2 是数据结果的描述性分析结果。每种行为问卷包括 53 个测量题项（不包括人口统计变量），衡量了 8 个变量的 16 个维度。除了知识变量以外，其他变量的测量题项均为利克特五分量表的形式。知识变量包括 4 个题项，知识得分在 0（全部答错）~ 4 分（全部答对）。

表 5.2 数据结果的描述性分析

变量	维度	题项	洗手行为				生肉处理行为				剩菜处理行为			
			最小值	最大值	均值	标准差	最小值	最大值	均值	标准差	最小值	最大值	均值	标准差
生活质量追求	健康意识	JK-1	1	5	3.98	1.01	1	5	3.98	1.01	1	5	3.99	1.01
		JK-2	1	5	3.84	0.98	1	5	3.81	1.00	1	5	3.83	0.98
		JK-3	1	5	3.79	0.99	1	5	3.77	1.00	1	5	3.79	0.99
		JK-4	1	5	3.59	1.06	1	5	3.58	1.06	1	5	3.59	1.05

续表

变量	维度	题项	洗手行为				生肉处理行为				剩菜处理行为			
			最小值	最大值	均值	标准差	最小值	最大值	均值	标准差	最小值	最大值	均值	标准差
生活质量追求	卫生意识	WS-1	1	5	4.10	0.93	1	5	4.10	0.93	1	5	4.11	0.92
		WS-2	1	5	4.21	0.89	1	5	4.21	0.91	1	5	4.21	0.89
		WS-3	1	5	4.13	0.93	1	5	4.14	0.94	1	5	4.14	0.93
		WS-4	1	5	4.23	0.89	1	5	4.24	0.90	1	5	4.24	0.88
勤俭节约文化	勤俭节约文化	QJ-1	1	5	4.46	0.84	1	5	4.46	0.83	1	5	4.46	0.84
		QJ-2	1	5	4.45	0.91	0	5	4.45	0.92	0	5	4.45	0.91
		QJ-3	1	5	4.50	0.79	1	5	4.49	0.81	1	5	4.49	0.80
		QJ-4	1	5	4.53	0.78	1	5	4.52	0.79	1	5	4.53	0.78
自我保护意识	食品安全环境	SP-1	1	5	3.87	1.07	1	5	3.87	1.06	1	5	3.84	1.07
		SP-2	1	5	3.54	1.20	1	5	3.52	1.19	1	5	3.50	1.21
		SP-3	1	5	3.57	1.21	1	5	3.58	1.19	1	5	3.56	1.20
		SP-4	1	8	2.94	1.35	1	8	2.95	1.34	1	8	2.97	1.36
	感知严重性	YZ-1	1	5	4.31	0.91	1	5	4.31	0.90	1	5	4.31	0.90
		YZ-2	1	5	4.25	0.90	1	5	4.25	0.89	1	5	4.25	0.90
		YZ-3	1	5	4.12	1.00	1	5	4.15	0.99	1	5	4.13	0.98
		YZ-4	1	5	4.23	0.98	1	5	4.23	0.97	1	5	4.24	0.97
	感知易感性	YG-1	1	5	3.22	1.03	1	5	3.54	0.98	1	5	3.67	0.95
		YG-2	1	5	3.03	1.09	1	5	3.39	1.05	1	5	3.50	1.02
		YG-3	1	5	2.89	1.16	1	5	3.23	1.08	1	5	3.34	1.07
		YG-4	1	5	3.38	1.08	1	5	3.63	1.03	1	5	3.74	1.00
社会环境	家庭内部因素	JN-1	1	5	3.16	1.03	1	5	3.16	1.02	1	5	3.15	1.02
		JN-2	1	5	3.29	0.89	1	5	3.28	0.89	1	5	3.27	0.87
		JN-3	1	5	3.28	0.88	1	5	3.28	0.89	1	5	3.27	0.87
	周围人影响	ZW-1	1	5	3.03	0.87	1	5	3.02	0.87	1	5	3.02	0.86
		ZW-2	1	5	2.87	0.95	1	5	2.89	0.93	1	5	2.87	0.94
		ZW-3	1	5	2.98	0.85	1	5	2.97	0.86	1	5	2.97	0.85
	专家媒体影响	ZJ-1	1	5	2.81	0.93	1	5	2.82	0.93	1	5	2.82	0.92
		ZJ-2	1	5	3.14	0.88	1	5	3.13	0.89	1	5	3.13	0.88
		ZJ-3	1	5	3.17	0.88	1	5	3.17	0.87	1	5	3.16	0.88
		ZJ-4	1	5	3.08	0.87	1	5	3.07	0.86	1	5	3.07	0.87

续表

变量	维度	题项	洗手行为				生肉处理行为				剩菜处理行为			
			最小值	最大值	均值	标准差	最小值	最大值	均值	标准差	最小值	最大值	均值	标准差
物理环境	配套设施因素	PT-1	1	5	3.84	1.12	1	5	3.84	1.11	1	5	3.84	1.11
		PT-2	1	5	4.10	0.80	1	5	4.09	0.79	1	5	4.08	0.80
		PT-3	1	5	4.08	0.82	1	5	4.07	0.81	1	5	4.06	0.82
	时间约束因素	SJ-1	1	5	3.19	1.01	1	5	3.19	0.99	1	5	3.20	1.01
		SJ-2	1	5	3.14	1.00	1	5	3.15	0.98	1	5	3.15	0.99
		SJ-3	1	5	2.76	0.99	1	5	2.78	0.98	1	5	2.76	0.98
个性特质	过去经历	SW-1	1	5	1.80	0.97	1	5	1.77	0.95	1	5	1.79	0.98
		SW-2	1	5	1.72	0.93	1	5	1.70	0.90	1	5	1.73	0.93
		SW-3	1	5	1.53	0.90	1	5	1.51	0.86	1	5	1.54	0.92
		SW-4	1	5	1.65	0.95	1	5	1.64	0.92	1	5	1.67	0.95
	个人懒惰习惯	GR-1	1	5	3.65	0.93	1	5	3.65	0.92	1	5	3.64	0.93
		GR-2	1	5	3.63	0.92	1	5	3.61	0.93	1	5	3.62	0.92
		GR-3	1	5	3.67	0.96	1	5	3.66	0.96	1	5	3.68	0.96
	个人处理习惯	XG-1	1	5	3.86	0.97	1	5	3.67	1.02	1	5	3.72	0.98
		XG-2	1	5	3.87	0.99	1	5	3.68	1.01	1	5	3.69	1.00
		XG-3	1	5	3.84	1.02	1	5	3.62	1.07	1	5	3.67	1.03
		XG-4	1	5	3.74	1.13	1	5	3.54	1.16	1	5	3.51	1.14
食品安全知识	食品安全知识	KNOW	0	4	2.36	1.22	0	4	2.26	1.27	0	4	2.15	1.24
自我保护行为	自我保护行为	XW	1	5	3.48	1.02	1	5	3.40	0.99	1	5	3.53	0.94

5.3.2 直接影响因素分析

为了探讨初始模型，也就是食品安全知识和食品安全自我保护意识对食品安全自我保护行为的直接影响，本书研究用 AMOS 软件对其进行了分析。直接影响因素分析主要是研究食品安全自我保护意识和食品安全知识对食品安全自我保护行为的影响，具体见图 5.2。

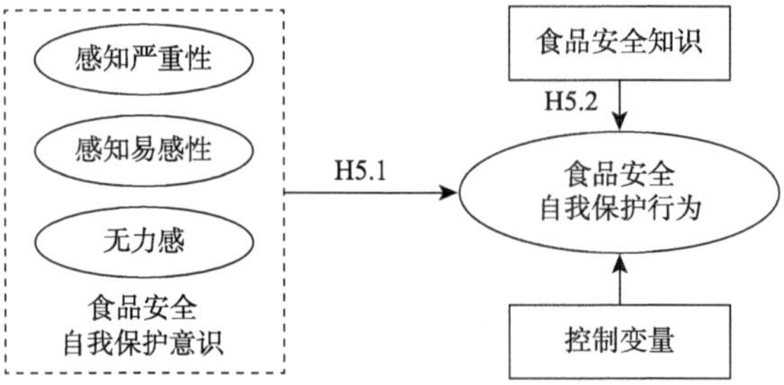

图 5.2 食品安全自我保护意识和食品安全知识的直接效应检验

在直接效应模型中，食品安全自我保护意识和食品安全知识是影响食品安全自我保护行为的直接因素，而人口变量（如年龄、受教育程度、性别、家庭人均月收入和长期居住地）都是控制变量。使用 AMOS 软件分别对洗手、生肉处理、剩菜处理三种行为进行结构方程分析，具体分析结果见图 5.3。

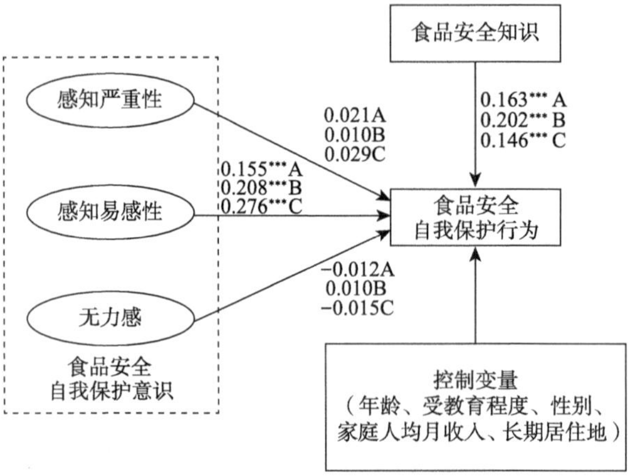

图 5.3 直接效应的数据分析结果

***表示 p <0.01

A 指的是洗手行为的分析结果；B 指的是生肉处理行为的分析结果；C 指的是剩菜处理行为的分析结果

从图 5.3 可以看出，感知易感性对食品安全自我保护行为有显著影响，并在三种行为下都成立，感知严重性、无力感对食品安全自我保护行为没有显著影响，食品安全知识对食品安全自我保护行为有显著影响。因此，H5.2 成立，H5.1 部分成立。此外，在洗手行为中，感知易感性（标准化 β=0.155）对食品安全自我保护行为的影响低于食品安全知识（标准化 β=0.163）对食品安全自我保护行为的影响，而在剩菜处理行为中，感知易感性（标准化 β=0.276）的影响强于食品安全知识（标准化 β=0.146），生肉处理行为中，两个变量对食品安全自我保护行为影响的差异性较小。另外，三个行为的结构方程模型都具有很好的拟合度，具体见表 5.3。

表 5.3　直接效应模型的主要拟合度指标

模型	Bollen-Stine χ^2	df	χ^2/df	GFI	AGFI	RMSEA	SRMR
洗手行为	122.531	114	1.085	0.959	0.931	0.051	0.034
生肉处理行为	126.300	114	1.047	0.951	0.919	0.057	0.037
剩菜处理行为	126.614	114	1.293	0.953	0.922	0.057	0.036 5
建议值			$1<\chi^2/df<3$	>0.9	>0.9	<0.08	<0.08

5.3.3　中介效应分析

为了验证 H5.3~H5.6，使用了中介效应分析方法。但由 Baron 和 Kenny（1986）提出的传统测量中介效应的方法并不适用于非多元正态数据，而且无法检验多中介效应模型。此外，有的研究也使用 Hayes（2017）开发的 Process 插件来进行中介效应检验，虽然该方法也适用于非正态数据和多元中介模型，但是该方法只能用一个题项来衡量潜变量，通常做法是对题项求均值，但求均值的方法容易损失数据的信息量，导致收集到的数据利用不充分。

基于此，本书研究采用以下三种方法来进行双因子中介效应的检验，以获得更加稳健的结果。方法 1 是利用 Bootstrap 方法来估计直接效应和间接效应的置信区间；方法 2 是利用 MacKinnon（MacKinnon et al.，2007）提供的 PRODCLIN2 软件来重新计算直接效应和间接效应的置信区间；方法 3 是利用 Bootstrap 来对直接效应和间接效应的标准误和非标准化系数进行点估计，直接计算直接效应和间接效应的显著性水平。方法 1 和方法 3 只能计算总的间接效应，而方法 2 能计算单个的间接效应，过去的研究也表明这三种方法都适用于非多元正态数据，因此，本书研究采用这三种方法，既解决了数据非多元正态的问题，也能够计算多因子中介模型。在 95%的置信水平下，进行 5 000 次 Bootstrapping。

为了验证 H5.3~H5.6 的中介效应模型，三个中介效应检验模型被提出，见图 5.4。

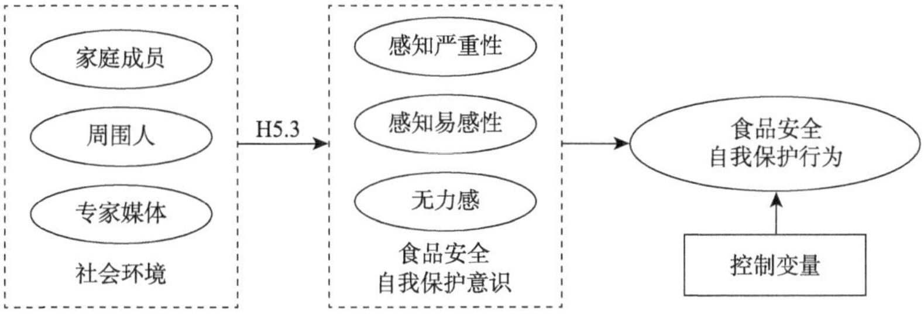

（a）　社会环境—自我保护意识—食品安全自我保护行为

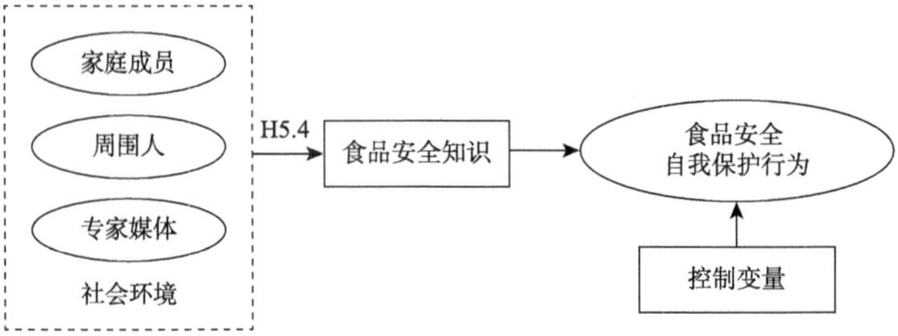

（b） 社会环境—食品安全知识—食品安全自我保护行为

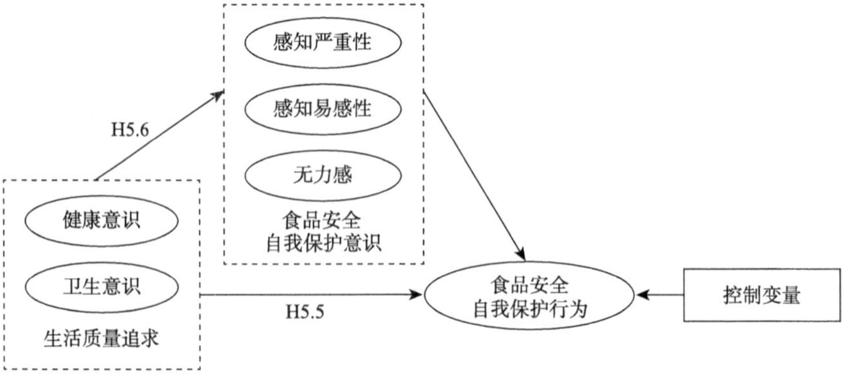

（c） 生活质量追求—食品安全自我保护意识—食品安全自我保护行为

图 5.4 食品安全自我保护意识及食品安全自我保护知识的中介效应检验

在中介效应模型中，人口变量（如年龄、受教育程度、性别、家庭人均月收入和长期居住地）是控制变量。

1. 社会环境的作用路径

从表 5.4 可以看出，家庭内部因素对洗手行为的间接效应显著，专家媒体影响的间接效应的点估计值小于 1.96，而且区间估计值虽然不包含 0，但与 0 也比较接近，因此认为专家媒体影响对洗手行为的间接效应不显著。周围人影响总效应的点估计值不显著，而且在间接效应估计时，虽然点估计值是显著的，但是区间估计值都太接近于 0，因此周围人影响对洗手行为的间接效应也不显著。对于家庭内部因素，虽然间接效应显著，但是仅有家庭内部因素对感知易感性这条间接效应路径是显著的，其他两条路径也不显著，这说明，H5.3 在洗手行为中得到部分支持。此外，此路径的拟合指标见表 5.5。

表 5.4　食品安全自我保护意识的中介效应分析（洗手行为）

作用路径	点估计	系数乘积		Bootstrap				MacKinnon PRODCLIN2 95%置信区间	
				Bias-Corrected 95%置信区间		Percentile 95%置信区间			
		标准误	Z 值	下限	上限	下限	上限	下限	上限
总效应：家庭内部因素→行为	0.540	0.071	7.606	0.491	0.587	0.399	0.679		
直接效应：家庭内部因素→行为	0.480	0.067	7.164	0.434	0.525	0.353	0.616		
间接效应：家庭内部因素→感知易感性→行为	0.060	0.027	2.222	0.042	0.079	0.007	0.115	0.020	0.105
间接效应：家庭内部因素→感知严重性→行为								−0.015	0.035
间接效应：家庭内部因素→无力感→行为								−0.017	0.009
总效应：周围人影响→行为	0.061	0.046	1.326	0.025	0.088	−0.027	0.147		
直接效应：周围人影响→行为	0.009	0.043	0.209	−0.024	0.035	−0.073	0.094		
间接效应：周围人影响→感知易感性→行为	0.052	0.017	3.059	0.043	0.065	0.022	0.085	0.032	0.091
间接效应：周围人影响→感知严重性→行为								−0.015	0.008
间接效应：周围人影响→无力感→行为								−0.013	0.005
总效应：专家媒体影响→行为	0.072	0.065	1.108	0.030	0.116	−0.60	0.192		
直接效应：专家媒体影响→行为	0.036	0.066	0.545	−0.003	0.085	−0.095	0.162		
间接效应：专家媒体影响→感知易感性→行为	0.036	0.028	1.286	0.019	0.052	−0.011	0.091	0.004	0.070
间接效应：专家媒体影响→感知严重性→行为								0.029	0.102
间接效应：专家媒体影响→无力感→行为								0.001	0.056

表 5.5 食品安全自我保护意识的中介效应分析拟合指标

模型	Bollen-Stine χ^2	df	χ^2/df	GFI	AGFI	RMSEA	SRMR
洗手行为	243.045	213	1.141	0.887	0.854	0.079	0.087 3
生肉处理行为	250.204	213	1.174	0.885	0.851	0.078	0.086 7
剩菜处理行为	250.274	213	1.175	0.883	0.848	0.081	0.088 5
建议值			$1<\chi^2/df<3$	>0.9	>0.9	<0.08	<0.08

表 5.6 给出的是对社会环境对生肉处理行为路径的检验结果。与洗手行为一致，仅有家庭内部因素对生肉处理行为的间接效应显著，专家媒体影响的间接效应的点估计值虽然大于 1.96，但是其总效应不显著，而且区间估计值包含 0，因此认为专家媒体影响的间接效应不显著。周围人影响中，总效应的点估计值不显著，而且在间接效应估计时也包括了 0，因此周围人影响对生肉处理行为的间接效应也不显著。对于家庭内部因素，虽然间接效应显著，但是仅有家庭内部因素对感知易感性这条间接效应路径显著，其他不显著，这也说明，假设 H5.3 在生肉处理行为中仅得到部分支持。此路径的拟合指标参见表 5.5 中数据。

表 5.6 食品安全自我保护意识的中介效应分析（生肉处理行为）

<table>
<tr><th rowspan="3">作用路径</th><th rowspan="3">点估计</th><th colspan="2" rowspan="2">系数乘积</th><th colspan="4">Bootstrap</th><th colspan="2" rowspan="2">MacKinnon PRODCLIN2 95%置信区间</th></tr>
<tr><th colspan="2">Bias-Corrected 95%置信区间</th><th colspan="2">Percentile 95%置信区间</th></tr>
<tr><th>标准误</th><th>Z值</th><th>下限</th><th>上限</th><th>下限</th><th>上限</th><th>下限</th><th>上限</th></tr>
<tr><td>总效应：家庭内部因素→行为</td><td>0.472</td><td>0.074</td><td>6.378</td><td>0.327</td><td>0.617</td><td>0.331</td><td>0.620</td><td></td><td></td></tr>
<tr><td>直接效应：家庭内部因素→行为</td><td>0.393</td><td>0.071</td><td>5.535</td><td>0.258</td><td>0.539</td><td>0.258</td><td>0.539</td><td></td><td></td></tr>
<tr><td>间接效应：家庭内部因素→感知易感性→行为</td><td rowspan="3">0.079</td><td rowspan="3">0.024</td><td rowspan="3">3.292</td><td rowspan="3">0.039</td><td rowspan="3">0.135</td><td rowspan="3">0.037</td><td rowspan="3">0.132</td><td>0.034</td><td>0.123</td></tr>
<tr><td>间接效应：家庭内部因素→感知严重性→行为</td><td>−0.006</td><td>0.033</td></tr>
<tr><td>间接效应：家庭内部因素→无力感→行为</td><td>−0.010</td><td>0.011</td></tr>
<tr><td>总效应：周围人影响→行为</td><td>0.136</td><td>0.044</td><td>3.091</td><td>0.049</td><td>0.223</td><td>0.046</td><td>0.147</td><td></td><td></td></tr>
<tr><td>直接效应：周围人影响→行为</td><td>0.119</td><td>0.043</td><td>2.767</td><td>0.037</td><td>0.208</td><td>−0.073</td><td>0.206</td><td></td><td></td></tr>
</table>

续表

作用路径	点估计	系数乘积		Bootstrap				MacKinnon PRODCLIN2 95%置信区间	
				Bias-Corrected 95%置信区间		Percentile 95%置信区间			
		标准误	Z值	下限	上限	下限	上限	下限	上限
间接效应：周围人影响→感知易感性→行为								0.002	0.045
间接效应：周围人影响→感知严重性→行为	0.017	0.020	0.850	−0.007	0.043	−0.009	0.042	−0.012	0.004
间接效应：周围人影响→无力感→行为								−0.007	0.005
总效应：专家媒体影响→行为	−0.027	0.064	−0.422	0.154	0.091	−0.152	0.192		
直接效应：专家媒体影响→行为	−0.060	0.063	−0.952	−1.182	0.066	−0.095	0.065		
间接效应：专家媒体影响→感知易感性→行为								0.002	0.053
间接效应：专家媒体影响→感知严重性→行为	0.032	0.013	2.462	−0.006	0.075	−0.007	0.075	−0.009	0.027
间接效应：专家媒体影响→无力感→行为								−0.015	0.010

表 5.7 给出的是社会环境对剩菜处理行为路径的检验结果。家庭内部因素对剩菜处理行为的间接效应显著，专家媒体影响和周围人影响的间接效应的点估计值都小于 1.96，而且区间估计值包含 0，因此间接效应不显著。另外，虽然在周围人影响和专家媒体影响中，总的间接效应不显著，周围人影响和专家媒体影响对感知易感性再到行为的路径关系显著，但是因为该值太接近于 0，所以也认为这两条子路径不显著。以上数据结果说明，H5.3 在剩菜处理行为中得到部分支持。此路径的拟合指标见表 5.5。

表 5.7　食品安全自我保护意识的中介效应分析（剩菜处理行为）

作用路径	点估计	系数乘积		Bootstrap				MacKinnon PRODCLIN2 95%置信区间	
				Bias-Corrected 95%置信区间		Percentile 95%置信区间			
		标准误	Z值	下限	上限	下限	上限	下限	上限
总效应：家庭内部因素→行为	0.491	0.068	7.221	0.363	0.635	0.367	0.636		

续表

作用路径	点估计	系数乘积		Bootstrap				MacKinnon PRODCLIN2 95%置信区间	
				Bias-Corrected 95%置信区间		Percentile 95%置信区间			
		标准误	Z值	下限	上限	下限	上限	下限	上限
直接效应：家庭内部因素→行为	0.349	0.066	5.288	0.227	0.485	0.227	0.485		
间接效应：家庭内部因素→感知易感性→行为	0.142	0.030	4.733	0.093	0.209	0.092	0.204	0.079	0.193
间接效应：家庭内部因素→感知严重性→行为								−0.001	0.042
间接效应：家庭内部因素→无力感→行为								−0.011	0.006
总效应：周围人影响→行为	0.085	0.043	1.977	0.011	0.163	0.009	0.162		
直接效应：周围人影响→行为	0.069	0.112	0.616	−0.009	0.144	−0.006	0.146		
间接效应：周围人影响→感知易感性→行为	0.016	0.091	0.176	−0.012	0.047	−0.013	0.044	0.005	0.051
间接效应：周围人影响→感知严重性→行为								−0.018	0.001
间接效应：周围人影响→无力感→行为								−0.009	0.003
总效应：专家媒体影响→行为	0.030	0.086	0.349	−0.084	0.144	−0.086	0.141		
直接效应：专家媒体影响→行为	−0.010	0.405	−0.025	−0.119	0.103	−0.124	0.101		
间接效应：专家媒体影响→感知易感性→行为	0.040	0.343	0.117	−0.001	0.089	−0.003	0.088	0.000	0.061
间接效应：专家媒体影响→感知严重性→行为								−0.001	0.033
间接效应：专家媒体影响→无力感→行为								−0.013	0.004

采用相同的研究范式，本书研究也探讨了食品安全知识作为中介变量的情况下社会环境对食品安全自我保护行为的影响，也就是检验 H5.4。

表 5.8 给出了检验结果。在食品安全知识做中介变量时，只有家庭内部因素的间接效应显著，专家媒体影响和周围人影响的间接效应的点估计值都小于 1.96，而且专家媒体影响→食品安全知识→行为路径的区间估计值也包含 0，虽然周围人影响→食品安全知识→行为的路径不包括 0，但是比较接近 0，而且点估计不显著，因此认为专家媒体影响和周围人影响对洗手行为的间接效应不显著。以上数据结果说明，H5.4 在洗手行为中得到部分支持。此路径的拟合指标见表 5.9。

表 5.8　食品安全知识的中介效应分析（洗手行为）

作用路径	点估计	系数乘积		Bootstrap				MacKinnon PRODCLIN2 95%置信区间	
				Bias-Corrected 95% 置信区间		Percentile 95% 置信区间			
		标准误	Z 值	下限	上限	下限	上限	下限	上限
总效应：家庭内部因素→行为	0.533	0.070	7.614	0.484	0.580	0.395	0.669		
直接效应：家庭内部因素→行为	0.458	0.068	6.735	0.409	0.505	0.329	0.117		
间接效应：家庭内部因素→食品安全知识→行为	0.075	0.020	3.750	0.063	0.090	0.039	0.115	0.034	0.131
总效应：周围人影响→行为	0.063	0.064	0.984	0.026	0.089	−0.024	0.150		
直接效应：周围人影响→行为	0.051	0.044	1.159	0.016	0.078	−0.034	0.032		
间接效应：周围人影响→食品安全知识→行为	0.011	0.010	1.100	0.005	0.019	−0.046	0.085	−0.008	0.033
总效应：专家媒体影响→行为	0.063	0.064	0.984	0.022	0.109	−0.072	0.183		
直接效应：专家媒体影响→行为	0.062	0.061	1.016	0.023	0.107	−0.064	0.180		
间接效应：专家媒体影响→食品安全知识→行为	0.001	0.015	0.067	−0.009	0.011	−0.154	0.031	−0.026	0.029

表 5.9　食品安全知识的中介效应分析拟合指标汇总

模型	Bollen-Stine χ^2	df	χ^2/df	GFI	AGFI	RMSEA	SRMR
洗手行为	52.143	46	1.141	0.887	0.808	0.136	0.119 7

续表

模型	Bollen-Stine χ^2	df	χ^2/df	GFI	AGFI	RMSEA	SRMR
生肉处理行为	57.260	46	1.248	0.892	0.817	0.132	0.121
剩菜处理行为	126.614	213	1.293	0.953	0.922	0.057	0.036 5
建议值			$1<\chi^2/df<3$	>0.9	>0.9	<0.08	<0.08

表 5.10 是社会环境变量对生肉处理行为路径的检验结果。在食品安全知识做中介变量时，只有家庭内部因素对生肉处理行为的间接效应显著，专家媒体影响和周围人影响的间接效应的点估计值都小于 1.96，而且专家媒体影响和周围人影响→食品安全知识→行为路径的区间估计值都包含 0，因此专家媒体影响和周围人影响对生肉处理行为的间接效应不显著。以上结果说明，H5.4 在生肉处理行为中得到部分支持。此路径的拟合指标见表 5.9。

表 5.10　食品安全知识的中介效应分析（生肉处理行为）

作用路径	点估计	系数乘积		Bootstrap				MacKinnon PRODCLIN2 95%置信区间	
				Bias-Corrected 95%置信区间		Percentile 95%置信区间			
		标准误	Z 值	下限	上限	下限	上限	下限	上限
总效应：家庭内部因素→行为	0.466	0.073	6.384	0.326	0.611	0.328	0.612		
直接效应：家庭内部因素→行为	0.380	0.072	5.278	0.238	0.524	0.238	0.522		
间接效应：家庭内部因素→食品安全知识→行为	0.086	0.018	4.778	0.053	0.126	0.053	0.125	0.046	0.135
总效应：周围人影响→行为	0.136	0.044	3.091	0.049	0.224	0.046	0.222		
直接效应：周围人影响→行为	0.130	0.044	2.955	0.044	0.217	0.041	0.215		
间接效应：周围人影响→食品安全知识→行为	0.006	0.009	0.667	−0.013	0.026	−0.012	0.026	−0.012	0.026
总效应：专家媒体影响→行为	0.082	0.064	1.281	−0.159	0.090	−0.157	0.094		
直接效应：专家媒体影响→行为	−0.045	0.063	−0.714	−0.167	0.080	−0.168	0.079		
间接效应：专家媒体影响→食品安全知识→行为	0.013	0.012	1.083	0.009	0.039	−0.011	0.039	−0.010	0.039

表 5.11 是社会环境对剩菜处理行为路径的检验结果。在食品安全知识做中介变量时，家庭内部因素通过食品安全知识对食品安全自我保护行为产生影响，并且这一间接效应是正向的，也就是家庭内部因素会促进消费者食品安全知识的提高，进而促使食品安全自我保护行为的产生。但是有趣的是，周围人影响对食品安全自我保护行为的间接效应也显著，但是表现为负向影响。专家媒体影响也是不显著的。以上结果说明，H5.4 在剩菜处理行为中得到部分支持。此路径的拟合指标见表 5.9。

表 5.11　食品安全知识的中介效应分析（剩菜处理行为）

作用路径	点估计	系数乘积		Bootstrap				MacKinnon PRODCLIN2 95%置信区间	
				Bias-Corrected 95%置信区间		Percentile 95%置信区间			
		标准误	*Z* 值	下限	上限	下限	上限	下限	上限
总效应：家庭内部因素→行为	0.479	0.067	7.149	0.354	0.620	0.356	0.622		
直接效应：家庭内部因素→行为	0.388	0.067	5.791	0.260	0.527	0.261	0.527		
间接效应：家庭内部因素→食品安全知识→行为	0.091	0.017	5.353	0.062	0.130	0.060	0.128	0.053	0.139
总效应：周围人影响→行为	0.086	0.039	2.205	0.011	0.163	0.011	0.163		
直接效应：周围人影响→行为	0.114	0.040	2.850	0.034	0.191	0.035	0.193		
间接效应：周围人影响→食品安全知识→行为	−0.028	0.009	−3.111	−0.048	−0.014	−0.047	−0.013	−0.045	−0.014
总效应：专家媒体影响→行为	0.023	0.059	0.390	−0.095	0.135	−0.097	0.134		
直接效应：专家媒体影响→行为	0.016	0.058	0.276	−0.097	0.125	−0.097	0.126		
间接效应：专家媒体影响→食品安全知识→行为	0.007	0.010	0.700	−0.012	0.028	−0.014	0.027	−0.012	0.026

综上，家庭内部因素对洗手、生肉处理、剩菜处理三种行为的影响都是显著的，家庭内部因素通过直接作用于食品安全自我保护意识和食品安全知识，从而间接影响消费者的食品安全自我保护行为。而且，在剩菜处理行为中，周围人影

响会对食品安全自我保护行为产生抑制作用，原因可能是周围人传播的知识存在错误，从而导致其食品安全自我保护行为的表现变差。由于该影响仅在剩菜处理行为中显著，故不再整体模型中做进一步阐释，但是这也进一步说明了，区分不同行为开展研究是非常有必要的。根据以上数据分析的结果，得到社会环境到食品安全自我保护行为的路径，如图 5.5 所示。

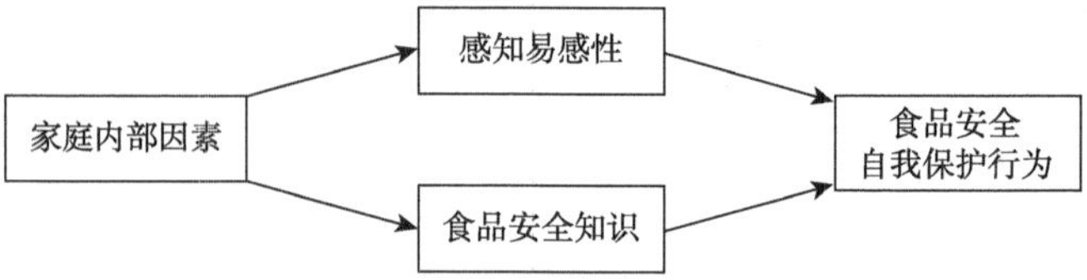

图 5.5　社会环境对食品安全自我保护行为的路径关系

2. 生活质量追求的影响路径

表 5.12 给出的是生活质量追求对洗手行为路径的检验结果。仅有健康意识对食品安全自我保护意识的间接效应和直接效应是显著的，而卫生意识的直接效应和间接效应不显著。而且健康意识的间接效应中，仅有健康意识→感知易感性→行为这条路径是显著的。其他两条路径不显著，这说明，H5.6 和 H5.5 部分在洗手行为中得到支持。此外，此路径的拟合指标见表 5.13。

表 5.12　生活质量追求的中介效应分析结果（洗手行为）

作用路径	点估计	系数乘积		Bootstrap				MacKinnon PRODCLIN2 95%置信区间	
				Bias-Corrected 95%置信区间		Percentile 95%置信区间			
		标准误	Z值	下限	上限	下限	上限	下限	上限
总效应：健康意识→行为	0.260	0.067	3.881	0.133	0.391	0.132	0.387		
直接效应：健康意识→行为	0.212	0.065	3.262	0.092	0.339	0.088	0.333		
间接效应：健康意识→感知易感性→行为								0.015	0.082
间接效应：健康意识→感知严重性→行为	0.048	0.017	2.824	0.018	0.089	0.016	0.086	−0.003	0.017
间接效应：健康意识→无力感→行为								−0.002	0.009
总效应：卫生意识→行为	0.067	0.071	0.944	−0.075	0.200	−0.075	0.200		

续表

作用路径	点估计	系数乘积		Bootstrap				MacKinnon PRODCLIN2 95%置信区间	
				Bias-Corrected 95%置信区间		Percentile 95%置信区间			
		标准误	Z值	下限	上限	下限	上限	下限	上限
直接效应：卫生意识→行为	0.060	0.066	0.909	−0.075	0.190	−0.075	0.190		
间接效应：卫生意识→感知易感性→行为								−0.020	0.032
间接效应：卫生意识→感知严重性→行为	0.006	0.017	0.353	−0.025	0.046	−0.026	0.044	−0.007	0.025
间接效应：卫生意识→无力感→行为								−0.017	0.009

表 5.13 食品安全自我保护意识的中介效应分析拟合指标汇总

模型	Bollen-Stine χ^2	df	χ^2/df	GFI	AGFI	RMSEA	SRMR
洗手行为	213.066	178	1.197	0.933	0.913	0.056	0.063
生肉处理行为	218.923	178	1.248	0.927	0.906	0.059	0.060
剩菜处理行为	217.973	178	1.293	0.935	0.915	0.057	0.063 7
建议值			$1<\chi^2/df<3$	>0.9	>0.9	<0.08	<0.08

表 5.14 是生活质量追求对生肉处理行为路径的检验结果。与洗手行为一致，仅有健康意识对食品安全自我保护意识的间接效应和直接效应是显著的，而卫生意识的直接效应和间接效应均不显著。而且健康意识的间接效应中，仅有健康意识→感知易感性→行为这条路径是显著的。其他路径不显著，这说明，H5.6 和 H5.5 部分在生肉处理行为中得到支持。此外，此路径的拟合指标见表 5.13。

表 5.14 生活质量追求的中介效应分析结果（生肉处理行为）

作用路径	点估计	系数乘积		Bootstrap				MacKinnon PRODCLIN2 95%置信区间	
				Bias-Corrected 95%置信区间		Percentile 95%置信区间			
		标准误	Z值	下限	上限	下限	上限	下限	上限
总效应：健康意识→行为	0.210	0.062	3.387	0.083	0.333	0.091	0.341		

续表

作用路径	点估计	系数乘积		Bootstrap				MacKinnon PRODCLIN2 95%置信区间	
				Bias-Corrected 95%置信区间		Percentile 95%置信区间			
		标准误	Z值	下限	上限	下限	上限	下限	上限
直接效应：健康意识→行为	0.137	0.063	2.175	0.009	0.254	0.018	0.261		
间接效应：健康意识→感知易感性→行为	0.073	0.019	3.842	0.039	0.116	0.037	0.112	0.038	0.110
间接效应：健康意识→感知严重性→行为								−0.002	0.014
间接效应：健康意识→无力感→行为								−0.005	0.005
总效应：卫生意识→行为	0.080	0.057	1.404	−0.035	0.184	−0.032	0.187		
直接效应：卫生意识→行为	0.077	0.063	1.222	−0.035	0.181	−0.036	0.180		
间接效应：卫生意识→感知易感性→行为	0.003	0.015	0.200	−0.025	0.035	−0.025	0.037	−0.022	0.025
间接效应：卫生意识→感知严重性→行为								−0.002	0.012
间接效应：卫生意识→无力感→行为								−0.006	0.004

表 5.15 给出的是生活质量追求对剩菜处理行为路径的检验结果。与洗手行为与生肉处理行为的数据结果一致，仅有健康意识对剩菜处理行为的间接效应和直接效应是显著的。对于卫生意识，虽然总效应显著，但是进一步分析发现，卫生意识对剩菜处理行为的间接效应与直接效应均不显著，虽然在直接效应中，Percentile 的区间估计结果也不包括 0，但是另外两种检验并不支持这一结果，因而认为卫生意识对剩菜处理行为的直接效应和间接效应是不显著的。这也说明，H5.6 和 H5.5 部分在剩菜处理行为中得到支持。此外，此路径的拟合指标见表 5.13。

综上研究发现，仅有健康意识对三种行为的直接效应和间接效应显著，而且仅在感知易感性这一中介变量下，健康意识对自我保护行为的间接作用路径是显著的，而卫生意识对三种行为的直接效应和间接效应是不显著的。基于以上研究，对生活质量追求的影响路径做出修改，最终的作用机制见图 5.6。

表 5.15　生活质量追求的中介效应分析结果（剩菜处理行为）

作用路径	点估计	系数乘积		Bootstrap				MacKinnon PRODCLIN2 95%置信区间	
				Bias-Corrected 95%置信区间		Percentile 95%置信区间			
		标准误	Z 值	下限	上限	下限	上限	下限	上限
总效应：健康意识→行为	0.182	0.053	3.434	0.085	0.293	0.082	0.289		
直接效应：健康意识→行为	0.122	0.050	2.440	0.030	0.228	0.025	0.223		
间接效应：健康意识→感知易感性→行为	0.060	0.019	3.158	0.025	0.101	0.023	0.099	0.024	0.091
间接效应：健康意识→感知严重性→行为								−0.001	0.016
间接效应：健康意识→无力感→行为								−0.002	0.003
总效应：卫生意识→行为	0.126	0.052	2.423	0.021	0.222	0.027	0.227		
直接效应：卫生意识→行为	0.096	0.049	1.959	−0.004	0.187	0.002	0.194		
间接效应：卫生意识→感知易感性→行为	0.030	0.020	1.500	−0.007	0.072	−0.008	0.070	−0.002	0.058
间接效应：卫生意识→感知严重性→行为								−0.001	0.017
间接效应：卫生意识→无力感→行为								−0.010	0.003

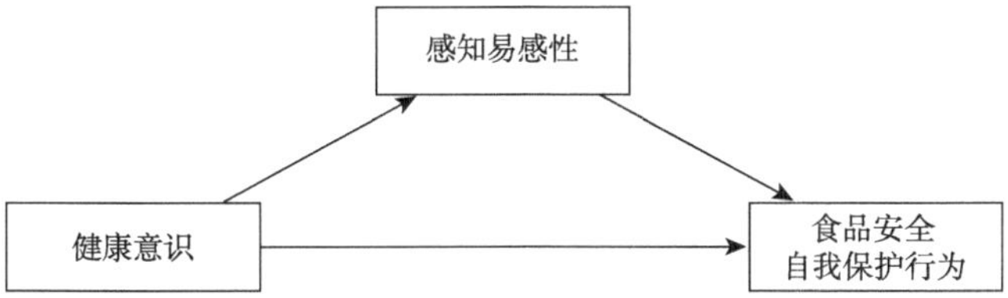

图 5.6　生活质量追求对食品安全自我保护行为的作用机制

5.3.4　调节效应分析

为了检验调节变量对食品安全自我保护意识和食品安全知识对行为的调节效

应，使用了调节效应分析。由于除了知识以外的其余变量都是采用多题项测量的形式，因此用多题项的均值代替该变量的得分。根据 Aiken 等（1991）、Cohen 等（2013）、Hayes（2017）的建议，为使回归方程的系数更具解释意义，本书对变量进行中心化并计算出调节作用项。为了增加结果稳健性，在 95%的置信水平下，进行 5 000 次 Bootstrapping。

为了验证 H5.7~H5.15 的调节效应，三个调节效应检验模型被提出，见图 5.7。

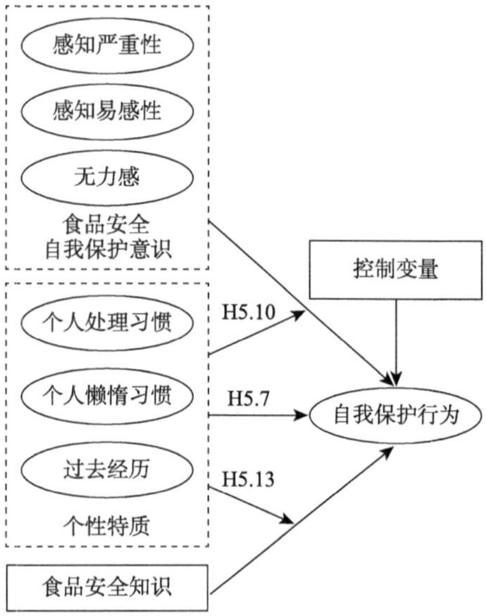

（a） 个性特质的调节效应

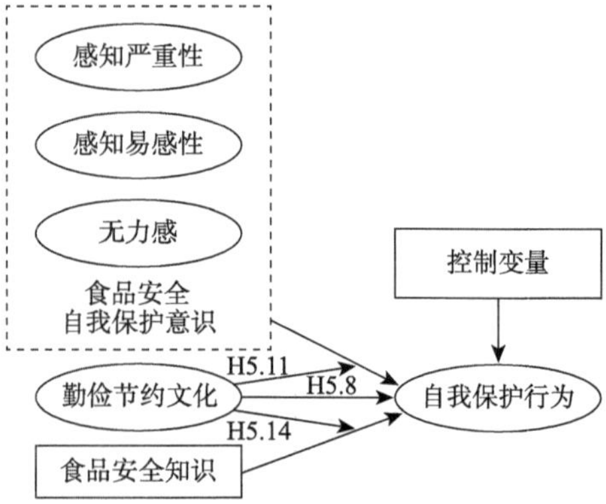

（b） 勤俭节约文化的调节效应

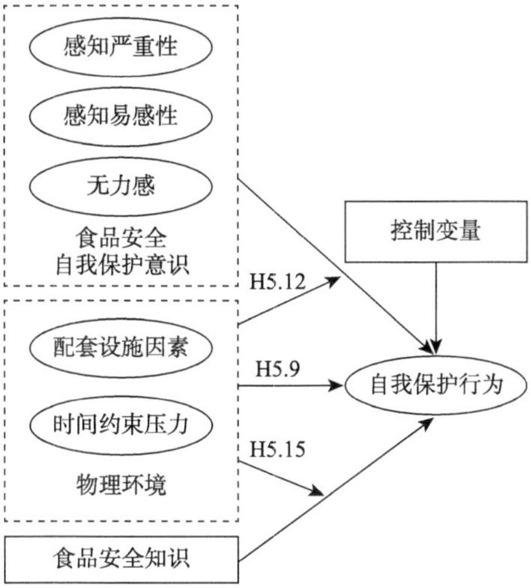

（c） 物理环境的调节效应

图 5.7 个性特质、勤俭节约文化、物理环境的调节效应检验

1. 个性特质的调节效应分析

在个性特质的调节效应分析中，感知易感性和食品安全知识仍然是影响自我保护行为的直接因素，这与结构方程的分析结果一致。此外，个人懒惰习惯会影响其实施自我保护行为，这意味着那些自我约束力比较差的消费者实施自我保护行为的可能性较低。在调节效应分析中，三种行为的情况是不一致的。在洗手行为中，个人懒惰习惯和食品安全知识的交互项是显著的，并且是负向调节，这意味着就算消费者有较高的食品安全知识，但是当其自我约束力差时，这些知识也难以转化为安全的洗手行为。这一结果在生肉处理行为中也是成立的，但是在剩菜处理行为中 5%的置信水平下不成立。此外，感知严重性与个人处理习惯的交互项在剩菜处理行为中是显著的，而且是负向调节，这意味着消费者就算感知到不采取食品安全自我保护行为会导致严重的后果，但是对于那些更多依赖食物处理习惯的个体，其剩菜处理行为表现也不是很好。同样，感知易感性和过去经历的交互项也在剩菜处理行为中显著，同样也是负向调节。对食品安全环境的无力感和过去经历的交互项在生肉处理行为中是显著的，并且是正向调节，这也意味着就算消费者对食品安全环境感到担忧，但对于有食物中毒经历的消费者来说，其采取安全生肉处理行为的频率会更高。在控制变量中，性别会对生肉处理行为和剩菜处理行为有显著影响，也就是男性比女性在这两个行为的表现上更差。长期居住地会影响洗手行为和生肉处理行为，也就是说，农村居民在这两个行为的表现上会比城市居民更差。具体结果见表 5.16。

表 5.16 个性特质调节效应分析结果

因素	洗手行为			生肉处理行为			剩菜处理行为		
	系数	Boostrap 95% 置信区间		系数	Boostrap 95% 置信区间		系数	Boostrap 95% 置信区间	
		下限	上限		下限	上限		下限	上限
Constant	3.783***	3.238	4.427	3.208***	2.805	3.625	3.128***	2.782	3.475
M-无力感	−0.043	−0.119	0.017	−0.012	−0.081	0.047	−0.038	−0.094	0.015
M-感知易感性	0.174***	0.093	0.252	0.171***	0.097	0.25	0.209***	0.147	0.28
M-感知严重性	0.029	−0.052	0.104	0.004	−0.076	0.082	0.028	−0.033	0.093
M-食品安全知识	0.132***	0.074	0.188	0.135***	0.09	0.183	0.104***	0.065	0.143
M-过去经历	−0.054	−0.143	0.023	0.043	−0.034	0.107	0.007	−0.057	0.068
M-个人懒惰习惯	−0.29***	−0.216	−0.362	−0.187***	−0.112	−0.262	−0.236***	−0.169	−0.297
M-个人处理习惯	−0.026	−0.146	0.072	0.004	−0.066	0.075	0.03	−0.031	0.099
食品安全知识×个人处理习惯	0.071	−0.008	0.167	−0.017	−0.071	0.047	0.038	−0.01	0.088
食品安全知识×过去经历	−0.038	−0.096	0.032	−0.058*	−0.118	0.007	−0.1***	−0.145	−0.055
食品安全知识×个人懒惰习惯	−0.071***	−0.017	−0.124	−0.102***	−0.048	−0.155	0.041*	−0.006	0.093
感知易感性×个人处理习惯	0.064	−0.017	0.152	0.089**	0.006	0.162	0.03	−0.037	0.102
感知易感性×过去经历	0.07*	0.002	0.141	0.023	−0.063	0.105	0.071	−0.015	0.164
感知易感性×个人懒惰习惯	−0.07	−0.142	0.015	−0.055	−0.136	0.028	−0.025	−0.096	0.045
感知严重性×个人处理习惯	−0.012	−0.104	0.093	0.017	−0.078	0.119	−0.08**	−0.158	0.001
感知易感性×过去经历	−0.044	−0.138	0.07	−0.018	−0.117	0.075	−0.101**	−0.181	−0.016
感知易感性×个人懒惰习惯	0.024	−0.074	0.146	−0.046	−0.136	0.065	0.046	−0.03	0.144
无力感×个人处理习惯	0.035	−0.038	0.127	−0.053	−0.124	0.019	0.048	−0.015	0.116
无力感×过去经历	0.039	−0.028	0.123	0.089**	0.025	0.166	0.031	−0.028	0.091
无力感×个人懒惰习惯	0.038	−0.03	0.122	−0.01	−0.073	0.064	0.032	−0.031	0.089
性别	−0.025	−0.229	0.131	0.125**	0.012	0.235	0.132**	0.035	0.234
年龄	0.052	−0.017	0.142	0.04	−0.008	0.09	0.033	−0.009	0.074
受教育程度	−0.013	−0.074	0.059	−0.021	−0.074	0.038	0.019	−0.029	0.066
家庭人均月收入	−0.005	−0.125	0.084	0.042	−0.018	0.102	0.015	−0.032	0.059

续表

因素	洗手行为			生肉处理行为			剩菜处理行为		
	系数	Boostrap 95% 置信区间		系数	Boostrap 95% 置信区间		系数	Boostrap 95% 置信区间	
		下限	上限		下限	上限		下限	上限
长期居住地	-0.25^{**}	−0.452	−0.089	-0.14^{**}	−0.252	−0.023	−0.034	−0.136	0.066

*表示 $p<0.1$；**表示 $p<0.05$；***表示 $p<0.01$

2. 勤俭节约文化的调节效应分析

勤俭节约文化的调节效应分析结果表明，勤俭节约文化对自我保护行为的直接效应是不显著的，而且仅有感知易感性和勤俭节约文化的交互项在洗手行为下是显著的，但是负向调节关系，也就是说，就算消费者感知到不安全的洗手行为容易导致不良后果，但是对于那些比较重视勤俭节约文化的群体，其正确洗手行为的频率还是比较低的。具体调节效应分析结果见表 5.17。

表 5.17　勤俭节约文化调节效应分析结果

因素	洗手行为			生肉处理行为			剩菜处理行为		
	系数	Boostrap 95% 置信区间		系数	Boostrap 95% 置信区间		系数	Boostrap 95% 置信区间	
		下限	上限		下限	上限		下限	上限
Constant	3.796^{***}	3.257	4.512	3.277^{***}	2.859	3.699	3.145^{***}	2.788	3.501
M-无力感	−0.009	−0.097	0.064	0.016	−0.045	0.077	−0.008	−0.059	0.049
M-感知易感性	0.212^{***}	0.134	0.284	0.208^{***}	0.135	0.285	0.274^{***}	0.205	0.337
M-感知严重性	0.028	−0.065	0.11	0.011	−0.068	0.093	0.048	−0.015	0.116
M-食品安全知识	0.179^{***}	0.112	0.234	0.158^{***}	0.108	0.205	0.115^{***}	0.071	0.153
M-勤俭节约文化	0.078	−0.012	0.184	−0.004	−0.096	0.092	0.031	−0.041	0.109
食品安全知识×勤俭节约文化	0.044	−0.035	0.118	0.063^{*}	−0.003	0.141	0.052	−0.008	0.123
感知易感性×勤俭节约文化	-0.109^{**}	−0.196	−0.006	−0.058	−0.17	0.056	0.009	−0.089	0.108
感知严重性×勤俭节约文化	0.046	−0.064	0.146	−0.003	−0.122	0.131	−0.026	−0.113	0.067
无力感×勤俭节约文化	−0.063	−0.144	0.022	−0.04	−0.113	0.057	0.028	−0.038	0.089
性别	−0.006	−0.064	0.059	0.096	−0.021	0.212	0.128^{**}	0.024	0.229
年龄	−0.02	−0.205	0.129	0.039	−0.009	0.089	0.044^{**}	0.001	0.087
受教育程度	0.066^{*}	0.005	0.137	−0.022	−0.079	0.034	0.028	−0.02	0.077
家庭人均月收入	0.003	−0.112	0.085	0.052^{*}	−0.006	0.105	0.01	−0.041	0.055
长期居住地	-0.297^{***}	−0.522	−0.133	-0.143^{**}	−0.265	−0.02	−0.046	−0.143	0.056

*表示 $p<0.1$；**表示 $p<0.05$；***表示 $p<0.01$

3. 物理环境的调节效应分析

对物理环境的调节效应分析结果发现，配套设施限制确实会对消费者的自我保护行为有显著影响。也就是说，家庭里食物处理的设备越完备，消费者采取正确食物处理行为的频率越高。在具体的调节效应上，食品安全知识和时间约束压力的交互项对洗手行为和剩菜处理行为有显著影响，而且是负向调节，也表明就算消费者有较高的食品安全知识，但是当其感觉到时间压力比较大时，其采取正确洗手行为和剩菜处理行为的可能性就会降低。食品安全知识和配套设施限制的交互项对剩菜处理行为的影响也是显著的，这意味着若消费者具备相应的食物处理知识，当其厨房相应的配套措施比较齐全时，才会采取正确的剩菜处理行为。具体的分析结果见表 5.18。

表 5.18 物理环境调节效应分析结果

因素	洗手行为			生肉处理行为			剩菜处理行为		
	系数	Boostrap 95% 置信区间		系数	Boostrap 95% 置信区间		系数	Boostrap 95% 置信区间	
		下限	上限		下限	上限		下限	上限
Constant	3.749^{***}	3.23	4.451	3.263^{***}	2.84	3.668	3.093^{***}	2.728	3.43
M-无力感	−0.009	−0.088	0.056	0.006	−0.058	0.066	−0.005	−0.056	0.047
M-感知易感性	0.206^{***}	0.121	0.281	0.192^{***}	0.119	0.268	0.24^{***}	0.171	0.307
M-感知严重性	0.018	−0.064	0.101	−0.001	−0.081	0.083	0.03	−0.033	0.097
M-食品安全知识	0.151^{***}	0.088	0.204	0.139^{***}	0.091	0.187	0.097^{***}	0.056	0.139
M-时间约束压力	0.069	−0.013	0.151	0.024	−0.064	0.112	0.049	−0.016	0.118
M-配套设施限制	0.321^{***}	0.236	0.402	0.212^{***}	0.125	0.303	0.233^{***}	0.163	0.311
食品安全知识×时间约束压力	-0.074^{**}	−0.137	−0.007	−0.032	−0.109	0.044	-0.127^{***}	−0.177	−0.078
食品安全知识×配套设施限制	0.061^{*}	0	0.131	0.045	−0.027	0.12	0.082^{***}	0.023	0.142
感知易感性×时间约束压力	0.013	−0.069	0.096	−0.019	−0.111	0.08	0.015	−0.069	0.099
感知易感性×配套设施限制	−0.056	−0.141	0.043	0.017	−0.092	0.122	0.045	−0.044	0.13
感知严重性×时间约束压力	0.069	−0.021	0.163	0.018	−0.08	0.129	−0.011	−0.085	0.064
感知严重性×配套设施限制	0.037	−0.058	0.138	0.032	−0.075	0.164	−0.007	−0.093	0.085
无力感×时间约束压力	0.038	−0.031	0.109	0.008	−0.07	0.092	−0.008	−0.075	0.056
无力感×配套设施限制	−0.057	−0.127	0.021	−0.067	−0.149	0.029	−0.057	−0.123	0.013
性别	−0.045	−0.244	0.104	0.082	−0.036	0.192	0.112^{**}	0.011	0.214

续表

因素	洗手行为			生肉处理行为			剩菜处理行为		
	系数	Boostrap 95% 置信区间		系数	Boostrap 95% 置信区间		系数	Boostrap 95% 置信区间	
		下限	上限		下限	上限		下限	上限
年龄	0.063*	0.001	0.135	0.036	−0.01	0.085	0.045**	0.004	0.085
受教育程度	−0.004	−0.063	0.062	−0.023	−0.079	0.032	0.025	−0.023	0.069
家庭人均月收入	−0.025	−0.144	0.06	0.031	−0.029	0.086	−0.002	−0.049	0.046
长期居住地	−0.2**	−0.411	−0.038	−0.088	−0.206	0.032	0.016	−0.083	0.116

*表示 $p<0.1$；**表示 $p<0.05$；***表示 $p<0.01$

4. 调节效应分析总结

综合上述对个性特质、勤俭节约文化和物理环境的调节效应分析结果发现，各个变量对不同行为的影响存在一致的影响，同时也存在差异。个人懒惰习惯对食品安全自我保护行为具有负向影响，而且对于所有行为都是显著的，也就是 H5.7 成立。配套设施限制对食品安全自我保护行为具有正向影响，也就是说，只有当消费者的家庭厨房措施齐全时，其采取自我保护行为的可能性才会更高，也就是 H5.9 成立。勤俭节约文化对食品安全自我保护行为的直接效应是不显著的，也就是 H5.8 假设不成立。

除此之外，交互项的影响在不同行为之间也是存在着显著性差异的，如食品安全知识×过去经历、感知严重性×个人处理习惯、感知易感性×过去经历、食品安全知识×时间约束压力和食品安全知识×配套设施限制在剩菜处理行为中存在显著影响。食品安全知识×个人懒惰习惯、感知易感性×勤俭节约文化和食品安全知识×时间约束压力对洗手行为存在显著影响。食品安全知识×个人懒惰习惯和无力感×过去经历对生肉处理行为存在显著影响。以上交互效应的分析结果表明 H5.10、H5.11、H5.13 和 H5.15 部分成立，H5.12 和 H5.14 不成立。

综合上述分析结果，对最初的调节效应模型进行修改，具体见图 5.8~图 5.10。

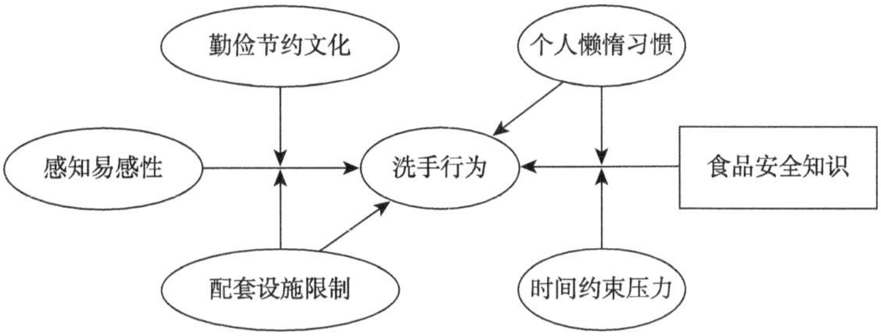

图 5.8　正确洗手行为的调节效应分析结果

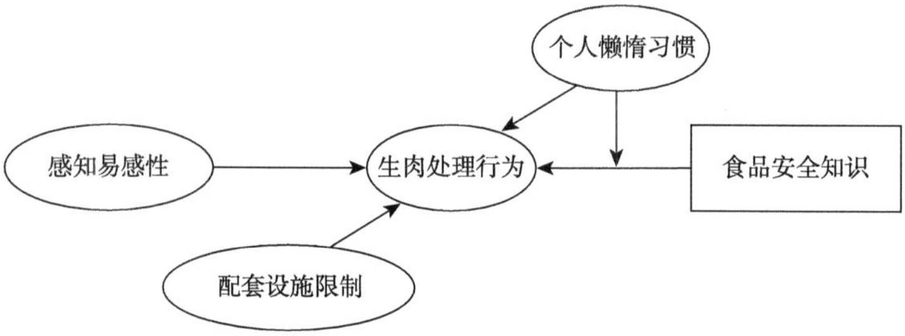

图 5.9 正确生肉处理行为的调节效应分析结果

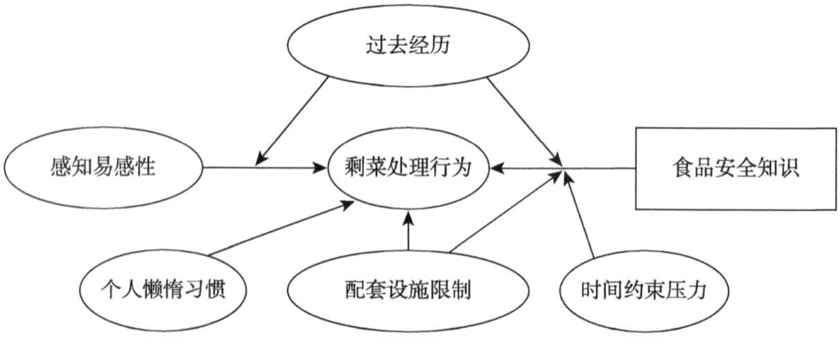

图 5.10 正确剩菜处理行为的调节效应分析结果

5.4 本章小结

根据直接效应、中介效应和调节效应的分析结果，本书研究结果表明，消费者的感知易感性和食品安全知识对其食品安全自我保护行为具有显著影响，家庭内部因素会通过感知易感性和食品安全知识对食品安全自我保护行为产生间接影响。对生活质量追求的分析发现，消费者的健康意识一方面会对食品安全自我保护行为产生直接影响，另一方面也会通过感知易感性对食品安全自我保护行为产生间接影响。对调节效应的分析发现，消费者的个人懒惰习惯和配套设施限制会对食品安全自我保护行为产生直接影响，此外，过去经历、配套设施限制、时间约束压力、个人懒惰习惯和勤俭节约文化会调节食品安全自我保护意识对食品安全自我保护行为的影响，也会调节食品安全知识对食品安全自我保护行为的影响。但是在不同行为中，这些调节效应会有不同的表现。基于以上量化研究的结果，本书研究对第 3 章构建的食品安全自我保护行为模型进行修正，修正后的最终理论模型见图 5.11。

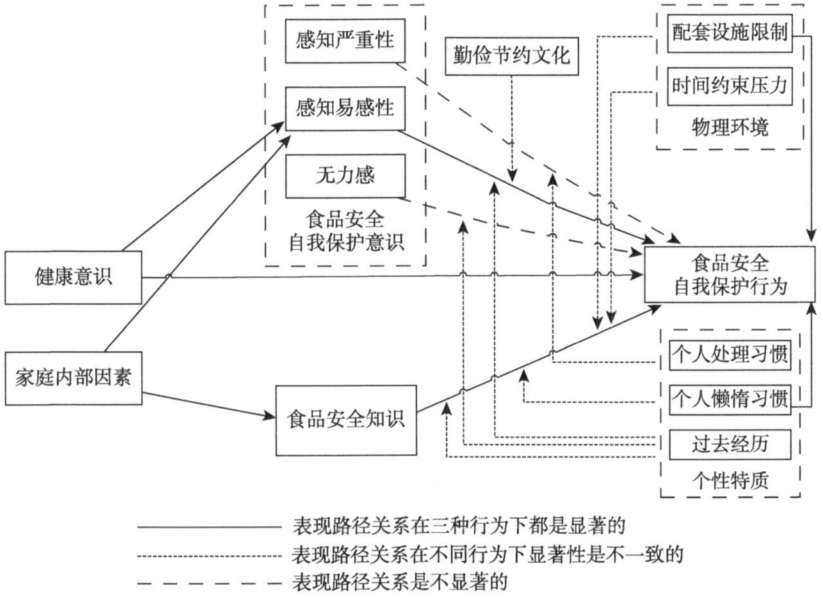

图 5.11　消费者食品安全自我保护行为理论模型总结

第 6 章　知行不一：消费者食品安全自我保护知识—行为偏差分析

消费者食品安全自我保护的“知识—行为”鸿沟现象在国内外研究中均有提及，但是针对这种现象进行的较为深入的研究却比较少见。因此，本章以消费者食品安全知识与行为的一致性为研究对象，重点探究消费者食品安全自我保护行为中的“知识—行为”鸿沟问题，识别消费者食品安全“知行不一”的主要领域，以及“知行不一”状况在人群间分布的差异性。

6.1　“知识—行为”鸿沟测量量表的开发

为了研究“知识—行为”鸿沟问题，需要开发一份有效的、可靠的、符合中国国情的调查量表，用来调查中国消费者食品安全自我保护知识与行为的差异性。

在对食品安全、自我保护、消费者行为、量表开发等相关理论研究的基础上，遵循量表的开发步骤，经过文献阅读、专家小组访谈、随机抽样调研、专家意见征询，设计出消费者食品安全自我保护知识及行为量表的雏形，然后通过在吉林省长春市的四次问卷调研，收集数据，而后使用 SPSS 软件对数据进行处理和分析，检验问卷的信度及效度并进行改进，从而得到较高信度和可靠效度的，适用于中国国情的消费者食品安全自我保护知识与行为测度量表。具体的问卷开发流程见图 6.1。

6.1.1　建立题项集

首先，阅读国内外关于食品安全行为及知识的相关文献，这些前人的学术成果不但为研究提供了理论基础和量表设计的框架，而且为量表题项的设计提供了

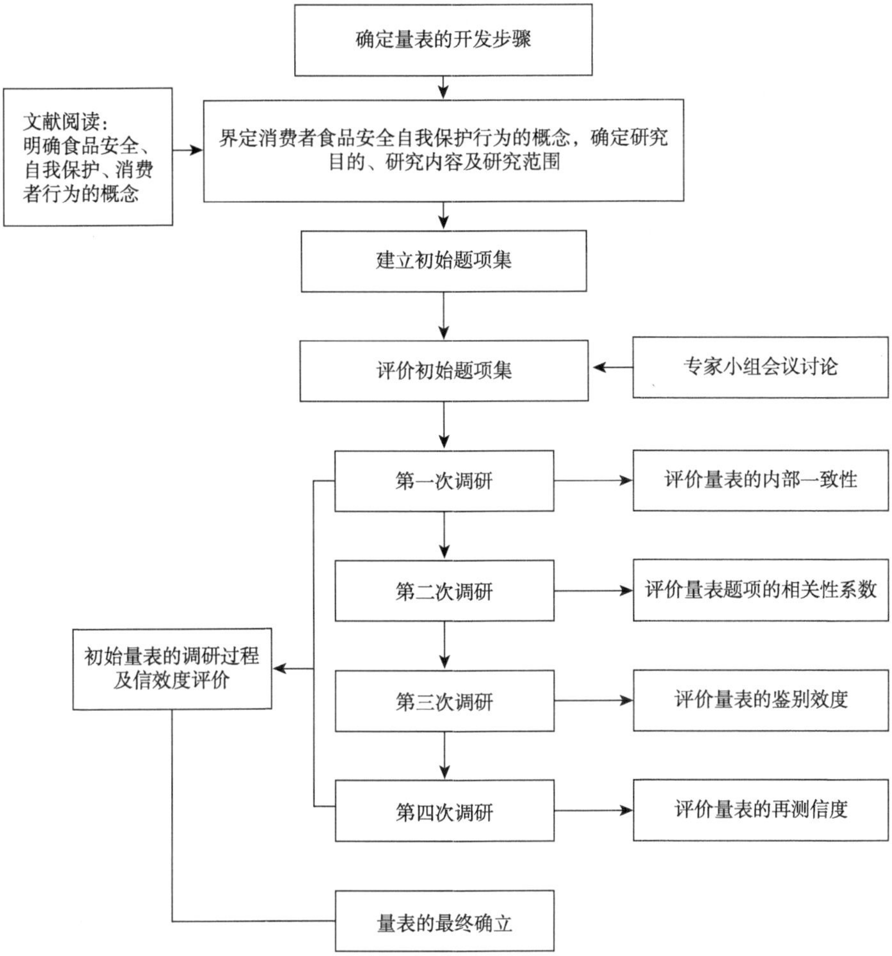

图 6.1　量表开发的技术路线图

思路。在设计题项时参考的文献见表 6.1。其次，还通过焦点小组讨论的方式来收集题项，从 2016 年 12 月到 2017 年 6 月，共有四名硕士、两名博士和一位教授参与了焦点小组会议，这些人员都是食品安全领域的研究者，在会议中，焦点小组的成员也为量表提出了一些题项。

表 6.1　文献阅读收集的题项

题项来源	考察内容	题项	相关文献
文献阅读	食品运输	购买后的肉类、海鲜类食品您通常怎样拿回家； 购买肉类和海鲜类食品后您通常多久回到家	滕月（2011）
	菜板使用	切过生肉的菜板您是如何清理的； 您处理生肉和蔬菜是使用同一个菜板吗	叶蔚云等（2012）

续表

题项来源	考察内容	题项	相关文献
文献阅读	肉类处理	生肉买回来预计三个小时后才吃，您通常会怎样储藏； 从冷冻室拿出来的冻肉您一般怎样解冻； 您在烹饪肉类食品时如何确认肉熟了； 您如何储藏购买的大块生肉	巩顺龙等（2011）
	剩菜处理	您家中的剩菜通常是怎样储藏的； 您认为剩菜加热到什么程度才能食用	白丽等（2014a）
	食品卫生	您接触食物时通常什么时候洗手； 您通常是如何洗手的； 接触过生肉以后您是如何洗手的	Nout 和 Motarjemi（1997）
焦点小组	食品挑选	您购买蔬菜一般是什么频率； 您购买食品时会按照什么顺序； 您一般会在哪里购买食物	
	食品处理	您如何清洗买回来的蔬菜； 您如何清洗买回来的水果	

本量表的开发目的是考察消费者食品安全知识和安全操作行为之间的差异，所以知识类题项与行为类题项是严格一一对应的。除此之外，在知识类题目中还增加了关于食源性疾病致病菌的题项，见表 6.2。

表 6.2 考察食源性致病菌的题项

题项来源	考察内容	题项	选项
专题小组	食源性疾病致病菌	下列细菌哪些是会引起食源性疾病的细菌？	A.沙门氏菌 B.弯曲杆菌 C.李斯特菌 D.大肠杆菌 E.全部都可以 F.全部都不可以
		食品通过冷冻的方式能否杀死以上细菌？	A.能够全部杀死 B.可以杀死一部分 C.完全不能
		在烹饪过程中，将食物煮熟能有效杀死哪种细菌？	A.李斯特菌 B.沙门氏菌 C.大肠杆菌 D.弯曲杆菌

量表的初始题项力求真实地反映消费者食品安全知识和安全操作行为水平，因此，题项之间可能会缺乏独立性。但是冗余的题项在量表开发之初，被认为是有价值的，它们给予了专家在评判量表的内容效度时充分的选择空间。

6.1.2　专家小组评价量表的内容效度

为了评价初始题项集的内容效度，笔者邀请了 7 名专家参与。这些专家的研究领域包括食品安全（1 人）、食品包装（1 人）、食品营养及卫生（5 人）。

评价内容效度是一个不断探索的过程，期间初始题项集经历了多次的修改。专家给出的意见主要集中在以下几个方面。

第一，某些题项的备选答案涵盖的范围不够全面。例如，“您如何储藏购买的大块生肉”这一题项中，应当尽量扩充选项，避免受访者无法找到符合自身情况的选项。根据专家的意见，对每一个题项中的选项进行修改，尽量增加备选答案。并且根据部分专家的意见，对于知识类的题目增加了“不知道”这一选项。

第二，有些题项提问的内容太过笼统。例如，针对“您一般会在哪里购买食物”这一题项，专家认为，受访者购买不同食物时可能会选择不同的购买地点，这是应当被考虑的。因此，根据专家的意见，我们将这一题项拆分为三个题项，分别从蔬菜、水果和肉类三个方面对受访者购买地点的选择进行提问。

第三，某些题项措辞表达不够准确。例如，询问受访者接触食物时通常什么时候洗手，专家认为应当改为询问受访者接触食物前通常会不会洗手。通过对措辞的修改，可以明确受访者在接触食物前是否会采取正确的食品卫生行为来避免微生物污染。

第四，针对购买后的食品安全知识与行为的题项较多，而针对购买时的知识与行为的题项较少，应当适当增加一部分相应的题项。因此，我们增加了考察消费者对于有机食品、绿色食品及无公害食品的认知及购买行为的题项。

第五，题项的设置应当注意题项间的衔接与逻辑关系。例如，询问购买肉类食品的运输方式问题后，应当衔接如何储藏肉类食品的题项。我们在整个量表设计的过程中采纳了这个意见。

第六，由于量表是考察知识与行为之间的关系，知识与行为相对应的题项，其选项也应当相互对应，以免在后续研究知识与行为的差异性时，无法通过对应的选项来判断消费者的食品安全知识和行为是否存在一致性。我们在整个量表设计的过程中采纳了这个意见。

第七，应当增加一个题项用来区分受访者是否经常参与家中食品的购买或处理。因此我们将量表的第一题设置为“您是否经常在家做饭或买菜”，用来检验受访者填写的问卷是否有效。

综上，在多次的专题小组会议后，我们对专家的意见和建议在记录、分析、总结的基础上，批判性地采取了专家的意见。通过修改题项的措辞、增加选项的涵盖程度、调整题项间的逻辑关系、增加新的题项等方式对初始问卷的内容效度进行优化。

6.1.3 问卷内部一致性评价

经过多次专家评价内容效度后，我们确定了量表的基本框架。量表共包含 3 个部分、71 个题项：第一部分是关于消费者食品安全自我保护行为类的测量内容，题项共有 30 个；第二部分是关于消费者食品安全自我保护知识类的测量内容，题项共有 31 个；第三部分是调查受访者人口统计学变量，题项共有 10 个。此外，我们在量表的开头部分增加了卷首语，介绍了量表的研究内容与研究目的，以及要求受访者以何种方式填写问卷。

在调研过程中，采用线上网络问卷调查与线下问卷调查同时进行的方法收集样本数据。相对于其他传统的调查方法，使用线上网络问卷调查法较为简便，收集数据的周期短、实效快，节约人力和经费，并且易于对私密性问题（如个人年收入、家庭年收入等）进行调查。但是线上网络问卷调查法也有其缺点，如覆盖率偏差和受访者不积极参与等问题。为了充分调动受访者参与调研的积极性，保证受访者回答问卷时的有效性、真实性，我们在受访者填写网络问卷结束后，会对受访者进行一定的物质奖励，以感谢他们对问卷调研的配合。量表的题项分为单项选择题和不定项选择题两种。

之后我们在吉林省长春市进行了小范围的预调研，采用非概率样本抽样的方法选择调查对象，共发放 177 份问卷，其中线上网络调研共发放问卷 113 份，通过对答题时间（答题时间少于 400 秒的问卷视为无效）进行控制，以及排除不经常在家做饭的受访者后，确定有效问卷为 62 份；线下调研共发放问卷 64 份，排除不经常在家做饭的问卷及空白问卷后，有效问卷为 38 份。回收的问卷中，得到有效问卷 100 份，问卷的有效回收率为 56.5%。预调查的样本总体分布情况为男性 25 人，女性 75 人。年龄主要为 25~34 岁，占总样本数量的 38.0%；其次是 35~44 岁，占总样本数量的 26.0%。受教育程度占比最高的是大学专科学历，占有效样本总量的 30.0%，其次是大学本科学历与高中学历，分别占有效样本总量的 22.0% 和 22.0%。具体见表 6.3。

表 6.3 第一次调研的样本分布

个人信息	选项	频率	百分比	有效百分比
性别	男性	25	25.0%	25.0%
	女性	75	75.0%	75.0%
年龄	18~24 岁	5	5.0%	5.0%

续表

个人信息	选项	频率	百分比	有效百分比
年龄	25~34 岁	38	38.0%	38.0%
	35~44 岁	26	26.0%	26.0%
	45~54 岁	25	25.0%	25.0%
	55~64 岁	6	6.0%	6.0%
	65 岁及以上	0	0	0
工作状态	与食品安全、卫生、营养相关的工作者	5	5.0%	5.0%
	全职或兼职医生	4	4.0%	4.0%
	其他全职工作者	63	63.0%	63.0%
	其他兼职工作者	9	9.0%	9.0%
	待业	12	12.0%	12.0%
	退休	6	6.0%	6.0%
	在读学生	1	1.0%	1.0%
居住地	城市	88	88.0%	88.0%
	农村	12	12.0%	12.0%
受教育程度	小学	0	0	0
	初中	18	18.0%	18.0%
	高中	22	22.0%	22.0%
	大学专科	30	30.0%	30.0%
	大学本科	22	22.0%	22.0%
	研究生	8	8.0%	8.0%
婚姻状况	单身与父母同住	8	8.0%	8.0%
	单身独居	5	5.0%	5.0%
	已婚有孩子	9	9.0%	9.0%
	已婚无孩子	75	75.0%	75.0%
	其他	3	3.0%	3.0%
家庭年收入	30 000 元以下	38	38.0%	38.0%
	30 000~50 000 元	21	21.0%	21.0%
	50 000~100 000 元	23	23.0%	23.0%
	100 000 元及以上	18	18.0%	18.0%

将收集到的问卷录入统计分析软件中，运用 KR_{20} 分别计算知识类题项与行为类题项的内部一致性。经过测算，行为类题项（仅对具有正确与错误之分的题项进行分析，共 18 个）的内部一致性为 0.613；知识类题项（仅对具有正确与错误

之分的题项进行分析，共 24 个）的内部一致性为 0.618；量表内 42 个题项的内部一致性为 0.750。如表 6.4 所示。

表 6.4 初始量表的内部一致性

题项分类	行为类题项	知识类题项	量表总体
题项个数	18	24	42
库德-理查逊公式（KR_{20}）所得内部一致性	0.613	0.618	0.750

6.1.4 题项分析

为了评价量表内各个题项的相关性系数，我们在吉林省长春市内进行了第二次调研。本次调研同样采用线上网络问卷与线下纸质问卷两种形式同时进行的方式。线上网络问卷共发放问卷 125 份，有效问卷为 86 份，有效回收率为 68.8%；线下纸质问卷共发放 59 份，有效问卷为 26 份，有效回收率为 44.1%。本次调研共发放问卷 184 份，有效问卷为 112 份，有效回收率为 60.9%。

本次调研用人口统计学变量对受访者进行统计，如性别、年龄、工作状态、居住地、受教育程度等。特别需要注意的是，我们对受访者家中是否有老人、儿童，家庭成员是否有慢性疾病也进行了调查，因为这两个方面可能会影响消费者食品安全知识水平和行为。

本次调研中，有效样本的女性人数为 63 人，占样本的 56.3%；年龄在 45~54 岁的人数为 32 人，占有效样本量的 28.6%；受教育程度是大学本科学历的人数为 37 人，占有效样本量的 33.0%；有 33.0%的受访者家庭年收入在 30 000 元以下，具体样本分布如表 6.5 所示。

表 6.5 二次调研的样本分布

个人信息	选项	频率	百分比	有效百分比
性别	男性	49	43.8%	43.8%
	女性	63	56.3%	56.3%
年龄	18~24 岁	8	7.1%	7.1%
	25~34 岁	28	25.0%	25.0%
	35~44 岁	19	17.0%	17.0%
	45~54 岁	32	28.6%	28.6%
	55~64 岁	23	20.5%	20.5%
	65 岁及以上	2	1.8%	1.8%
工作状态	与食品安全、卫生、营养相关的工作者	1	0.9%	0.9%

续表

个人信息	选项	频率	百分比	有效百分比
工作状态	全职或兼职医生	2	1.8%	1.8%
	其他全职工作者	72	64.3%	64.3%
	其他兼职工作者	7	6.3%	6.3%
	待业	6	5.4%	5.4%
	退休	21	18.8%	18.8%
	在读学生	3	2.7%	2.7%
居住地	城市	106	94.6%	94.6%
	农村	6	5.4%	5.4%
受教育程度	小学	2	1.8%	1.8%
	初中	19	17.0%	17.0%
	高中	21	18.8%	18.8%
	大学专科	24	21.4%	21.4%
	大学本科	37	33.0%	33.0%
	研究生	9	8.0%	8.0%
婚姻状况	单身与父母同住	9	8.0%	8.0%
	单身独居	8	7.1%	7.1%
	已婚有孩子	7	6.3%	6.3%
	已婚无孩子	78	69.6%	69.6%
	其他	10	8.9%	8.9%
家庭年收入	30 000 元以下	37	33.0%	33.0%
	30 000~50 000 元	25	22.3%	22.3%
	50 000~100 000 元	27	24.1%	24.1%
	100 000 元及以上	23	20.5%	20.5%

我们将有效样本数据录入计量软件中，通过计算量表内各个题项的难度系数与相关性系数，对量表的难度系数和区分度进行评估。

1. 难度系数

将收集的样本数据编码，并对样本中的知识类题项根据标准答案进行打分。单选题回答正确的赋值为 1 分，错误的赋值为 0 分。例如，“购买回来的大块生肉您觉得怎样储藏最安全？A.原包装直接放到冰箱冷冻室里 B.切成小块放进冰箱冷冻室 C.切成小块分别密封好放进冰箱冷冻室 D.原包装直接放到冰箱冷藏室里 E.切成小块放进冰箱冷藏室 F.切成小块分别密封好放进冰箱冷藏室 G.室温下放在阴凉地方”，只有 C 选项是正确的，选择 C 选项记为 1 分，错选和多选都不得分。多项选择题中，选中正确选项中的其中一个或者多个都记为正确，错选不得分。例如，“下列哪种不是解冻肉类的正确方法？A.用微波炉解冻 B.直接泡在冷水里解冻 C.密封包装好后泡在冷水里解冻 D.直接泡在温水里解冻 E.密封包装好后泡在温水里解冻 F.提前放在冰箱冷藏室里解冻 G.室温下解冻”，正确答案为B、D、E和G，选择这四个选项的任意组合均为正确，赋值为1分，错误的赋值为0分。

问卷中关于消费者食品安全自我保护知识类的题项共24项，计算每个题项在调研中回答正确的人数与受访者总人数的比值，可以得到每个题项在这次调研中的难度系数。

经过计算，量表的平均难度系数为0.47。有的题项过于简单，超过80%的受访者都能够回答正确，如考察消费者加热剩菜时可食用程度的题项难度系数为0.82；而考察消费者对食源性疾病致病菌的认知水平的题项难度系数为0.06。对于过于简单或过于困难的题项，应当修改或者删除。具体见表6.6。

表6.6　第二次预调研中难度系数不符合标准的题项

题项	选项	回答正确的人数	难度系数
下列细菌哪种是会引起食源性疾病的细菌？	A.沙门氏菌 B.弯曲杆菌 C.李斯特菌 D.大肠杆菌 E.全都不是 **F.全部都是** G.不知道	10	0.09
将食物煮熟能有效杀死哪种细菌？	**A.李斯特菌** B.沙门氏菌 C.大肠杆菌 D.弯曲杆菌 E.以上全部 F.不知道	7	0.06
买完生肉您认为多久回到家能保证肉类的新鲜？	**A.半个小时以内** **B.半个小时到一个小时之间** **C.一到两个小时之间** D.两个小时以上	107	0.96
您认为肉类内部温度加热到多少才能保证安全？	A.54℃ B.60℃ C.66℃ **D.74℃** E.100℃ F.不知道	11	0.10
您认为剩菜应当加热到什么程度？	**A.加热到沸腾** B.加热到刚刚适合吃，不用太烫 C.跟室温差不多就行 D.夏天不需要加热	92	0.82

注：正确选项加粗显示

2. 相关性系数

计算题项的难度系数后，对每一个受访者的食品安全知识水平打分，计算他们的知识水平总分，然后计算每一个题项的得分与总分之间的相关性，从而计算出每一个题项的相关性系数，该系数即题项的区分度。在本次调研中，初始量表中知识类题项共 24 题，总分为 24 分。参与调研的受访者中，最高得分为 17 分，最低得分为 3 分。

经过测算后的结果，量表的平均区分度为 0.30，其中，41%的题项满足相关性系数的理想值，即大于 0.3；17%的题项区分度不明显，即小于 0.2。对于不符合标准的题项予以删除，部分删除题项见表 6.7。

表 6.7　初始量表第二次预调研区分度不符合标准的题项

题项	选项	区分度
冰箱冷藏室的温度是多少?	A.−18℃ **B.−4℃** C.0℃ D.4℃ E.不知道	0.118
下列哪种不是解冻肉类的正确方法?	A.用微波炉解冻 **B.直接泡在冷水里解冻** C.密封包装好后泡在冷水里解冻 **D.直接泡在温水里解冻** **E.密封包装好后泡在温水里解冻** F.提前放在冰箱冷藏室里解冻 **G.室温下解冻**	0.051

注：正确选项加粗显示

在本次调研中，7 个知识类题项因为难度系数及相关性系数不符合要求被删除，与之相对应的行为类题项也被删除。删除题项后需要再次检验量表的内部一致性。此时，行为类量表的内部一致性为 0.510；知识类量表的内部一致性为 0.568；量表总体内部一致性为 0.671。如表 6.8 所示。

表 6.8　初始量表第二次预调研后的内部一致性

题项分类	行为类量表	知识类量表	量表总体
题项个数	13	17	30
库德-理查逊公式（KR_{20}）所得内部一致性	0.510	0.568	0.671

6.1.5　鉴别效度

鉴别效度考察量表区分食品安全方面专业人士与非专业人士之间回答的差异

性。在寻找专业组人士时，我们从吉林农业大学首先挑选了食品工程和食品营养两个专业的学生各 10 人，并通过网络问卷的形式对他们进行调研。量表的知识类问卷总分为 17 分，食品工程专业的学生平均成绩为 4.9，食品营养专业的学生平均成绩为 5.5。通过对比两个专业的课程安排，我们认为食品营养专业的学生更适合作为本次专业组的调查样本，因为食品营养专业的学生受到过食品卫生知识相关的课程的培训。非专业组人士，我们选择了吉林大学农业机械化及其自动化专业的学生。

在得到受访者的允许后，在 2019 年 3 月 13 日对食品营养专业大三学生进行调研，本次调研采用自我管理的方式，被邀请的 50 名学生在一间教室内自行填写问卷。在填写问卷前，研究者向学生详细阐述了本次调研的内容和目的，确保每一位学生能够清楚地了解问卷的内容。随后学生开始填写问卷，从开始作答到作答结束共计 13 分钟，发放问卷 50 份，有效问卷 50 份，有效回收率为 100%，其中男性 22 人，女性 28 人。

在 2019 年 3 月 14 日对非专业组的学生进行调研，同样选择自我管理的方式，并在发放问卷前，向非专业组的学生讲解了问卷的内容，从开始作答到作答结束共计 15 分钟，共发放问卷 50 份，回收问卷 50 份，回收率为 100%，其中男性 25 人，女性 25 人。

回收问卷后，对两组样本进行编码，录入统计数据，根据每一位学生问卷的答题情况进行打分，并计算每组学生的平均得分。问卷总分为 17 分，食品营养专业的学生平均分为 5.94 分，农业机械化及其自动化专业的学生平均分为 4.76 分。通过计算两组学生的知识总分，判断样本正态分布情况。如表 6.9 所示。

表 6.9 两专业学生知识得分正态分布

类别		食品营养专业	农业机械化及其自动化专业
Kolmogorov-Smirnov	统计资料	0.137	0.340
	df	100	100
	显著性	<0.001	<0.001
Shapiro-Wilk	统计资料	0.957	0.636
	df	100	100
	显著性	0.002	0.000

通过分析得知，食品营养专业样本的 Shapiro-Wilk 显著性为 0.002，农业机械化及其自动化专业样本的 Shapiro-Wilk 显著性小于 0.001，两组样本的显著性都小于 0.05，由此可以判断，两组数据都属于非正态分布。运用非参数检验的方法，对两组学生的知识得分的差异显著性进行分析。分析结果显示，食品营养专业组与农业机械化及其自动化专业组的学生知识水平的渐进显著性指数为 0.029，小于

0.05，证明两组学生的知识水平差异明显。由此可见，初始量表对于食品安全知识初始水平不同的人群具有很好的鉴别能力。

在评估了初始量表的鉴别效度后，对两个专业学生回答问卷的内部一致性再次做出检验。检验得知，食品营养专业学生回答问卷的内部一致性系数为 0.819，农业机械化及其自动化专业学生回答问卷的内部一致性系数为 0.797，如表 6.10 所示。

表 6.10　两组学生回答问卷的内部一致性系数

题项分类	知识类题项	行为类题项	初始量表
食品营养专业	0.684	0.621	0.819
农业机械化及其自动化专业	0.621	0.648	0.797

6.1.6　再测信度

本次调研的目的是通过对部分受访者在三周后进行再次调研，从而评估问卷的再测信度。在问卷的第二次调研中，我们向填写线下问卷的受访者发出邀请，询问他们是否愿意参与并协助我们后续的调研，并承诺不会泄露他们的个人信息。在征得受访者同意后，我们记录了有意愿参与再测信度调研的受访者的个人联系方式，并将他们的问卷在第二次调研问卷中进行标记，以便在统计和计算数据时能够区别于其他受访者。

随后，在 2019 年 3 月 5 日，确认受访者没有接受过食品安全卫生教育或者患有食源性疾病后，我们邀请了 40 名受访者进行再测信度的调研。共发放问卷 40 份，回收 32 份，回收率为 80%，剔除无效样本 4 份，有效率为 87.5%。具体样本分布情况见表 6.11。

表 6.11　再测信度的样本分布

个人信息	选项	频率	百分比	有效百分比
性别	男性	8	28.6%	28.6%
	女性	20	71.4%	71.4%
年龄	18~24 岁	0	0	0
	25~34 岁	11	39.3%	39.3%
	35~44 岁	10	35.7%	35.7%
	45~54 岁	4	14.3%	14.3%
	55~64 岁	3	10.7%	10.7%
	65 岁及以上	0	0	0
工作状态	与食品安全、卫生、营养相关的工作者	4	14.3%	14.3%
	全职或兼职医生	1	3.6%	3.6%

续表

个人信息	选项	频率	百分比	有效百分比
工作状态	其他全职工作者	19	67.9%	67.9%
	其他兼职工作者	1	3.6%	3.6%
	待业	2	7.1%	7.1%
	退休	1	3.6%	3.6%
	在读学生	0	0	0
居住地	城市	25	89.3%	89.3%
	农村	3	10.7%	10.7%
受教育程度	小学	0	0	0
	初中	3	10.7%	10.7%
	高中	5	17.9%	17.9%
	大学专科	11	39.3%	39.3%
	大学本科	7	25.0%	25.0%
	研究生	2	7.1%	7.1%
婚姻状况	单身与父母同住	8	28.6%	28.6%
	单身独居	5	17.9%	17.9%
	已婚有孩子	9	32.1%	32.1%
	已婚无孩子	3	10.7%	10.7%
	其他	3	10.7%	10.7%
家庭年收入	30 000 元以下	3	10.7%	10.7%
	30 000~50 000 元	0	0	0
	50 000~100 000 元	3	10.7%	10.7%
	100 000 元及以上	22	78.6%	78.6%

回收样本数据后，对比同一样本两次问卷的作答情况，通过 Pearson 相关系数来检验两份问卷的相关性。如果 Pearson 相关系数 r 的值大于 0.8，则证明该受访者前后两次回答问卷基本一致，量表的再测信度较好。如果 r 的值小于 0.8，则证明该受访者两次回答问卷的相关性较低。以 2 号样本为例，在录入两份问卷的答题情况后，运用 SPSS 统计数据软件，计算该样本再测信度。2 号样本再测信度的相关系数如表 6.12 所示。

表 6.12　2 号样本再测信度的相关系数

测试		第一次测试	第二次测试
第一次测试	Pearson 相关系数	1	0.994**
	显著性 （双尾）		0.000
	n	59	59

续表

测试		第一次测试	第二次测试
第二次测试	Pearson 相关系数	0.994**	1
	显著性 （双尾）	0.000	
	n	59	59

**表示在 0.01 级别（双尾）相关性显著

2 号样本的 Pearson 相关系数 r=0.994，大于 0.800，表明 2 号样本的再测信度很好。在计算了每个样本的 Pearson 相关系数后，得到 28 个样本相关系数的平均值为 r=0.969，表明量表的再测信度很好。其中，有 50%的受访者在两次测验中答题情况是一样的。因此可以认为本量表的再测信度能够通过检验。参与再测信度研究的受访样本的内部一致性为 0.587。

6.1.7　量表开发部分总结

通过对初始量表的四次调研后，对初始量表的信度和效度做出评价。初始量表四次调研的内部一致性分别如下所示：初次调研的内部一致性为 0.750；题项分析后的量表内部一致性为 0.671；判别效度调研中，食品工程专业学生问卷的内部一致性为 0.819，农业机械化及其自动化专业学生问卷的内部一致性为 0.797；参与再测信度调研的受访者问卷的内部一致性为 0.587。量表题项的平均难度系数为 0.47，平均区分度为 0.30。量表的判别效度显著性指数为 0.029，表明量表对于专业人士与非专业人士的区分效果显著。量表的再测信度的平均相关系数为 r = 0.969。评价初始量表的信度和效度后，就可以确定消费者食品安全自我保护知识与行为测度量表的题项。

最终问卷分为两部分：第一部分是消费者食品安全行为、食源性致病菌、食品安全知识三个方面。行为与知识下又分为三个阶段，分别是食品挑选阶段、食品处理阶段、食品卫生阶段，三个阶段被划分为 10 个环节，针对每个环节有若干题项，其中行为题项与知识题项一一对应。

第二部分是消费者人口统计变量，包括性别、年龄、工作状态、居住地、受教育程度、婚姻状况、家庭年收入、家中是否有 65 岁以上的老人、家中最小成员的年龄、您和您的家人是否有慢性疾病 10 个方面，调查对象主要为在家中食物购买或食物处理的家庭成员，所以年龄须在 18 岁以上。调研问卷参见附录 3。具体题项维度如表 6.13 所示。

表 6.13 最终问卷的构成

分类	阶段	环节	题项个数	题项序号
行为	食品挑选	标识产品购买	3	4~6
		购买意识	2	7、8
		购买地点	3	9、12、15
		购买标准	3	10、13、16
	食品处理	食品清洗	2	11、14
		食品运输	1	17
		肉类处理	1	18
		剩菜处理	2	24、25
	食品卫生	洗手方法	3	19、22、23
		菜板使用	2	20、21
食源性致病菌			2	26、27
知识	食品挑选	标识产品的认知	3	28~30
		购买意识	2	31、32
		购买地点	3	33、36、39
		购买标准	3	34、37、40
	食品处理	食品清洗	2	35、38
		食品运输	1	41
		肉类处理	1	42
		剩菜处理	2	48、49
	食品卫生	洗手知识	3	43、46、47
		菜板使用	2	44、45

6.2 “知识—行为”鸿沟的结果分析

6.2.1 数据来源及样本情况

利用前一部分开发的量表，进行大范围调研，考察我国消费者食品安全自我保护“知识—行为”鸿沟情况。样本数据来源于 2019 年 7 月至 2019 年 12 月的问卷调查。被调查对象是家庭食物的主要购买者或处理者，调查范围涵盖了 34 个省（区、市）。因为是全国范围内的调研，所以大多问卷以网络渠道的方式收集，共发出 638 份问卷，回收 516 份有效问卷，有效率为 80.9%。

表 6.14 描述了样本特征，从表中可以看出，调查受众的性别的均值为 1.64，也就是说，在家庭中负责买菜或做饭的成员以女性为主，这样的结果与在中国情境下传统的家庭食品制备主要是由女性来完成的情况相符。年龄均值为 2.58，说明调查对象中以中年人为主。居住地的均值为 1.46，说明调查样本中城市的人口比例与农村的人口比例差距不大，几乎是持平状态。受教育程度的均值为 2.38，说明调查样本的受教育程度主要在大学本科。婚姻状况的均值为 1.65，说明样本中已婚人士居多。家庭人均年收入的均值为 2.91，说明大多数受访者家庭人均年收入在 6 000 元以上。家中是否有 65 岁以上老人的均值为 1.39，即约半数的家庭中有 65 岁以上老人。家中成员是否患有慢性病的均值为 1.52，说明超过半数的受访者家庭中有成员患有各类慢性病。

表 6.14　样本描述（*n* = 516）

自变量名称	变量描述	极小值	极大值	均值	标准差
性别	男性=1，女性=2	1	2	1.64	0.481
年龄	18～24 岁=1，25～34 岁=2，35～44 岁=3，45 岁及以上=4	1	4	2.58	1.116
居住地	城市=1，农村=2	1	2	1.46	0.498
受教育程度	高中及以下=1，大学专科=2，大学本科=3，研究生=4	1	4	2.38	1.126
婚姻状况	未婚=1，已婚=2	1	2	1.65	0.478
家庭人均年收入	6 000 元以下=1，6 000~14 000 元=2，14 000~23 000 元=3，23 000~35 000 元=4，35 000~65 000 元=5，65 000 元及以上=6	1	6	2.91	1.868
家中是否有 65 岁以上老人	是=1，否=2	1	2	1.39	0.488
家中成员是否患有慢性病	是=1，否=2	1	2	1.52	0.500

6.2.2　数据描述性分析

1. 消费者食源性疾病知识分析

如表 6.15 所示，食源性疾病知识一共包括两个题目，主要考察了与家庭食物消费链关系较为密切的食源性疾病致病菌知识。受访者每答对一个问题得一分，全部答错为零分，答对两道题目任意一个即表示受访者在此方面的知识“合格”。受访者的正确率、总合格率及平均得分如表 6.15 所示。

表 6.15 食源性致病菌正确率、总合格率及平均得分

问题	选项	正确率
您认为冷冻能杀死食物中的细菌么?	A. 全部杀死	
	B. 杀死一部分	
	C. 完全不能	28.3%
	D. 不知道	
下列哪种情况您认为最容易引发食物中毒?	A. 饮用了刚从冰箱里拿出来的酸奶	
	B. 食用了生的没有充分加热的海鲜	77.1%
	C. 食用了没有加热的午餐肉罐头	
	D. 食用了没有洗干净的水果	
总合格率		82.4%
平均得分 ± 标准差（满分 2 分）		1.05 ± 0.64

注：正确选项加粗显示

2. 食品安全自我保护知识分析

知识题项共 22 个，其中 16 个题项具有正确与错误之分。在这 16 个题项中，有 4 道题有多个正确选项，选择正确选项中的任意一个并且没有选择错误答案即为正确。受访者每答对一个问题得一分，全部答错为零分，答对 8 道题目及以上表示受访者此部分知识达到“合格”标准。受访者的正确率、总合格率及平均得分如表 6.16 所示。

表 6.16 知识类题项正确率、总合格率及平均得分

问题	选项	正确率
您认为生产加工过程中不允许使用基因工程技术的是哪种食品?	**A. 有机食品**	33.1%
	B. 绿色食品	
	C. 无公害食品	
	D. 不知道	
您认为在生产过程中，减量化使用常规农药、化肥的是哪种食品?	A. 有机食品	
	B. 绿色食品	39.8%
	C. 无公害食品	
	D. 不知道	
您认为在生产过程中，禁用高毒高残留农药的是哪种食品?	A. 有机食品	
	B. 绿色食品	
	C. 无公害食品	39.9%
	D. 不知道	
您觉得在超市购买蔬菜、水果、生肉、海鲜应有相应的顺序么?	A. 没啥顺序，见啥买啥	
	B. 先买生肉、海鲜	
	C. 先买蔬菜、水果，后买生肉、海鲜	42.8%

续表

问题	选项	正确率
您认为多久买一次青菜能保证菜的新鲜？	A. 一周一次	
	B. 一周两次	
	C. 两天或三天一次	
	D. 现吃现买	66.3%
您认为哪种清洗蔬菜的方式洗得最干净？	A. 用果蔬洗涤剂浸泡后清洗	
	B. 用热水浸泡后清洗	
	C. 用冷水浸泡后清洗	
	D. 用流动的自来水（冷水）清洗	20.0%
	E. 用流动的自来水（温水）清洗	
	F. 用果蔬清洗机清洗	7.8%
	G. 用抹布或纸巾擦拭	
	H. 没有脏就不用洗	
您认为怎样清洗后的水果最安全？	A. 用果蔬洗涤剂浸泡后清洗	
	B. 用热水浸泡后清洗	
	C. 用冷水浸泡后清洗	
	D. 用流动的自来水（冷水）清洗	18.0%
	E. 用流动的自来水（温水）清洗	
	F. 用果蔬清洗机清洗	8.5%
	G. 用纸巾或抹布擦拭干净	
夏季购买生肉、海鲜时您觉得怎样带回家最安全？	A. 用普通袋子与其他食物分开	
	B. 与其他食物混装在一起	
	C. 用冰袋单独打包	47.9%
	D. 不一定，怎样都可以	
购买回来的大块生肉您觉得怎样储藏最安全？	A. 原包装直接放到冰箱冷冻室里	
	B. 切成小块放进冰箱冷冻室	
	C. 切成小块分别密封好放进冰箱冷冻室	49.0%
	D. 原包装直接放到冰箱冷藏室里	
	E. 切成小块放进冰箱冷藏室	
	F. 切成小块分别密封好放进冰箱冷藏室	
	G. 室温下放在阴凉地方	
在处理过生肉后，您觉得怎样洗手洗得最干净？	A. 用毛巾或抹布擦	
	B. 用一次性湿巾擦	
	C. 用自来水（冷水）冲洗	
	D. 用自来水（温水）冲洗	
	E. 用肥皂和自来水（冷水）冲洗	

续表

问题	选项	正确率
在处理过生肉后，您觉得怎样洗手洗得最干净？	**F. 用肥皂和自来水（温水）冲洗**	49.8%
	G. 在洗脸池或洗脸盆里洗	
	H. 在洗脸池或洗脸盆里用肥皂洗	
	I. 无所谓，不洗也没事	
切完生肉的菜板，您觉得怎样处理最干净？	A. 用抹布擦干净	
	B. 用菜刀刮一刮，然后用抹布擦干净	
	C. 用流动的自来水（冷水）冲洗干净	
	D. 用流动的自来水（温水）冲洗干净	
	E. 用流动的自来水（冷水）及洗洁精清洗干净	
	F. 用流动的自来水（温水）及洗洁精清洗干净	39.5%
	G. 无所谓，不洗也没事	
您觉得切生肉跟切青菜（用来凉拌）可以使用一块菜板么？	A. 可以用同一块菜板，但要用不同的面	
	B. 可以用同一块菜板的同一面	
	C. 可以用同一块菜板的同一面，但切完生肉后要用流动的自来水（冷水）冲洗干净，然后再切青菜	
	D. 可以用同一块菜板的同一面，但切完生肉后要用流动的自来水（温水）冲洗干净，然后再切青菜	
	E. 可以用同一块菜板的同一面，但切完生肉后要用流动的自来水（冷水）及洗洁精清洗干净，然后再切青菜	
	F. 可以用同一块菜板的同一面，但切完生肉后要用流动的自来水（温水）及洗洁精清洗干净，然后再切青菜	8.5%
	G. 应该用两块菜板，切生肉的和切青菜的菜板不混用	39.3%
操作食物前洗手您认为重要吗？	**A. 非常重要，应当每次都洗，如果没有条件洗就不接触食物**	79.7%
	B. 比较重要，有条件应当尽量每次都洗，没有条件就不洗	
	C. 不太重要，不干不净吃了没病	
	D. 完全不重要，不用洗	
您认为下列哪种是正确的洗手方式？	A. 用流动的自来水（冷水）洗手，擦干	
	B. 用流动的自来水（温水）洗手，擦干	
	C. 用流动的自来水（冷水）并使用香皂或洗手液仔细搓洗，擦干	
	D. 用流动的自来水（温水）并使用香皂或洗手液仔细搓洗，擦干	44.9%
	E. 在洗脸池或洗脸盆内用冷水洗手，擦干	
	F. 在洗脸池或洗脸盆内用温水洗手，擦干	
	G. 在洗脸池或洗脸盆内用冷水洗手并使用香皂或洗手液仔细搓洗，擦干	
	H. 在洗脸池或洗脸盆内用温水洗手并使用香皂或洗手液仔细搓洗，擦干	

续表

问题	选项	正确率
您认为剩菜应该怎么处理?	**A. 不吃，直接倒掉**	35.8%
	B. 直接放在橱柜里	
	C. 密封好后放在橱柜里	
	D. 直接放在冰箱里冷藏	
	E. 密封好后放在冰箱里冷藏	34.3%
	F. 直接放在冰箱里冷冻	
	G. 密封好后放在冰箱里冷冻	
	H. 家里从来不剩菜	6.2%
您认为剩菜最多可以吃几顿?	**A. 只能吃一顿**	68.7%
	B. 保存好的话，可以吃两顿	
	C. 保存好的话，可以吃三顿	
	D. 只要闻起来味道没坏，就可以一直到吃完为止	
总合格率		53.5%
平均得分±标准差		7.80±3.07

注：正确选项加粗显示

3. 食品安全自我保护行为分析

食品安全行为题项共 23 个，其中标识产品购买等题项并无严格的对与错之分，此处仅列出具有正确与错误之分的 17 个题项的回答正确率情况。在这 17 道题项之中，有 4 道题有多个正确选项，选择正确答案其中之一，且未选择错误答案即视为正确。受访者每答对一个问题得一分，全部答错为零分，答对 8 道题目及以上表示受访者行为达到“合格”标准。受访者的正确率、总合格率及平均得分如表 6.17 所示。

表 6.17　行为类题项正确率、总合格率及平均得分

问题	选项	正确率
购买食品时，您是否会查看产品包装上的保质期?	**A. 总是会查看产品的保质期**	69.9%
	B. 偶尔会查看产品的保质期	
	C. 从来不查看产品的保质期	
购买食品时，您是否会优先挑选带有此类标识的产品（有机食品）?	**A. 总是会优先挑选带有此标识的产品**	27.3%
	B. 不太关注产品是否带有此标识	
	C. 从来不会购买带有此标识的产品	
购买食品时，您是否会优先挑选带有此类标识的产品（绿色食品）?	**A. 总是会优先挑选带有此标识的产品**	36.8%
	B. 不太关注产品是否带有此标识	
	C. 从来不会购买带有此标识的产品	

续表

问题	选项	正确率
购买食品时，您是否会优先挑选带有此类标识的产品（无公害农产品）？	**A. 总是会优先挑选带有此标识的产品**	31.3%
	B. 不太关注产品是否带有此标识	
	C. 从来不会购买带有此标识的产品	
您通常在超市购买蔬菜、水果、生肉、海鲜等食品的顺序是什么？	A. 按货架顺序购买，从入口一直逛到出口收银台	
	B. 想起哪个买哪个	
	C. 结账前最后购买生肉、海鲜等食品	16.0%
您购买蔬菜一般是什么频率？	A. 一周一次	
	B. 一周两次	
	C. 两天或三天一次	
	D. 现吃现买	49.6%
买回来的蔬菜您通常怎样清洗？	A. 用果蔬洗涤剂浸泡后清洗	
	B. 用热水浸泡后清洗	
	C. 用冷水浸泡后清洗	
	D. 用流动的自来水（冷水）清洗	54.4%
	E. 用流动的自来水（温水）清洗	
	F. 用果蔬清洗机清洗	0.9%
	G. 用抹布或纸巾擦拭	
	H. 没有脏就不用洗	
下面哪种符合您清洗水果的习惯？	A. 用果蔬洗涤剂浸泡后冲洗	
	B. 用热水浸泡后清洗	
	C. 用冷水浸泡后清洗	
	D. 用流动的自来水（冷水）清洗	51.9%
	E. 用流动的自来水（温水）清洗	
	F. 用果蔬清洗机清洗	1.3%
	G. 不洗，用纸巾、抹布或湿巾擦一下	
购买后的肉类、海鲜类食品您通常怎样拿回家？	A. 用普通购物袋与其他食物分开装	
	B. 用普通购物袋与其他食物混装	
	C. 用冰袋打包	6.2%
	D. 随机，不一定	
您通常是怎样处理买回来的大块生肉的？	A. 原包装直接放到冰箱冷冻室里	
	B. 切成小块放进冰箱冷冻室	
	C. 切成小块分别密封好放进冰箱冷冻室	37.5%
	D. 直接放到冰箱冷藏室里	
	E. 切成小块放进冰箱冷藏室	
	F. 切成小块分别封好后放进冰箱冷藏室	

续表

问题	选项	正确率
您通常是怎样处理买回来的大块生肉的？	G. 室温下放在阴凉地方	
处理过生肉后，您一般怎样洗手？	A. 用毛巾或抹布擦一下	
	B. 用一次性湿巾擦一下	
	C. 用自来水（冷水）冲洗	
	D. 用自来水（温水）冲洗	
	E. 用肥皂和自来水（冷水）冲洗	
	F. 用肥皂和自来水（温水）冲洗	33.5%
	G. 在洗脸池或洗脸盆里洗	
	H. 在洗脸池或洗脸盆里用肥皂洗	
	I. 一般不洗	
切完生肉的菜板您通常是如何清理的？	A. 用抹布擦干净	
	B. 用菜刀刮一刮，然后用抹布擦干净	
	C. 用流动的自来水（冷水）冲洗干净	
	D. 用流动的自来水（温水）冲洗干净	
	E. 用流动的自来水（冷水）及洗洁精洗干净	
	F. 用流动的自来水（温水）及洗洁精洗干净	18.0%
	G. 不清理，下次用之前再清理	
您切生肉跟切青菜（用来凉拌）通常是使用同一块菜板么？	A. 用同一块菜板的同一面，切生肉和青菜之间不用清洗，切完后统一清洗	
	B. 用同一块菜板，但是用不同的面分别切生肉和青菜	
	C. 用同一块菜板的同一面，切完生肉后用流动的自来水（冷水）冲洗菜板，然后再切青菜	
	D. 用同一块菜板的同一面，切完生肉后用流动的自来水（温水）冲洗菜板，然后再切青菜	
	E. 用同一块菜板的同一面，切完生肉后用流动的自来水（冷水）及洗洁精清洗菜板，然后再切青菜	
	F. 用同一块菜板的同一面，切完生肉后用流动的自来水（温水）及洗洁精清洗菜板，然后再切青菜	4.6%
	G. 两块菜板，切生肉和切青菜的菜板不混用	19.9%
您接触食物前通常会洗手吗？	**A. 每次都会洗，如果没有洗手的条件就不接触食物**	64.3%
	B. 有条件的话，都会洗，没有条件的话就不洗	
	C. 想起来就洗一下	
	D. 很少洗	
以下哪种最符合您的洗手习惯？	A. 用流动的自来水（冷水）洗手，擦干	
	B. 用流动的自来水（温水）洗手，擦干	
	C. 用流动的自来水（冷水）并使用香皂或洗手液仔细搓洗，擦干	

续表

问题	选项	正确率
以下哪种最符合您的洗手习惯？	**D. 用流动的自来水（温水）并使用香皂或洗手液仔细搓洗，擦干**	23.2%
	E. 在洗脸池或洗脸盆内用冷水洗手，擦干	
	F. 在洗脸池或洗脸盆内用温水洗手，擦干	
	G. 在洗脸池或洗脸盆内用冷水洗手并使用香皂或洗手液仔细搓洗，擦干	
	H. 在洗脸池或洗脸盆内用温水洗手并使用香皂或洗手液仔细搓洗，擦干	
您家里平时怎么处理剩菜？	**A. 不吃，直接倒掉**	19.7%
	B. 直接放在橱柜里	
	C. 密封好后放在橱柜里	
	D. 直接放在冰箱里冷藏	
	E. 密封好后放在冰箱里冷藏	36.4%
	F. 直接放在冰箱里冷冻	
	G. 密封好后放在冰箱里冷冻	
	H. 家里从来不剩菜	4.6%
您家的剩菜最多吃几顿？	**A. 只吃一顿**	58.7%
	B. 保存好的话，可以再吃两顿	
	C. 保存好的话，可以再吃三顿	
	D. 只要闻起来味道没坏，就可以一直到吃完为止	
总合格率		26.1%
平均得分±标准差		6.83±3.25

注：正确选项加粗显示

4. 消费者的知—行表现分析

消费者食品安全自我保护知识题与行为题严格一一对应，每个题的选项也一一对应。例如，有一道知识题是“切完生肉的菜板，您觉得怎样处理最干净”，与之相对应，也有一道行为题是“切完生肉的菜板您通常是如何清理的”。而且，这两道题的备选答案也是一一对应的。如果受访者在该知识题选择的答案是“用流动的自来水（温水）及洗洁精清洗干净”，在该行为题选择的答案是“用流动的自来水（温水）及洗洁精清洗干净”，则说明该受访者的知识和行为题项的答案是一致的，即在菜板的清洗方面是知行合一的，否则则认为是“知行不一”的。

在标识产品购买环节，知识与行为部分各包括 3 道一一对应的题项，若受访者 3 道题的答案均不一致，则记为“1”；有 1 道题一致记为“2”；有 2 道题一致记为“3”；全部一致记为“4”。

在购买顺序及购买频率环节，知识与行为部分各包括 2 道一一对应的题项，若受访者 2 道题的答案均不一致，则记为“1”；有 1 道题一致记为“2”；全部一致记为“3”。

在购买地点环节，知识与行为部分各包括 3 道一一对应的题项，若受访者 3 道题的答案均不一致，则记为“1”；有 1 道题一致记为“2”；有 2 道题一致记为“3”；全部一致记为“4”。

在购买标准环节，知识与行为部分各包括 3 道一一对应的题项，若受访者 3 道题的答案均不一致，则记为“1”；有 1 道题一致记为“2”；有 2 道题一致记为“3”；全部一致记为“4”。

在食品清洗环节，知识与行为部分各包括 2 道一一对应的题项，若受访者 2 道题的答案均不一致，则记为“1”；有 1 道题一致记为“2”；全部一致记为“3”。

在食品运输环节和肉类处理环节各仅有 1 道题，若答案不一致记为“0”，一致记为“1”。“1”代表“知行合一”，“0”代表“知行不一”。

在剩菜处理环节和菜板使用环节各包括 2 道一一对应的题项，若受访者 2 道题的答案均不一致，则记为“1”；有 1 道题一致记为“2”；全部一致记为“3”。

在洗手方法环节，知识与行为部分各包括 3 道一一对应的题项，若受访者 3 道题的答案均不一致，则记为“1”；有 1 道题一致记为“2”；有 2 道题一致记为“3”；全部一致记为“4”。

各个环节的知行合一情况，见表 6.18。

表 6.18　各个环节的知行合一情况（$n = 516$）

环节		频数	百分比	有效的百分比	累计百分比
标识产品购买环节	1	236	45.7%	45.7%	45.7%
	2	182	35.3%	35.3%	81.0%
	3	76	14.7%	14.7%	95.7%
	4	22	4.3%	4.3%	100.0%
购买顺序及购买频率环节	1	125	24.2%	24.2%	24.2%
	2	278	53.9%	53.9%	78.1%
	3	113	21.9%	21.9%	100.0%
购买地点环节	1	268	51.9%	51.9%	51.9%
	2	122	23.6%	23.6%	75.6%
	3	62	12.0%	12.0%	87.6%
	4	64	12.4%	12.4%	100.0%
购买标准环节	1	173	33.5%	33.5%	33.5%
	2	174	33.7%	33.7%	67.2%
	3	99	19.2%	19.2%	86.4%
	4	70	13.6%	13.6%	100.0%

续表

环节		频数	百分比	有效的百分比	累计百分比
食品清洗环节	1	280	54.3%	54.3%	54.3%
	2	111	21.5%	21.5%	75.8%
	3	125	24.2%	24.2%	100.0%
食品运输环节	0	288	55.8%	55.8%	55.8%
	1	228	44.2%	44.2%	100.0%
肉类处理环节	0	232	45.0%	45.0%	45.0%
	1	284	55.0%	55.0%	100.0%
剩菜处理环节	1	80	15.5%	15.5%	15.5%
	2	219	42.4%	42.4%	57.9%
	3	217	42.1%	42.1%	100.0%
洗手方法环节	1	77	14.9%	14.9%	14.9%
	2	157	30.4%	30.4%	45.3%
	3	178	34.5%	34.5%	79.8%
	4	104	20.2%	20.2%	100.0%
菜板使用环节	1	224	43.4%	43.4%	43.4%
	2	189	36.6%	36.6%	80.0%
	3	103	20.0%	20.0%	100.0%

6.2.3 影响消费者食品安全各环节"知行一致性"的因素分析

因变量，即知行是否合一为分类变量，因此可以采用 Logistic 回归，进一步探究影响消费者知行合一情况的人口特征，从而确定"知行不一"的高风险人群。其中，食品运输环节和肉类处理环节的因变量是二分类变量，采用二元 Logistic 回归；其他环节是有序分类变量，采用有序 Logistic 回归。

1. 标识产品购买

有序逻辑回归分析中，必须先进行平行线检验。如果 $p>0.05$，说明平行线假设成立；若 $p<0.05$，则假设不成立。由平行线检验结果可知 $p=0.568$（>0.05），表明假设成立，可以使用有序 Logistic 回归进行分析，见表 6.19。

表 6.19 标识产品购买环节的有序 Logistic 回归结果

变量		估计	标准误	Wald	显著性	OR 值	95% 置信区间	
							下限	上限
阈值	[标识产品购买=1]	−0.278	0.179	2.414	0.12	0.76	−0.628	0.073

续表

变量		估计	标准误	Wald	显著性	OR 值	95% 置信区间	
							下限	上限
阈值	[标识产品购买=2]	1.373	0.19	52.012	0.00	3.95	1	1.746
	[标识产品购买=3]	3.052	0.266	131.231	0.00	21.15	2.53	3.574
人口统计学变量	居住地（对照组农村）							
	城市	0.52	0.187	7.691	0.01	1.68	0.152	0.887
	受教育程度（对照组高中）							
	研究生	−0.688	0.267	6.647	0.01	0.50	−1.211	−0.165
	大学本科	−0.303	0.219	1.902	0.17	0.74	−0.733	0.127
	大学专科	−0.096	0.246	0.151	0.70	0.91	−0.579	0.387
	是否有慢性病（对照组否）							
	是	−0.288	0.167	2.981	0.08	0.75	−0.616	0.039

模型拟合信息是对模型的似然比检验，模型拟合似然比检验的原假设是模型的偏回归系数均为 0，因此，如果 p 值小于 0.05，则说明拒绝原假设，即说明模型有效；反之，如果 p 值大于 0.05，则说明接受原假设，即说明模型的偏回归系数均应该为 0，模型无意义。本模型 $p=0.031$（<0.05），通过假设检验，表示各自变量中至少有一个与因变量显著相关，模型拟合良好。

标识产品购买环节的有序 Logistic 回归结果如表 6.19 所示，分类自变量各哑变量的偏回归系数可能其中某一（几）个有统计学意义，此时保留该自变量。居住地、受教育程度、家人是否有慢性病对于受访者的知行合一状况具有显著影响。与居住地为“农村”的消费者相比，居住地为“城市”的消费者在标识产品购买环节知行合一程度较高。与受教育程度为“高中”的消费者相比，受教育程度为“研究生”的消费者在标识产品购买环节知行合一的程度较低，受教育程度为“大学专科”和“大学本科”的消费者并无显著差异。家中有慢性病成员的受访者在标识产品购买环节知行合一的程度较低。

2. 购买顺序及购买频率环节分析

由平行线检验结果可知 $p=0.209$（>0.05），表明假设成立，可以使用有序 Logistic 回归进行分析。模型拟合信息中 $p=0.049$（<0.05），通过假设检验，表示各自变量中至少有一个与因变量显著相关，模型拟合良好。

购买顺序及购买频率环节的有序 Logistic 回归结果如表 6.20 所示，与“家中没有慢性病成员”的受访者相比，“家中有慢性病成员”的受访者在此环节的知行合一程度较低。

表 6.20 购买顺序及购买频率环节的有序 Logistic 回归结果

变量		估计	标准误	Wald	显著性	OR 值	95% 置信区间	
							下限	上限
阈值	[购买顺序及购买频率=1]	−1.31	0.14	94.74	0.00	0.27	−1.57	−1.05
	[购买顺序及购买频率=2]	1.12	0.13	73.69	0.00	3.06	0.86	1.37
人口统计学变量	是否有慢性病（对照组否）							
	是	−0.33	0.17	3.87	0.05	0.72	−0.67	0.00

3. 购买地点环节分析

由平行线检验结果可知 p=0.472（>0.05），表明假设成立，可以使用有序 Logistic 回归进行分析。模型拟合信息中 p=0.024（<0.05），通过假设检验，表示各自变量中至少有一个与因变量显著相关，模型拟合良好。

购买地点环节的有序 Logistic 回归结果如表 6.21 所示，与年龄为“18~24 岁”的消费者相比，年龄为“35~44 岁”和“45 岁及以上”的消费者在此环节的知行合一程度较高，即这两个年龄段的消费者会去其认为更安全的购买地点选购食物。其他变量对此环节受访者的知行合一水平没有显著性差异。

表 6.21 购买地点环节的有序 Logistic 回归结果

变量		估计	标准误	Wald	显著性	OR 值	95% 置信区间	
							下限	上限
阈值	[购买地点=1]	0.55	0.29	3.67	0.06	1.73	−0.01	1.11
	[购买地点=2]	1.63	0.30	30.65	0.00	5.11	1.05	2.21
	[购买地点=3]	2.47	0.31	63.98	0.00	11.82	1.87	3.08
人口统计学变量	年龄（对照组 18~24 岁）							
	45 岁及以上	0.86	0.28	9.72	0.00	2.37	0.32	1.40
	35~44 岁	0.59	0.27	4.75	0.03	1.81	0.06	1.13
	25~34 岁	0.36	0.26	1.86	0.17	1.43	−0.16	0.87
	受教育程度（对照组高中）							
	研究生	0.40	0.28	2.13	0.15	1.50	−0.14	0.95
	大学本科	0.33	0.24	1.83	0.18	1.39	−0.15	0.80
	大学专科	−0.40	0.27	2.21	0.14	0.67	−0.92	0.13
	是否有慢性病（对照组否）							
	是	−0.26	0.17	2.28	0.13	0.77	−0.59	0.08

4. 厨具使用环节分析

由平行线检验结果可知 p=0.580（>0.05），表明假设成立，可以使用有序 Logistic 回归进行分析。模型拟合信息中 p=0.008（<0.05），通过似然比检验，表示变量中至少有一个与因变量显著相关，模型拟合良好。

厨具使用环节的有序 Logistic 回归结果如表 6.22 所示。与家庭人均年收入“6 000 元及以下”的消费者相比，家庭人均年收入“65 000 元以上”和家庭人均年收入“14 000~23 000 元”的受访者在厨具使用环节的知行合一程度较高，其他收入组的受访者无显著性差异。与“已婚”的消费者相比，“未婚”受访者在厨具使用环节知行合一程度较低。

表 6.22　厨具使用环节的有序 Logistic 回归结果

变量		估计	标准误	Wald	显著性	OR 值	95% 置信区间	
							下限	上限
阈值	[厨具使用=1]	0.00	0.21	0.00	1.00	1.00	−0.41	0.41
	[厨具使用=2]	1.72	0.23	58.41	0.00	5.60	1.28	2.16
人口统计学变量	家庭人均年收入（对照组≤6 000 元）							
	65 000 元以上	0.87	0.25	11.84	0.00	2.39	0.37	1.37
	35 000~65 000 元	0.16	0.31	0.26	0.61	1.17	−0.45	0.76
	23 000~35 000 元	−0.03	0.31	0.01	0.92	0.97	−0.63	0.57
	14 000~23 000 元	0.58	0.31	3.57	0.06	1.78	−0.02	1.18
	6 000~14 000 元	0.29	0.23	1.52	0.22	1.33	−0.17	0.74
	婚姻状况（对照组已婚）							
	未婚	−0.52	0.18	8.54	0.00	0.60	−0.87	−0.17
	是否有 65 岁以上老人（对照组否）							
	是	0.30	0.18	2.88	0.09	1.35	−0.05	0.65

5. 个人卫生环节分析

由平行线检验结果可知 p=0.464（>0.05），假设成立，可以使用有序 Logistic 回归进行分析。模型拟合信息中 p=0.004（<0.05），通过似然比检验，表示自变量中至少有一个与因变量显著相关，模型拟合良好。

个人卫生环节的有序 Logistic 回归结果如表 6.23 所示，其中性别、居住地和婚姻状况对个人卫生环节的“知行不一”水平有显著性差异。与“女性”的消费者相比，“男性”消费者在个人卫生环节知行合一程度较低。与居住地为“农村”

的消费者相比，居住地为“城市”的消费者在个人卫生环节的知行合一程度较高。与“已婚”消费者相比，“未婚”消费者个人卫生环节的知行合一程度较低。

表 6.23 个人卫生环节的有序 Logistic 回归结果

变量		估计	标准误	Wald	显著性	OR 值	95% 置信区间	
							下限	上限
阈值	[洗手方法=1]	−1.87	0.17	125.62	0.00	0.15	−2.20	−1.54
	[洗手方法=2]	−0.29	0.14	4.37	0.04	0.75	−0.57	−0.02
	[洗手方法=3]	1.30	0.15	71.73	0.00	3.65	1.00	1.59
人口统计学变量	性别（对照组女性）							
	男	−0.34	0.17	4.08	0.04	0.71	−0.68	−0.01
	居住地（对照组农村）							
	城市	0.35	0.17	4.39	0.04	1.42	0.02	0.67
	婚姻状况（对照组已婚）							
	未婚	−0.48	0.17	8.06	0.01	0.62	−0.82	−0.15

6. 肉类处理环节

肉类处理环节仅有一道题项，因此采用二分类 Logistic 回归进行分析。二分类 Logistic 回归模型的似然比检验结果 $p<0.05$ 表示本次拟合的模型中，纳入的变量中至少有一个变量有统计学意义，即模型总体有意义。Hosmer 与 Lemeshow 检验是模型拟合优度的检验。当 p 值不小于检验水准时（即 $p>0.05$），认为当前数据中的信息已经被充分提取，$p=0.800$（>0.05）表明模型拟合优度较高。

肉类处理环节的二分类 Logistic 回归结果如表 6.24 所示，其中性别和婚姻状况对肉类处理环节的“知行不一”情况的影响有显著性差异。与“女性”相比，“男性”在肉类处理环节“知行不一”情况较轻。与“未婚”的消费者相比，“已婚”的消费者肉类处理环节“知行不一”情况较轻。

表 6.24 肉类处理环节的二分类 Logistic 回归结果

变量	β	S.E.	Wald	df	显著性	Exp（β）	95% EXP 置信区间	
							下限	上限
男	−0.382	0.187	4.185	1	0.041	0.683	0.473	0.984
女	0			0		1		
已婚	−0.656	0.187	12.276	1	0.000	0.519	0.359	0.749
未婚	0			0		1		
常数	1.500	0.444	11.433	1	0.001	4.483		

6.3 本章小结

调查数据分析结果表明，受访者在食物中毒方面的知识掌握较好，正确率为 77.1%，而对于杀死致病菌方法掌握程度较差，正确率仅为 28.3%。这样的结果可能是因为消费者对食物中毒知识的关注度较高，但是对于确保入口食品安全的正确措施却掌握得不够。也可能是因为网络上各种真假难辨的“贴士”令受访者信息过载，受访者难以有效甄别及掌握正确的规范。

受访者食品安全知识的总合格率（16 个知识题项，正确率达到 8 个及以上者为合格）为 53.5%，各个题项的正确率在 26.5%~79.7%，可以看出消费者对不同环节的食品安全知识的掌握并不均衡，所以对于消费者食品安全知识的教育应当具有针对性，对于知识水平普遍较低的环节要给予较高重视。

受访者食品安全行为的总合格率（17 个行为题项，正确率达到 8 个及以上者为合格）为 26.1%，可以看出消费者食品安全行为总体规范度并不理想。因此，家庭食品安全问题是制约我国全食物链安全保障的一个短板环节，造成我国在食品供应链的安全保障方面的努力达不到预期效果。

消费者食品安全自我保护“知识—行为”鸿沟问题存在于各个环节。在个人卫生和肉类处理环节，男性和女性的知行合一情况具有显著差异；城市和农村的受访者在标识产品购买和洗手环节表现出了显著不同的知行合一水平；受教育程度不同的受访者在标识产品购买环节的知行合一状况存在差异；家中有无慢性病病人的受访者在标识产品购买和购买顺序及购买频率环节存在差异；年龄不同的受访者在购买地点选择的知识和行为的一致性上存在差异；收入不同的受访者在厨具使用知识和实际行为中存在显著差异；婚姻状况会影响个人卫生环节、厨具使用环节、生肉处理环节的知行一致水平；家中有无 65 岁以上老人会影响受访者厨具使用环节的知行一致水平。因此，后续的公众食品安全教育应该基于人口学特征的差异性，采取不同强度、有针对性的干预方案。

第7章　大学生群体的食品安全自我保护知识、意识及行为分析

研究表明，大学生比其他消费者更容易出现危险的饮食行为，因此更容易受到食源性疾病的影响。在发达国家已经有较多的针对大学生食品安全自我保护知识、意识及行为的专门研究，而我国目前在这方面的研究较少。

7.1　问卷设计

Osaili 等（2011）发现大学生的专业和食品安全知识得分之间存在正相关关系。在土耳其，Sanlier（2009）发现，有超过 50%的学生（14~19 岁）不知道检查食物的内部温度是判断肉类是否烧熟的最安全的方法。Al-Shabib 等（2017）对沙特阿拉伯王国大学的调查显示，学生在厨房用具和厨房表面的清洁、防止交叉污染、手部卫生和使用前检查食品方面展示了良好的知识，在热处理和温度控制方面表现出具有较差的知识。Sharif 和 Al-Malki（2010）对 Taif 大学学生的调查结果与此类似，发现尽管食物中毒知识得分高达 75%，但是对于与食品安全有关的一些关键问题知之甚少，在相同情况下，女性得分要高于男性，健康学专业的学生得分要高于社会学专业的学生。Moreb 等（2017）对爱尔兰的研究也显示消费者对食品安全处理知识展现出了合理水平，但是在食物处理上的知识只有 10.8%的正确率，18~25 岁的人群了解最少。Taif 大学超过 50%的学生认为直接喝刚挤出的牛奶是不会有食品安全风险的，而且比饮用消毒过后的牛奶更有营养；有 34%的学生认为熟食可以在室温下保存，只要有遮挡物就不会有风险（Sharif and Al-Malki，2010）；大概有 1/3 的美国学生认为食用蛋黄未凝固的鸡蛋是没有风险的（Byrd-Bredbenner et al.，2007）。其他研究表明，有 1/4 的学生不知道在食物准备时正确洗手的重要性（Lange et al.，2016）；多名专家呼吁关注学生的食物处理

行为，因为学生的食物处理行为并不完全正确，具有较高的食物中毒风险（Lange et al.，2016）。在今后，大学生无疑也会成为家庭食物的处理者。

本章首先参考已有的研究文献，并结合大学生的行为特点设计了大学生食品安全自我保护知识、意识及行为考察量表。量表包括行为分量表、意识分量表、知识分量表、受访者个人特征四大部分。

知识分量表包括 23 个题项，分别考察了安全食品标识认知、食物清洗及储藏、食物中毒等相关知识。知识分量表采用“0”和“1”二分法进行计分，答对记为“1 分”，答错记为“0 分”。

行为和意识分量表均采用利克特五分量表法，1~5 计分，分值越高代表行为越安全或自我保护意识越强。行为分量表包括 14 个题项；意识分量表包括 21 个题项，分别考察了感知易感性、感知严重性等五个方面。

受访者个人特征部分主要考察了大学生的年级、专业、性别、籍贯、月支出五个方面。

7.1.1　题项形成

问卷主要包括三个部分。第一部分是问卷说明，主要介绍问卷的研究目的，保证被调查者的信息安全，并对被调查者的配合表示感谢。第二部分是问卷的主体部分，考察了消费者的行为、意识与知识水平。第三部分是被调查者的基本信息，包括了被调查者的年级、专业、性别、籍贯与月支出五个信息。

目前，国外有针对大学生食品安全行为研究的比较成熟的量表，但是我国大学生与国外大学生的食品安全日常行为有很大差别。国外对大学生的食品安全行为进行考察时涉及食物准备、食物储藏、做饭等很多方面，而我国大学生绝大多数住在寝室，没有做饭的条件。因此，有必要建立适合我国国情的大学生食品安全行为研究量表。本问卷中的所有题项均来源于相关文献，并经过筛选（表 7.1）。

表 7.1　行为考察题项及来源

题项	参考文献
PR01 正确的洗手方式应该是用流动的自来水并使用香皂或者洗手液仔细搓洗，擦干，您觉得您洗手时是按照正确的步骤来洗手的吗？	Courtney 等（2016）
PR02 超过保质期的食物您会丢掉吗？	Al-Shabib 等（2017）
PR03 您会检验饭店的笑脸标识吗？（如果不了解笑脸标识，请选择从来不会）	隋思博（2017）
PR04 您会购买没有资质的小摊贩食物吗？	Baser 等（2017）
PR05 您会食用没有清洗没有去皮的水果吗？	Sharif 和 Al-Malki（2010）
PR06 剩饭剩菜您会加热到沸腾再食用吗？	Courtney 等（2016）
PR07 在购买食品的时候，您会看标签和过敏原添加剂信息吗？	Courtney 等（2016）

续表

题项	参考文献
PR08 购物时，您会关注商品的生产商或者品牌吗?	Jevšnik 等（2008a）
PR09 购物时，您会检查商品包装是否完整吗?	Jevšnik 等（2008a）
PR10 购物时，您会关注商品是否为有机或者绿色食品吗?	Jevšnik 等（2008b）
PR11 购物时，您会检查商品保质期吗?	Jevšnik 等（2008b）
PR12 购买需要冷藏的食品时，如酸奶，您会关注超市冰箱或者冷柜的温度吗?	Jevšnik 等（2008b）
PR13 您会食用溏心鸡蛋（蛋黄未凝固）吗?	Sharif 和 Al-Malki（2010）
PR14 您会直接饮用未过滤的自来水吗?	Sharif 和 Al-Malki（2010）

注：PR 表示行为（practice）

问卷行为部分的所有测量题项均采用利克特五分量表法进行设计，选项均为“总是会”“经常会”“有时候会”“大多数时候会”“从来不会”五个等级，依次从 1 至 5 进行赋值，分值越高，表示行为越安全，5 分表示行为最安全，1 分表示行为最不安全。但是，在 PR04、PR05、PR13、PR14 这 4 个反向题中，“总是会”表示行为最不安全，记为 1 分，“从来不会”表示行为最安全，记为 5 分；其他所有题项，“总是会”记为 5 分，“从来不会”记为 1 分。

意识部分的所有测量题项均采用利克特五分量表法进行设计，选项均为“非常赞同”“比较赞同”“一般”“不太赞同”“非常不赞同”五个等级，依次从 1 至 5 进行赋值，分值越高，表示食品安全意识越高，5 分表示食品安全意识最高，1 分表示食品安全意识最低。本问卷把食品安全意识总结为 3 类：感知易感性、感知严重性及风险意识。

感知易感性包括 4 个层面：现在患病的可能性、以后患病的可能性、自己的身体状况对患病的影响程度、对患病的担忧程度（Champion，1984）。因此本问卷通过以上 4 个层面对易感性进行考察，问卷的题项主要借鉴宋友（2014）的研究，将对猪肉问题的感知易感性扩大到对食品安全问题的感知易感性，设计了 6 个题项进行考察，如表 7.2 所示。在考察感知易感性时，“非常赞同”表明患病的可能性最大或者对患病的担忧程度最高，记 5 分；“非常不赞同”表明患病的可能性最小或者对患病的担忧程度最低，记 1 分。

表 7.2 感知易感性考察题项量表

题项	考察方向	题项来源
PE01 我因为食品安全问题（食物中毒、食源性疾病、食品污染等）而使健康受损的可能性很大	感知易感性	宋友（2014）
PE02 我的身体健康状况使我更容易因为食品安全问题而使健康受损（如有人患有肠胃炎，稍微吃点不太干净的东西就会腹泻）		
PE03 我觉得我将来会因为食品安全问题而使健康受损		

续表

题项	考察方向	题项来源
PE04 我将来因食品安全问题而使健康受损的可能性较大	感知易感性	宋友（2014）
PE05 我很担心会因为食品安全问题而使健康受损		
PE06 在未来一年里我会因为食品安全问题而使健康受损		

注：PE 表示意识（perception）

对食品安全问题感知严重性涉及对疾病或危险状况的整体认识，以及疾病或危险状况所产生的临床后果、经济后果、社会后果等（Kloeblen and Batish，1999；Deshpande et al.，2009）。问卷设计了 5 个题项对食品安全问题的感知严重性进行考察，问卷题项同样借鉴自宋友（2014）的研究，具体见表 7.3。在考察感知严重性时，“非常赞同”表明患病的后果最严重，记 5 分；“非常不赞同”表明患病的后果最不严重，记 1 分。

表 7.3 感知严重性考察题项量表

题项	考察方向	来源
PE07 因食品安全问题而使健康受到损害的后果很严重	感知严重性	宋友（2014）
PE08 因食品安全问题而使健康受损会使我的身体出现不适（如腹泻、呕吐、头晕、乏力等）		
PE09 因食品安全问题而使健康受到损害可能会导致死亡		
PE10 因食品安全问题而使健康受到损害会增加我的花费		
PE11 因食品安全问题而使健康受到损害会给我的社会生活、家庭生活、工作能力带来负面影响		

注：PE 表示意识（perception）

风险意识包含三个维度：风险的可能性、风险的可控性和风险的可怕性（刘金平等，2006）。风险部分的题项主要借鉴马小辉（2012）的研究。PE12 和 PE13 考察了风险的可能性，是通过自己身上发生食品安全问题以及购买劣质食品的可能性考察的。在风险的可能性部分，“非常赞同”表明发生食品安全问题的可能性最小，记 1 分；“非常不赞同”表明发生食品安全问题的可能性最大，记 5 分。PE14~PE17 考察了风险的可控性，是从能否采取措施保证自己不发生食品安全问题、不购买劣质食品、不受劣质食品的危害，以及对政府控制食品安全问题的信心四个方面进行考察的，“非常赞同”表明发生食品安全问题完全可控，记 5 分；“非常不赞同”表明发生食品安全问题可控性最弱，记 1 分。PE18~PE21 考察了风险的可怕性，是通过购买劣质食品、发生食品安全问题、因食品质量问题而生病与发生公共食品安全问题的担忧程度进行考量的。在风险的可怕性部分，“非常赞同”表示食品安全问题最可怕，认知的风险最大，记为 5 分；“非常不赞同”表示食品安全问题最不可怕，认知的风险最小，记为 1 分，具体见表 7.4。

表 7.4　风险意识考察题项量表

题项	考察方向
PE12 我认为在自己身上发生食品安全问题的可能性很小	风险的可能性
PE13 我觉得自己购买劣质食品的可能性很小	
PE14 我能采取多种措施确保自己不受劣质食品的危害	风险的可控性
PE15 我能采取措施确保食品安全问题不发生在自己身上	
PE16 我能采取措施确保自己不购买劣质食品	
PE17 我对政府控制公共食品安全事故的能力充满信心	
PE18 对我来说，因食品质量问题而生病很可怕	风险的可怕性
PE19 我非常担心在自己身上发生食品安全问题	
PE20 我非常担心自己购买了劣质食品	
PE21 我很害怕发生公共食品安全问题	

注：PE 表示意识（perception）

目前也没有针对中国大学生食品安全知识水平的问卷，因此本问卷中的知识题项均来源于历史文献，并经过挑选整理，留下符合中国大学生实际的题项。在所有题项中答对记为 1 分，答错记为 0 分，K01~K05 不计分。具体见表 7.5。

表 7.5　知识考察题项及来源

题项	来源
K01 您是否知道可以通过餐厅里面张贴的笑脸标识选择食品卫生与食品安全有保障的饭店?	隋思博（2017）
K02 您是否了解 SC 标识?	张莉（2010）
K03 您对绿色食品的了解是?	张莉（2010）
K04 您对有机食品的了解是?	张莉（2010）
K05 您对无公害食品的了解是?	张莉（2010）
K06 冷藏或者冷冻可以杀菌吗?	Kunadu 等（2016）
K07 正确清洗水果蔬菜的方式是什么?	Majowicz 等（2017）
K08 做好的饭菜在室温（25℃）下可以安全放置多长时间?	Baser 等（2017）
K09 您觉得以下哪种是正确的洗手方式?	Courtney 等（2016）
K10 您认为加热剩菜时需要加热多久?	Courtney 等（2016）
K11 冷冻可以抑制微生物的生长吗?	Courtney 等（2016）
K12 什么是微生物?	Courtney 等（2016）
K13 在逛超市的时候，什么时候把冷冻或者冷藏食品（如雪糕、速冻水饺）放进手推车最合适?	Courtney 等（2016）
K14 为防止食物中毒，最佳的冷冻温度是多少?（如果您不清楚，请选择一个您认为最接近的答案）	Majowicz 等（2017）
K15 在冰箱中冷藏食物时，冰箱温度最高不能超过多少度?	Majowicz 等（2017）
K16 您认为食用溏心鸡蛋（蛋黄未凝固）会增加食物中毒的风险吗?	Majowicz 等（2017）

续表

题项	来源
K17 您认为食用半熟的豆角会增加食物中毒的风险吗？	谢兴伟等（2014）
K18 坏肚子的人是否可以为他人准备食物？	郭思宏（2013）
K19 皮肤过敏的人是否可以为他人准备食物？	郭思宏（2013）
K20 发烧的人是否可以为他人准备食物？	郭思宏（2013）
K21 嗓子疼的人是否可以为他人准备食物？	郭思宏（2013）
K22 感冒的人是否可以为他人准备食物？	郭思宏（2013）
K23 患艾滋病的人是否可以为他人准备食物？	郭思宏（2013）

注：K 表示知识（knowledge）

7.1.2　内容效度评价

问卷初步设计以后，由专家小组进行评价，专家小组由 1 名老师和 6 名研究生及博士生构成，在组会时将完整问卷与问卷的详细解释发放给专家，由专家分析题项与研究内容的相关性和清晰度，并对每一题给出建议。

在专家组对所有题项进行评估后，根据专家的意见对题项进行修改。其中一个例子是“做好的饭菜在室温下可以安全放置多长时间”强调了室温是 25℃。

7.1.3　试调研

试调研过程中，调查人员向受访者表明调查目的，并向受访者允诺对其信息严格保密。第一次试调研中，通过非随机抽样的方法，发放网上问卷与纸质问卷对 22 名大学生进行了调研。试调研的过程中发现，有些项目需要进一步修改才能被受访者更好地理解，因此一些题项被重新编写。另外，一些题项中增加了新的答案选项。例如，K06（冷冻是否可以杀菌）的选项从“可以”和“不可以”更改为“可以”、“不可以”及“不确定”。

试调研中，知识部分总计获得了 37 份问卷，意识与行为部分总计获得 22 份问卷。完成问卷大约需要 5 分钟。

7.1.4　问卷的信效度检验

在试调研中，行为部分总计收集了 22 份问卷，有效率为 100%。对收集的问卷进行内部一致性检测时，当包含 14 道题时，Cronbach's α 系数为 0.584，删除 PR14（您会直接饮用未过滤的自来水吗？）时，Cronbach's α 系数最大可以达到

0.617，删除 PR06（剩饭剩菜您会加热到沸腾再食用吗？）后，Cronbach's α 系数增加至 0.615。删除其他题项时会导致 Cronbach's α 系数变化不明显或者显著降低问卷的信度。具体见表 7.6。

表 7.6　项目总计统计数据

题项	尺度平均数（如果项已删除）	尺度变异数（如果项已删除）	更正后项目总数相关	Cronbach's α（如果项已删除）	Cronbach's α
PR01	43.772 7	27.422	0.181	0.581	0.584
PR02	42.136 4	30.695	0.273	0.571	
PR03	45.181 8	26.727	0.554	0.515	
PR04	44.181 8	31.013	0.056	0.590	
PR05	42.909 1	28.468	0.452	0.541	
PR06	43.363 6	29.861	0.028	0.615	
PR07	44.318 2	26.418	0.372	0.534	
PR08	43.136 4	28.695	0.358	0.549	
PR09	42.636 4	28.052	0.337	0.547	
PR10	44.545 5	30.165	0.078	0.593	
PR11	42.590 9	30.253	0.188	0.573	
PR12	44.772 7	24.851	0.408	0.521	
PR13	43.954 5	25.284	0.321	0.544	
PR14	42.909 1	31.325	−0.038	0.617	

因此对 PR06 和 PR14 进一步进行相关性分析。通过相关性分析发现，PR06（剩饭剩菜您会加热到沸腾再食用吗？）与其他题项之间的相关性较低且出现较多的负相关，PR14（您会直接饮用未过滤的自来水吗？）与其他题项主要呈负相关关系，具体见表 7.7。仔细分析原始数据时发现，PR14 选择“从来不会”与“大多数时候不会”的人数总计为 17 人，77.3%的人基本不会饮用未过滤的水，因此此题不能有效区分不同的人之间的食品安全行为。大学生在寝室一般是不会加热剩饭剩菜的，因此加热剩饭剩菜的行为在大学生群体中不具有代表性，所以考虑将 PR06（剩饭剩菜您会加热到沸腾再食用吗？）删除。综合看来，删除第 6 题和第 14 题时最合适，问卷的效度最高，Cronbach's α 系数可以达到 0.651，问卷的信度通过了检测。

表 7.7　相关性分析

题项	PR06	PR14
PR01	−0.137	−0.130
PR02	−0.148	0.131
PR03	0.130	0.066

续表

题项	PR06	PR14
PR04	−0.097	−0.277
PR05	0.022	0.198
PR06	1.000	−0.019
PR07	0.526	−0.255
PR08	0.164	−0.168
PR09	0.074	0.082
PR10	−0.401	−0.321
PR11	0.341	−0.024
PR12	−0.251	0.060
PR13	0.074	0.392
PR14	−0.019	1.000

意识部分的题项包含三部分，感知易感性、感知严重性与风险意识，因此对该三部分分别进行检验。信度检验所涉及的方法包括内部一致性；效度分析方法包括内容效度分析与因子分析。

感知易感性总计包含 6 题，根据所收集到的数据对 PE01~PE06 进行信度评价。对感知易感性部分直接进行内部一致检验时，Cronbach's α 系数为 0.576。当分别删除 PE01［我因为食品安全问题（食物中毒、食源性疾病、食品污染等）而使健康受损的可能性很大］和 PE06（在未来一年里我会因为食品安全问题而使健康受损）时，Cronbach's α 系数分别为 0.641 和 0.602（表 7.8），出现了较大的增长，因此考虑将 PE01 与 PE06 删除，删除 PE01 和 PE06 后，Cronbach's α 系数达到 0.860，内部一致性较好。

表 7.8　感知易感性量表内部一致性检测表

量表内容	测量题项	Cronbach's α（如果项目已删除）	Cronbach's α
感知易感性	PE01	0.641	0.576
	PE02	0.556	
	PE03	0.582	
	PE04	0.102	
	PE05	0.138	
	PE06	0.602	

将 PE01 与 PE06 删除后进行效度分析。首先对题项 PE02~PE05 进行 KMO 与 Bartlett's 球形检验。检验结果显示，KMO 值为 0.796，大于 0.5，Bartlett's 球形检验值为 0.000，小于显著性水平 0.05，表明 PE02~PE05 适合进行因子分析。采用

主成分分析法对 PE02~PE05 信息进行浓缩，提取一个主成分。结果显示所有因子的共同度均大于 0.4，因子的累计载荷平方和为 71.5%，大于 50%，说明因子的聚合效果较好。

感知严重性总计包含 5 题，从 PE07~PE11，对题项进行内部一致性检验，Cronbach's α 系数为 0.734，表明问卷的内部一致性较好。具体见表 7.9。

表 7.9　感知严重性量表内部一致性检测表

量表内容	测量题项	Cronbach's α（如果项目已删除）	Cronbach's α
感知严重性	PE07	0.687	0.734
	PE08	0.733	
	PE09	0.687	
	PE10	0.705	
	PE11	0.676	

对感知严重性部分进行因子分析时发现，当包含 5 个题项时，KMO 值为 0.674，适合做因子分析，但是 PE08 的共同度仅为 0.384，小于 0.4，因此考虑将 PE08 删除后重新进行分子分析。

删除 PE08 后，问卷的 KMO 值为 0.608，大于 0.5，Bartlett's 球形检验显著性为 0.002，小于 0.05，表明问卷适合做因子分析。因子共同度均大于 0.4，累计平方和大于 0.5，说明因子聚合效果较好。

风险意识部分总计 10 题，风险可能性 2 题，风险可控性 4 题，风险可怕性 4 题。本书分别对这三部分进行了信效度检验。

对风险的可能性进行内部一致性检测时，Cronbach's α 系数为 0.633，大于 0.5，说明风险可能性部分的内部一致性通过检测（表 7.10）。对风险的可控性进行内部一致性检测时，Cronbach's α 系数为 0.801，删除 PE17（我对政府控制公共食品安全事故的能力充满信心）时，Cronbach's α 系数为 0.811，出现增长；此外考虑到问卷后续会通过问卷星发放一部分，而“政府”是网上问卷的敏感词汇，因此考虑将 PE17 删除。对风险的可怕性进行内部一致性检测时，Cronbach's α 系数为 0.754，删除 PE18 时，Cronbach's α 系数为 0.785，出现增长，因此会根据后续的效度检验确定 PE18 是否删除。

表 7.10　风险内部一致性检测表

量表内容	测量题项	Cronbach's α（如果项目已删除）	Cronbach's α
可能性	PE12	0.466	0.633
	PE13	0.466	

续表

量表内容	测量题项	Cronbach's α（如果项目已删除）	Cronbach's α
可控性	PE14	0.772	0.801
	PE15	0.665	
	PE16	0.73	
	PE17	0.811	
可怕性	PE18	0.785	0.754
	PE19	0.670	
	PE20	0.655	
	PE21	0.663	

对风险意识部分的所有题项进行相关性检验时，发现保留 PE18 时，PE18 的共同度仅为 0.344，不超过 0.4，说明 PE18 的聚合度较差。因此将 PE18 删除。

删除 PE18 和 PE17 之后，对风险意识部分重新进行效度检测。此时风险的可能性、可控性与可怕性的 KMO 值均大于 0.5，Bartlett's 球形检验显著性均为 0.000，小于 0.05，说明适合做因子分析。根据共同度分析，所有因子的共同度均超过 0.4，累计平方和显示，风险部分的累计平方和均超过了 0.7，说明因子的聚合效果较好。

知识部分的问卷总计收集了 37 份，对于所收集的问卷进行了难度系数分析及区分度分析，具体如表 7.11 所示。

表 7.11　知识题项分析表

题项	难度系数	区分度
K06 冷藏或者冷冻可以杀菌吗？	0.811	0.372*
K07 正确清洗水果蔬菜的方式是什么？	0.649	0.159
K08 做好的饭菜在室温（25℃）下可以安全放置多长时间？	0.378	0.336*
K09 您觉得以下哪种是正确的洗手方式？	0.730	0.330*
K10 您认为加热剩菜时需要加热多久？	0.595	0.351*
K11 冷冻可以抑制微生物的生长吗？	0.757	0.341*
K12 什么是微生物？	0.865	0.040
K13 在逛超市的时候，什么时候把冷冻或者冷藏食品（如雪糕、速冻水饺）放进手推车最合适？	0.865	0.390*
K14 为防止食物中毒，最佳的冷冻温度是多少？（如果您不清楚，请选择一个您认为最接近的答案）	0.081	0.391*
K15 在冰箱中冷藏食物时，冰箱温度最高不能超过多少度？	0.568	0.131
K16 您认为食用溏心鸡蛋（蛋黄未凝固）会增加食物中毒的风险吗？	0.433	0.496**
K17 您认为食用半熟的豆角会增加食物中毒的风险吗？	0.892	0.351*

续表

题项	难度系数	区分度
K18 坏肚子的人是否可以为他人准备食物?	0.486	0.371*
K19 皮肤过敏的人是否可以为他人准备食物?	0.459	0.325*
K20 发烧的人是否可以为他人准备食物?	0.324	0.196
K21 嗓子疼的人是否可以为他人准备食物?	0.324	0.349*
K22 感冒的人是否可以为他人准备食物?	0.135	0.205
K23 患艾滋病的人是否可以为他人准备食物?	0.676	0.136

**表示在 0.01 级别（双尾）相关性显著；*表示在 0.05 级别（双尾）相关性显著

难度系数分布在 0.2~0.8 比较合理。根据表 7.11 可以看出，K06、K12、K13、K17 难度系数偏大，表示题目难度太小，了解这方面知识的人比较多，K14 的难度系数偏小，表示题目偏难，了解冰箱最佳冷冻温度的人较少，在区分度一列中，K07、K12、K15、K23 区分性较差，K20、K22 的显著性处于边缘位置。考虑到 K13、K17、K22 与 K14 与大学生的行为密切性比较大，删除了 K07、K12、K15、K23 题项。删除 K07、K12、K15、K23 后对剩余题项进行信度检测，其 Cronbach's α 为 0.512，大于 0.5，通过信度检验。具体见表 7.12。

表 7.12　知识部分题项信度检测

题项	删除项后的标度平均值	删除项后的标度方差	修正后的项与总计相关性	Cronbach's α（如果项已删除）	Cronbach's α
K06	6.460	4.533	0.237	0.483	0.512
K08	6.892	4.710	0.065	0.525	
K09	6.541	4.700	0.097	0.515	
K10	6.676	4.336	0.245	0.478	
K11	6.514	4.646	0.137	0.505	
K13	6.405	4.581	0.263	0.480	
K14	7.189	4.602	0.348	0.473	
K16	6.838	4.195	0.313	0.459	
K17	6.378	4.575	0.310	0.475	
K18	6.784	4.341	0.234	0.481	
K19	6.811	4.769	0.031	0.535	
K20	6.946	4.553	0.155	0.502	
K21	6.946	4.386	0.242	0.480	
K22	7.135	4.842	0.085	0.513	

在间隔 15 天后，对知识题项进行第二次的调研，两次都参加的受访者总计 22 人，两次重复考察的题项包括 K06~K17，对两次问卷的正确率进行相关性分析，获得重测信度为 0.876，大于 0.8，说明知识题项的重测信度较好。具体见表 7.13。

表 7.13　知识重测信度检验

题项	第一次调研	第二次调研	相关性
K06	0.818	0.867	0.876**
K07	0.455	0.467	
K08	0.500	0.467	
K09	0.682	0.800	
K10	0.773	0.733	
K11	0.864	0.800	
K12	0.909	0.933	
K13	0.909	0.800	
K14	0.227	0.133	
K15	0.591	0.600	
K16	0.818	0.467	
K17	0.909	0.933	

**表示在 0.01 级别（双尾）相关性显著

7.1.5　问卷信效度评价最终结果

本部分对问卷的题项来源进行了详细说明，初步形成问卷后，采用专家效度法对问卷各部分进行了内容效度评价，根据专家意见对题项进行修改。对修改后初步成型的问卷进一步进行了试调研，根据试调研的结果，对问卷的题项进行了信效度评价，再根据信效度评价结果继续删改问卷，从而形成了一份完整的问卷（参见附录 4）。

删改后的完整的问卷总计包含 52 题，其中行为部分 12 题（编号以 PR 开头），意识部分 16 题（编号以 PE 开头），知识部分 19 题（编号以 K 开头），基本信息部分 5 题。意识部分包括感知易感性 4 题（PE02—PE05），感知严重性 4 题（PE07、PE09—PE11），风险可能性 2 题（PE12、PE13），风险可控性 3 题（PE14—PE16），风险可怕性 3 题（PE19—PE21）。除基本信息题项外，最终形成的问卷题项见表7.14。

表 7.14　问卷最终题项表

编号	题项
PR01	正确的洗手方式应该是用流动的自来水并使用香皂或者洗手液仔细搓洗，擦干，您觉得您洗手时是按照正确的步骤来洗手的吗？

续表

编号	题项
PR02	超过保质期的食物您会丢掉吗？
PR03	您会检验饭店的笑脸标识吗？（如果不了解笑脸标识，请选择从来不会）
PR04	您会购买没有资质的小摊贩食物吗？
PR05	您会食用没有清洗没有去皮的水果吗？
PR07	在购买食品的时候，您会看标签和过敏原添加剂信息吗？
PR08	购物时，您会关注商品的生产商或者品牌吗？
PR09	购物时，您会检查商品包装是否完整吗？
PR10	购物时，您会关注商品是否为有机或者绿色食品吗？
PR11	购物时，您会检查商品保质期吗？
PR12	购买需要冷藏的食品时，如酸奶，您会关注超市冰箱或者冷柜的温度吗？
PR13	您会食用溏心鸡蛋（蛋黄未凝固）吗？
PE02	我的身体健康状况使我更容易因为食品安全问题而使健康受损（如有人患有肠胃炎，稍微吃点不太干净的东西就会腹泻）
PE03	我觉得我将来会因为食品安全问题而使健康受损
PE04	我将来因食品安全问题而使健康受损的可能性较大
PE05	我很担心会因为食品安全问题而使健康受损
PE07	因食品安全问题而使健康受到损害的后果很严重
PE09	因食品安全问题而使健康受到损害可能会导致死亡
PE10	因食品安全问题而使健康受到损害会增加我的花费
PE11	因食品安全问题而使健康受到损害会给我的社会生活、家庭生活、工作能力带来负面影响
PE12	我认为在自己身上发生食品安全问题的可能性很小
PE13	我觉得自己购买劣质食品的可能性很小
PE14	我能采取多种措施确保自己不受劣质食品的危害
PE15	我能采取措施确保食品安全问题不发生在自己身上
PE16	我能采取措施确保自己不购买劣质食品
PE19	我非常担心在自己身上发生食品安全问题
PE20	我非常担心自己购买了劣质食品
PE21	我很害怕发生公共食品安全问题
K01	您是否知道可以通过餐厅里面张贴的笑脸标识选择食品卫生与食品安全有保障的饭店？
K02	您是否了解 SC 标识？
K03	您对绿色食品的了解是？
K04	您对有机食品的了解是？
K05	您对无公害食品的了解是？
K06	冷冻可以杀菌吗？
K08	做好的饭菜在室温（25℃）下可以安全放置多长时间？

续表

编号	题项
K09	您觉得以下哪种是正确的洗手方式？
K10	您认为加热剩菜时需要加热多久？
K11	冷冻可以抑制微生物的生长吗？
K13	在逛超市的时候，什么时候把冷冻或者冷藏食品（如雪糕、速冻水饺）放进手推车最合适？
K14	为防止食物中毒，最佳的冷冻温度是多少？（如果您不清楚，请选择一个您认为最接近的答案）
K16	您认为溏心鸡蛋（蛋黄未凝固）会增加食物中毒的风险吗？
K17	您认为食用半熟的豆角会增加食物中毒的风险吗？
K18	坏肚子的人是否可以为他人准备食物？
K19	皮肤过敏的人是否可以为他人准备食物？
K20	发烧的人是否可以为他人准备食物？
K21	嗓子疼的人是否可以为他人准备食物？
K22	感冒的人是否可以为他人准备食物？

7.2　大学生食品安全自我保护知识、意识及行为的描述性分析

7.2.1　研究方案设计

本书对长春市及其他地区的高校的本科生及研究生发放问卷进行调研，问卷的获得方式包含两种：一是网上收集，利用问卷星制作问卷，通过 QQ 发送到各大高校的新生群中，这类问卷包含了全国各地的大学生；二是调查者通过去各大高校图书馆与教学楼，向受访者分别发放问卷，进行调研。本次研究中，调查员走访的地点包括吉林大学南岭区、吉林大学朝阳校区、吉林大学和平校区、吉林大学新民校区、吉林农业大学、吉林财经大学与东北师范大学。研究对象来自不同的学院、不同的年级。实地调研中，调查员会见了学生，告诉他们这项研究相关内容：目标、意义和协议，并强调了对其信息的严格保密，要求受访者按照真实情况正确填写问卷，学生自愿参加研究。调查员在 1 小时之内回收问卷，没有提交的问卷和提交不完整问卷的参与者不算作研究对象。此次调查总计收到问卷数量为 2 029 份，有效问卷数量为 1 405 份，有效率为 69.25%，具体信息见表 7.15。

表 7.15 问卷来源表

学校	问卷数量/份	有效问卷数量/份	有效率
吉林大学南岭校区	230	165	71.74%
吉林大学和平校区	200	146	73.00%
吉林大学朝阳校区	130	87	66.92%
吉林大学新民校区	200	135	67.50%
吉林农业大学	120	62	51.67%
吉林财经大学	200	115	57.50%
东北师范大学	500	376	75.20%
网上问卷	449	319	71.05%
合计	2 029	1 405	69.25%

7.2.2 受访者的人口统计学资料

受访者的人口统计学资料如表 7.16 所示。在本次研究中，女性受访者超过了男性受访者的人数，男性受访者占 40.43%，女性受访者占 59.57%。原因是调查员在东北师范大学和吉林财经大学发放问卷数量较多，两校的男性比重偏小，此外自习室和图书馆女性所占的比例偏大。在年级分布上，来自大三的受访者最多（29.82%），大五的受访者最少（0.93%）；在专业分布上，工学与理学的学生最多（45.19%），农学的学生最少（9.11%）；从籍贯上来看，来自城市的学生（54.45%）多于来自农村的学生（45.55%）。

表 7.16 受访者的人口统计学资料（$n=1\ 405$）

变量	人口特征	数目	占比
性别	男	568	40.43%
	女	837	59.57%
年级	大一	95	6.76%
	大二	255	18.15%
	大三	419	29.82%
	大四	374	26.62%
	大五	13	0.93%
	研究生	249	17.72%
专业	医学	175	12.46%
	工学与理学（不含食质与食科）	572	40.71%
	人文社会学科	467	33.24%
	农学	128	9.11%
	食质与食科	63	4.48%

续表

变量	人口特征	数目	占比
籍贯	城市	765	54.45%
	农村	640	45.55%

7.2.3　大学生食品安全自我保护知识水平分析

大学生对笑脸标识、SC 标识、绿色食品、有机食品、无公害食品的熟识程度见表 7.17。

表 7.17　标识熟识程度（n = 1 405）

标识	选项	频率	占比
笑脸标识	了解	667	47.47%
	不了解	738	52.53%
SC 标识	了解	219	15.59%
	不了解	1 186	84.41%
绿色食品	知道或者大体知道	742	52.81%
	只听说过名词	643	45.77%
	完全不知道	20	1.42%
有机食品	知道或者大体知道	680	48.40%
	只听说过名词	710	50.53%
	完全不知道	15	1.07%
无公害食品	知道或者大体知道	547	38.93%
	只听说过名词	819	58.29%
	完全不知道	39	2.78%

根据调查结果，受访者对绿色食品、有机食品和无公害食品了解最多，尤其是绿色食品和有机食品，能够了解其具体含义的受访者比例在 50%左右；受访者对笑脸标识的了解较少，对 SC 标识的了解最少。

笑脸标识一般在餐饮店公示栏里，是国家食品药品监督管理总局对餐饮服务食品安全的量化分级，有大笑、微笑和平脸三种，分别代表优秀、良好、一般三个等级，等级越高，说明餐饮店的食品安全水平越高。在就餐时，这一指标可以很清楚显示餐饮店的卫生状况，对消费者选择合适的就餐场所有较大的帮助。在大学生群体中，了解这一标识的比例偏少，不足一半（47.47%）。

虽然目前 SC 标识已经大面积应用并替代了 QS 标识，但是受访者大多知道 QS 标识，却不了解 SC 标识，知道 SC 标识的受访者仅为 15.59%。国家食品药品监督管理总局令第16号《食品生产许可管理办法》（自2015年10月1日起施行）规定食品生产许可证编号由SC（“生产”的汉语拼音字母缩写）和14位阿拉伯数字组成，数字从左至右依次如下所示：3位食品类别编码、2位省（区、市）代码、2位市（地）代码、2位县（区）代码、4位顺序码、1位校验码。

对问卷知识部分的题项进行汇总，计算每一题的正确率。具体见表7.18。

表7.18　大学生食品安全知识答题正确率（n=1 405）

题项	正确率
K06 冷冻可以杀菌吗？	73.02%
K08 做好的饭菜在室温（25℃）下可以安全放置多长时间？	33.10%
K09 您觉得以下哪种是正确的洗手方式？	59.72%
K10 您认为加热剩菜时需要加热多久？	61.85%
K11 冷冻可以抑制微生物的生长吗？	70.75%
K13 在逛超市的时候，什么时候把冷冻或者冷藏食品（如雪糕、速冻水饺）放进手推车最合适？	85.55%
K14 为防止食物中毒，最佳的冷冻温度是多少？（如果您不清楚，请选择一个您认为最接近的答案）	24.06%
K16 您认为食用溏心鸡蛋（蛋黄未凝固）会增加食物中毒的风险吗？	45.34%
K17 您认为食用半熟的豆角会增加食物中毒的风险吗？	80.71%
K18 坏肚子的人是否可以为他人准备食物？	54.38%
K19 皮肤过敏的人是否可以为他人准备食物？	40.78%
K20 发烧的人是否可以为他人准备食物？	54.95%
K21 嗓子疼的人是否可以为他人准备食物？	45.91%
K22 感冒的人是否可以为他人准备食物？	23.63%
平均分（±标准差）	7.54% ± 2.09%

根据问卷数据，正确率在60%及以上的学生有492人（35.02%）。受访者对于冷冻方面的知识了解得并不均衡，受访者大多了解冷冻不能杀菌（73.02%），可以抑制微生物的生长（70.75%）及冷冻食品的购买时间（85.55%），对于冷冻温度了解较少，仅有24.06%的受访者了解冷冻的最佳温度为−18℃。

在增加食源性风险的食物方面，80.71%的受访者知道食用半熟的豆角会增加食物中毒的风险，仅有45.34%的受访者了解食用溏心鸡蛋会增加食物中毒的风险。豆角在集体食堂中比较常见，豆角中毒事件在食堂中发生的频率较高。豆角含有植物血凝毒素和皂素毒，只有完全煮熟，毒素才会被破坏。否则，人食用了未煮熟的豆角易中毒，中毒表现为恶心、呕吐、腹泻、头晕等。溏心鸡蛋中可能含有沙门氏菌，沙门氏菌主要存在于未烹调熟的肉、蛋、奶中，误食含有沙门氏菌的食物可能会引起发热、持续高热、全身疼痛，严重的还会出现肠局部溃疡和坏死的情况。

受访者对于不能为他人准备食物的人群了解较少，分别有 54.38%、54.95%、45.91%的受访者知道坏肚子、发烧、嗓子疼的人是不能为他人准备食物的，有 40.78%的受访者了解皮肤过敏的人是可以为他人准备食物的，仅有 23.63%的人知道感冒的人群也是可以为他人准备食物的。根据调研的问卷，在这 5 题中，仅有 1 人全部答对。

受访者对于正确的洗手方式和饭菜在常温下的保存时间了解较少，不足 60%的人知道正确的洗手方式，只有 33.10%的人知道剩饭菜在室温下只能保存 2 个小时。对于做好的饭菜，多数人认为剩饭剩菜可以保存 6 个小时，从时间上来看，即中午吃完的饭菜不需要放进冰箱。但是，根据世界卫生组织的建议，室温下饭菜放置不应该超过 2 个小时。

7.2.4　大学生食品安全自我保护行为分析

如表 7.19 所示，对受访者的行为得分进行统计，分数越低，表明行为越不安全，5 分表示行为最安全，1 分表示行为最不安全。根据 Gizaw 等（2014）的描述，调查者行为被分为低水平（少于 59%）、合理水平（60%~80%）及高水平（80%~100%）三类。因此在研究中，评分为 1 分、2 分或 3 分时代表受访者在该项行为上是低水平，评分为 4 分时代表受访者在该项行为上是合理水平，评分为 5 分时代表受访者在该项行为上是高水平。

表 7.19　大学生食品安全行为答题情况（$n=1\,405$）

题项	5	4	3	2	1
PR01 正确的洗手方式应该是用流动的自来水并使用香皂或者洗手液仔细搓洗，擦干，您觉得您洗手时是按照正确的步骤来洗手的吗?	17.72%	22.85%	34.73%	20.50%	4.20%
PR02 超过保质期的食物您会丢掉吗?	79.57%	15.66%	3.35%	1.14%	0.28%
PR03 您会检验饭店的笑脸标识吗?（如果不了解笑脸标识，请选择从来不会）	4.63%	9.40%	20.07%	23.49%	42.42%
PR04 您会购买没有资质的小摊贩食物吗?	3.77%	15.02%	48.83%	25.05%	7.33%
PR05 您会食用没有清洗没有去皮的水果吗?	36.16%	31.96%	19.79%	7.69%	4.41%
PR07 在购买食品的时候，您会看标签和过敏原添加剂信息吗?	10.60%	15.59%	23.77%	28.68%	21.35%
PR08 购物时，您会关注商品的生产商或者品牌吗?	24.20%	37.86%	25.05%	9.89%	2.99%
PR09 购物时，您会检查商品包装是否完整吗?	51.74%	32.31%	11.46%	3.42%	1.07%
PR10 购物时，您会关注商品是否是有机或者绿色食品吗?	6.83%	15.23%	37.72%	29.11%	11.10%
PR11 购物时，您会检查商品保质期吗?	55.94%	26.12%	11.81%	4.91%	1.21%

续表

题项	5	4	3	2	1
PR12 购买需要冷藏的食品时，如酸奶，您会关注超市冰箱或者冷柜的温度吗?	11.81%	11.03%	16.01%	31.89%	29.25%
PR13 您会食用溏心鸡蛋（蛋黄未凝固）吗?	24.84%	19.07%	30.89%	15.73%	9.47%

从表 7.19 可以看出，受访者对于过期食物的处理最安全，79.57%的受访者总会丢掉过期食物，只有极少数（0.28%）从来不会扔掉过期食品。受访者对饭店的笑脸标识的关注度最低，仅有 14.03%的受访者会总是或者经常查看饭店的笑脸标识。

在购物时，受访者最关注的是包装是否完整，其次是保质期，有 84.05%的受访者总是会或者经常会关注包装是否完整，有 82.06%的受访者总是会或者经常会关注商品保质期。受访者（62.06%）对商品的品牌或者生产商也有着较高的关注，受访者对于有机或者绿色食品、标签和过敏原添加剂信息、冰箱或冷柜的温度的关注较少，比例分别仅为 22.06%、26.19%和 22.84%。

在个人卫生上，仅有 17.72%的受访者能够总是按照正确的洗手方式洗手，22.85%的受访者能够经常按照正确的洗手方式洗手，34.73%的受访者只是有时候按照正确的洗手方式洗手，有 4.20%的受访者表示从来不会按照正确的洗手方式洗手。

在食用溏心鸡蛋方面，仅有 24.84%的受访者的行为属于高规范水平，19.07%的受访者的行为处于合理水平，超过一半的受访者（56.09%）的行为属于低规范水平，即具有较高的食物中毒风险。

在购买无资质小摊贩食物方面，3.77%的受访者从来不购买无资质的小摊贩食物，15.02%的受访者很少购买，48.83%的受访者有时候会购买，32.38%的受访者经常或者总是购买无资质小摊贩食物。

7.2.5 大学生食品安全自我保护意识分析

将意识部分的所有题项转换为分值之后，取值范围是 1~5 分，分值越高，表明受访者意识到的食品安全问题风险越高，感知到的食品安全问题越严重；数值越低，表明受访者意识到的食品安全问题风险越低，感知到的食品安全问题越不严重。5 分表示受访者认为食品安全问题风险最高，感知到的食品安全问题最严重；1 分表示受访者认为食品安全问题风险最低，感知到的食品安全问题最不严重。

此部分对感知易感性、感知严重性、风险可能性、风险可控性、风险可怕性分别求平均值，根据平均值对各部分进行分析。

对每一部分求平均值后，发现受访者对感知严重性变量的评分最高，平均值为 4.02；在风险的可能性方面评分最低，平均值为 2.80。感知严重性评分最高表明受访者认为食品安全问题比较严重，风险可能性评分较低说明受访者认为食品安全问题发生在自己身上的可能性较小。具体见表 7.20。

表 7.20　食品安全自我保护意识描述性统计（n=1 405）

得分	1~2	2~3	3~4	4~5	平均值±标准差
感知易感性	4.1%	25.2%	47.8%	22.9%	3.58± 0.81
感知严重性	1.3%	12.6%	42.4%	43.7%	4.02± 0.76
风险可能性	30.2%	41.5%	23.7%	4.6%	2.80± 0.88
风险可控性	8.3%	33.9%	45.1%	12.8%	3.27± 0.82
风险可怕性	6.9%	26.6%	39.2%	27.3%	3.62± 0.92

47.8%的受访者认为食品安全问题的感知易感性处于 3~4（不含 3 含 4），比例最大。认为食品安全的感知易感性为 1~2 的受访者最少，为 4.1%。整体看来，感知易感性方面，约 70%的受访者能够感知到食品安全问题的风险。

在感知严重性方面，得分为 4~5 的受访者最多（43.7%），42.4%的受访者认为严重性为 3~4。总体看来，绝大多数受访者都意识到食品安全问题发生后会带来的后果。

在风险可能性方面，得分为 2~3 的受访者最多（41.5%），其次是 1~2（30.2%），得分越低，说明受访者认为食品安全问题发生的概率越低。

在风险可控性方面，得分为 3~4 的受访者最多（45.1%），其次是 2~3（33.9%），得分为 1~2 的受访者最少。

风险可怕性体现了受访者对风险的担忧程度，得分为 3~4 的受访者最多（39.2%），得分为 2~3（26.6%）、4~5（27.3%）的受访者比例相差不大，说明受访者对食品安全问题风险的担忧程度比较分散。

通过对感知易感性、感知严重性、风险可能性、风险可控性和风险可怕性进行相关性分析（表 7.21）发现，感知易感性、感知严重性及风险可怕性之间两两正相关，感知易感性越强、感知严重性越高，风险越令人担忧。风险可能性与风险可控性之间存在着负相关，表明受访者认为食品安全问题越可控时，发生的可能性越小。风险可控性与感知严重性、感知易感性、风险可怕性之间呈正相关，表明受访者认为尽管食品安全问题很容易被感知到，发生食品安全问题的后果比较严重，受访者比较担心食品安全问题，但是食品安全问题其实是可控的。

表 7.21 食品安全自我保护意识相关性分析（$n=1\,405$）

变量		感知易感性	感知严重性	风险可能性	风险可控性	风险可怕性
感知易感性	Pearson 相关系数	1				
感知严重性	Pearson 相关系数	0.427**	1			
风险可能性	Pearson 相关系数	0.205**	0.042	1		
风险可控性	Pearson 相关系数	0.060*	0.136**	−0.460**	1	
风险可怕性	Pearson 相关系数	0.490**	0.433**	0.124**	0.098**	1

**表示在 0.01 级别（双尾）相关性显著；*表示在 0.05 级别（双尾）相关性显著

7.2.6 描述性分析结果总结

本次调研问卷总计发放 2 029 份，有效问卷 1 405 份，有效率为 69.25%。受访者中女性多于男性，城市学生多于农村学生，专业分布上工学与理学（不含食质与食科）最多，农学最少；年级分布上，大五最少，大三最多。对问卷进行描述性统计分析时，结论如下。

（1）在标识上，受访者对 SC 标识及笑脸标识了解不充分。

（2）受访者普遍了解半熟豆角会增加食物中毒风险，对溏心鸡蛋会增加食物中毒风险了解不充分。

（3）受访者对于不能为他人准备食物的患病人群的了解不充分，受访者普遍认为皮肤过敏、感冒者不能准备食物。

（4）受访者对最佳冷冻温度、剩饭菜的存储时间了解不足，认知存在偏差。

（5）受访者在购物时最关注的是包装及保质期，其次是品牌或者生产商，对标识关注少。

（6）受访者对于食品安全问题后果的感知严重性认知较高，但是认为食品安全问题发生在自己身上的可能性较低。

（7）风险意识各维度之间会互相影响，即感知易感性、感知严重性、风险可能性、风险可控性和风险可怕性之间存在相关关系。

7.3 不同大学生群体食品安全自我保护知识、意识及行为的差异性比较

本节按照人群特征，即性别、年级、专业、籍贯等对大学生进行分类，进而形成不同的群体，然后考察不同群体的食品安全知识、意识、行为的差异性。在

考察年级时，年级被分为两类：本科生与研究生，且控制了专业类别，限制了专业仅为工学与理学（不含食质与食科）、人文社会学科。

在考察两个群体之间的差异性时，采用的是独立样本 t 检验；考察多个群组差异性时，采取的是方差分析方法，在符合方差齐次性的条件下，采用的是 LSD 检验，当方差不齐时，采取的是 Dunnett C 检验方法。

7.3.1　不同大学生群体食品安全自我保护知识水平的差异性比较

1. 不同专业大学生食品安全知识差异性比较

根据专业分类，将调研者分为 5 类，分别计算其知识总分的均值，具体见表 7.22。食质与食科的学生得分最高，平均分为 8.46，医学生排名第二，得分为 8.31，农学学生排名第三，得分为 7.88，工学与理学（不含食质与食科）的学生排名第四，为 7.38，人文社会学科学生得分最低，为 7.22。

表 7.22　不同专业学生食品安全知识平均分

专业	平均数	n	标准偏差
医学	8.31	175	2.06
工学与理学（不含食质与食科）	7.38	572	2.01
人文社会学科	7.22	467	2.07
农学	7.88	128	2.09
食质与食科	8.46	63	2.16
总计	7.54	1 405	2.09

对于符合方差齐次性的项，采用 LSD 检验对不同组别的均值进行比较，确定不同专业间是否具有显著性差异。具体见表 7.23。

表 7.23　不同专业大学生的总分差异性比较

（I） 专业		平均差异 （I-J）	标准错误	显著性
医学	工学与理学（不含食质与食科）	0.93*	0.18	0.00
	人文社会学科	1.09*	0.18	0.00
	农学	0.44	0.24	0.07
	食质与食科	−0.15	0.30	0.63
工学与理学（不含食质与食科）	医学	−0.93*	0.18	0.00
	人文社会学科	0.16	0.13	0.21
	农学	−0.49*	0.20	0.01
	食质与食科	−1.08*	0.27	0.00

续表

（I）专业		平均差异（I-J）	标准错误	显著性
人文社会学科	医学	−1.09*	0.18	0.00
	工学与理学（不含食质与食科）	−0.16	0.13	0.21
	农学	−0.65*	0.20	0.00
	食质与食科	−1.24*	0.28	0.00
农学	医学	−0.44	0.24	0.07
	工学与理学（不含食质与食科）	0.49*	0.20	0.01
	人文社会学科	0.65*	0.20	0.00
	食质与食科	−0.59	0.32	0.06
食质与食科	医学	0.15	0.30	0.63
	工学与理学（不含食质与食科）	1.08*	0.27	0.00
	人文社会学科	1.24*	0.28	0.00
	农学	0.59	0.32	0.06

*表示在 0.1 级别（双尾）相关性显著

可以看出，在 0.05 的显著性水平下，医学、农学与食质与食科专业不存在显著差异，人文社会学科与工学与理学（不含食质与食科）之间不存在显著差异。值得注意的是，农学与医学均值比较时，p 值为 0.07，与食质与食科的均值比较时，p 值为 0.06，都比较靠近 0.05，处于边缘位置，农学学生的知识水平和医学、食质与食科的学生是否具有差异还需要进一步研究。

医学生、食质与食科学生学习过大量的相关知识，因此平均分较高。调研反馈，农学学生也曾学习过相关的知识，所以会与工学与理学（不含食质与食科）、人文社会科学之间存在差异。

总体看来，专业类别上，可以分为三类：第一类是医学、食质与食科；第二类是农学；第三类是工学与理学（不含食质与食科）、人文社会学科。前两类和第三类之间存在着显著性差异，第一类和第二类差异不明显。

2. 不同年级与不同性别大学生食品安全知识差异性比较

先根据年级进行划分，计算不同的年级同学的知识得分。在年级划分的时候，仅分为两类，本科生与研究生，同时限制了专业仅为工学与理学（不含食质与食科）、人文社会科学，具体见表 7.24。本科生与研究生的知识平均得分分别是 7.348 和 7.122，本科生得分率略高，根据 t 值可知两个年级之间不存在显著性差异。

表 7.24　不同年级的大学生食品安全知识平均分

本科与研究生		n	平均数	标准偏差	p 值
知识总分	本科	858	7.348	2.033	0.173
	研究生	181	7.122	2.057	

根据性别，将调查者划分为两类，男性、女性的得分均值均为 7.54，p 值检验为 0.975，明显大于 0.05，因此食品安全知识方面，男性与女性并不存在差别。具体见表 7.25。

表 7.25　不同性别的大学生食品安全知识平均分

性别	平均数	n	标准偏差	p 值
男	7.54	568	2.09	0.975
女	7.54	837	2.09	
总计	7.54	1 405	2.09	

3. 不同籍贯大学生食品安全知识差异性比较

根据生源地农村和城市，将受访者分为两类，城市和农村学生的平均分分别为 7.72 和 7.32，从数值上来看，城市学生的得分更高。城市和农村学生比较时，显著性水平为 0.000，低于 0.05，说明籍贯对于知识水平有影响，来自城市的学生知识水平更高。具体见表 7.26。

表 7.26　不同籍贯的大学生食品安全知识平均分

籍贯	平均数	n	标准偏差	p 值
城市	7.72	765	2.09	0.000
农村	7.32	640	2.07	
总计	7.54	1 405	2.09	

根据问卷信息，计算出大学生平均月生活费为 1 491 元（n=1 355），因此根据月支出以 1 500 元为界，将样本人群分为两类，月生活费在 1 500 元及以上的受访者知识平均分为 7.668，在 1 500 元以下的受访者知识平均分为 7.396，两类受访者的知识水平存在显著差异（p=0.016）。因此总体看来，经济水平会对受访者的知识水平产生影响，经济水平越高，受访者的知识水平越高。具体见表 7.27。

表 7.27　生活费与知识水平分析（n = 1 335）

月生活费		n	平均数	标准偏差	p 值
知识均分	≥1 500	754	7.668	2.093	0.016
	<1 500	601	7.396	2.047	

根据问卷来源，将问卷分为网上问卷与实地调研问卷，结果显示，网上问卷的知识总分高于实地调研问卷的分数，但是两者之间不存在显著性差异。具体见表 7.28。

表 7.28　不同来源问卷的知识水平分析

问卷来源		个案数	平均值	标准差	方差齐性检验	p 值
知识总分	实地调研问卷	1 086	7.523 0	2.093 86	−0.475	0.635
	网上问卷	319	7.586 2	2.067 55		

7.3.2　不同大学生群体食品安全自我保护行为水平的差异性比较

1. 不同专业大学生食品安全行为差异性比较

在表 7.29 中，显示了不同专业大学生的平均行为水平。在洗手行为、处理过期食物、就餐时检验饭店的笑脸标识、是否购买无资质的小摊贩的食品方面医学生的得分最高；是否食用未去皮的水果、是否食用溏心鸡蛋方面工学与理学（不含食质与食科）的学生得分最高；在查看标签、生产商、包装是否完整、绿色和有机食品标识方面食质与食科的学生得分最高；在查看商品保质期方面，农学的学生得分最高。

表 7.29　不同专业的行为水平分析

专业		PR01	PR02	PR03	PR04	PR05	PR07	PR08
医学	平均数	3.53	4.81	2.34	2.96	3.80	2.67	3.77
	标准差	1.13	0.55	1.27	0.92	1.11	1.31	1.02
工学与理学（不含食质与食科）	平均数	3.21	4.74	2.07	2.81	3.89	2.67	3.63
	标准差	1.11	0.56	1.18	0.90	1.12	1.24	1.05
人文社会学科	平均数	3.27	4.68	2.03	2.85	3.88	2.56	3.70
	标准差	1.10	0.67	1.13	0.90	1.13	1.26	1.03
农学	平均数	3.35	4.77	2.07	2.66	3.84	2.74	3.86
	标准差	1.05	0.54	1.20	0.92	1.17	1.34	1.03
食质与食科	平均数	3.43	4.67	2.33	2.79	4.02	2.95	3.92
	标准差	1.09	0.70	1.32	0.85	1.01	1.25	0.85
总计	平均数	3.29	4.73	2.10	2.83	3.88	2.65	3.70
	标准差	1.11	0.61	1.19	0.90	1.12	1.27	1.03
医学	平均数	4.37	2.74	4.34	2.49	3.37	41.19	
	标准差	0.89	1.09	0.88	1.31	1.26	5.89	

续表

专业		PR09	PR10	PR11	PR12	PR13	行为总分	
工学与理学（不含食质与食科）	平均数	4.27	2.75	4.25	2.42	3.38	40.10	
	标准差	0.88	1.01	0.97	1.30	1.25	5.55	
人文社会学科	平均数	4.27	2.80	4.34	2.37	3.31	40.06	
	标准差	0.89	1.07	0.93	1.31	1.25	5.87	
农学	平均数	4.46	2.82	4.38	2.77	3.30	41.03	
	标准差	0.80	1.13	0.92	1.46	1.41	5.80	
食质与食科	平均数	4.37	2.84	4.30	2.40	3.25	41.27	
	标准差	0.87	1.08	0.98	1.39	1.29	5.27	
总计	平均数	4.30	2.78	4.31	2.44	3.34	40.36	
	标准差	0.88	1.05	0.94	1.33	1.27	5.72	

从总分来看，食质与食科专业的行为总分最高（41.27），其次是医学（41.19），得分最低的专业是人文社会学科（40.06）。不同的专业在食品安全行为方面的得分与食品安全知识方面的得分排名相同。

在表 7.30 中显示了不同的专业在食品安全行为上是否存在显著性差异。结果表明，在洗手行为、就餐时检验饭店的笑脸标识和检查冰箱温度行为上，专业间存在着显著性差异；在是否购买无资质的小摊贩的食物、查看品牌方面，显著性水平比较接近 0.05，专业间差异并不明显；其他行为不能说明存在专业间差异。

表 7.30　不同专业行为水平的方差分析

题项		平方和	df	均方	*F*	显著性
PR01	组间	15.672	4	3.918	3.219	0.012
	组内	1 703.927	1 400	1.217		
	总计	1 719.599	1 404			
PR03	组间	16.124	4	4.031	2.875	0.022
	组内	1 963.117	1 400	1.402		
	总计	1 979.241	1 404			
PR04	组间	7.035	4	1.759	2.162	0.071
	组内	1 138.626	1 400	0.813		
	总计	1 145.661	1 404			
PR08	组间	9.768	4	2.442	2.290	0.058
	组内	1 493.061	1 400	1.066		
	总计	1 502.828	1 404			

续表

题项		平方和	df	均方	F	显著性
PR12	组间	16.742	4	4.185	2.384	0.050
	组内	2 457.896	1 400	1.756		
	总计	2 474.638	1 404			

为进一步考察哪些专业之间具有显著性差异，就行为题项部分进行方差齐次性检验。如表 7.31 所示，就餐时查看笑脸标识（PR03）的显著性水平低于 0.05，说明就餐时查看笑脸标识一项方差不齐。

表 7.31 行为题项方差齐性检验

题项	莱文统计	df 1	df 2	显著性
PR01	1.040	4	1 400	0.385
PR02	6.254	4	1 400	0.000
PR03	3.494	4	1 400	0.008
PR04	0.470	4	1 400	0.758
PR05	1.202	4	1 400	0.308
PR07	1.363	4	1 400	0.245
PR08	2.972	4	1 400	0.019
PR09	0.695	4	1 400	0.595
PR10	0.711	4	1 400	0.584
PR11	0.737	4	1 400	0.567
PR12	1.843	4	1 400	0.118
PR13	1.533	4	1 400	0.190
行为总分	0.669	4	1 400	0.614

对洗手行为、检查冰箱温度这两个题项进行 LSD 检验，对查看笑脸标识一项进行 Dunnett C 检验。具体见表 7.32。在洗手行为上，医学与工学与理学（不含食质与食科）、人文社会学科之间存在着显著性差异，医学生在洗手行为上的表现优于工学与理学（不含食质与食科）和人文社会学科的学生；在查看笑脸标识上，医学与人文社会学科之间存在着显著性差异，医学学生在查看笑脸标识方面优于人文社会科学的学生；在检查冰箱温度方面，农学与工学与理学（不含食质与食科）、人文社会学科之间存在着显著性差异，农学学生检查冰箱温度的频率要高于人文社会学科、工学与理学（不含食质与食科）的学生。总体看来，医学生的行为水平要优于工学与理学（不含食质与食科）、人文社会学科的学生。

表 7.32　不同专业行为方差检验

因变量				平均值差值（I-J）	标准误差	显著性
PR01	LSD	医学	工学与理学（不含食质与食科）	0.322*	0.095	0.001
			人文社会学科	0.257*	0.098	0.009
PR03	Dunnett C	医学	人文社会学科	0.307*	0.109	
PR12	LSD	农学	工学与理学（不含食质与食科）	0.344*	0.130	0.008
			人文社会学科	0.397*	0.132	0.003
行为总分	LSD	医学	工学与理学（不含食质与食科）	1.085*	0.494	0.028
			人文社会学科	1.131*	0.506	0.026

*表示在 0.1 级别（双尾）相关性显著

2. 不同年级大学生食品安全行为差异性比较

在考察年级对大学生食品安全行为的影响时，考虑到医学、食质与食科、农学学生在年级分布上并不均匀，因此只对人文社会科学、工学与理学（不含食质与食科）的学生进行分析，样本的年级被分为本科生和研究生。筛选后的样本容量是 1 039。具体见表 7.33。

表 7.33　不同年级食品安全行为描述（n = 1 039）

本科生与研究生		PR01	PR02	PR03	PR04	PR05	PR07	PR08
本科生	平均值	3.24	4.72	2.10	2.84	3.90	2.65	3.67
	标准差	1.12	0.62	1.19	0.90	1.13	1.26	1.05
研究生	平均值	3.25	4.70	1.85	2.76	3.82	2.50	3.64
	标准差	1.04	0.60	0.96	0.91	1.08	1.21	1.01
总计	平均值	3.24	4.72	2.05	2.83	3.89	2.62	3.66
	标准差	1.11	0.62	1.16	0.90	1.12	1.25	1.05
本科生与研究生		PR09	PR10	PR11	PR12	PR13	行为总分	
本科生	平均值	4.25	2.79	4.26	2.43	3.34	40.19	
	标准差	0.89	1.04	0.98	1.32	1.25	5.79	
研究生	平均值	4.34	2.67	4.46	2.22	3.37	39.58	
	标准差	0.86	1.03	0.81	1.20	1.23	5.20	
总计	平均值	4.27	2.77	4.29	2.40	3.35	40.08	
	标准差	0.89	1.04	0.95	1.31	1.25	5.70	

在表 7.33 中，研究生与本科生在洗手、过期食物处置、查看品牌、食用溏心鸡蛋行为上得分非常相近，差值在 0.03 之内，在其他行为上，本科生与研究生得

分各有高低。在查看笑脸标识、是否购买无资质小摊贩食物、是否食用未去皮水果、购买有机或绿色食品、查看标签、检查冷柜温度方面本科生的行为得分更高，在检查商品保质期方面研究生的行为得分更高。从总分来看，本科生的得分与研究生的得分水平基本相当。

表 7.34 列出了研究生与本科生之间存在显著性差异行为，以及两者的行为总分比较。在查看笑脸标识、商品保质期、冷柜温度方面，本科生的行为水平显著优于研究生的行为水平。从行为总分方面看，两者并不存在显著性差异。

表 7.34　本科生与研究生的行为水平差异性比较

题项		莱文方差等同性检验				
		F	显著性	t	df	p（双尾）
PR03	假定等方差	21.8	0.000	2.66	1 037	0.008
	不假定等方差			3.06	310	0.002
PR11	假定等方差	8.9	0.003	−2.60	1 037	0.010
	不假定等方差			−2.95	304	0.003
PR12	假定等方差	10.8	0.001	2.00	1 037	0.045
	不假定等方差			2.13	280	0.034
行为总分	假定等方差	3.4	0.066	1.31	1 037	0.191
	不假定等方差			1.40	282	0.162

3. 不同性别大学生食品安全行为差异性比较

样本中男性 568 人，女性 837 人。根据表 7.35，男性在洗手、食用未去皮的水果、检查保质期方面，得分低于女性，在查看笑脸标识、购买无资质的小摊贩食品、查看标签、检查包装、购买有机或绿色食品、检查冷柜温度、食用溏心鸡蛋方面得分高于女性，在过期食物的处理方面，男女性得分相同。从总分来看，男性行为得分高于女性。

表 7.35　不同性别大学生的食品安全行为差异性比较（$n=1\ 405$）

性别		平均值	标准差	标准误差平均值	p 值
PR01	男	3.222	1.132	0.047	0.044
	女	3.343	1.087	0.038	
PR02	男	4.731	0.614	0.026	0.987
	女	4.731	0.600	0.021	
PR03	男	2.296	1.239	0.052	0.000
	女	1.971	1.133	0.039	

续表

性别		平均值	标准差	标准误差平均值	p 值
PR04	男	2.903	0.950	0.040	0.011
	女	2.778	0.867	0.030	
PR05	男	3.799	1.136	0.048	0.031
	女	3.931	1.103	0.038	
PR07	男	2.724	1.274	0.053	0.090
	女	2.607	1.259	0.044	
PR08	男	3.789	0.998	0.042	0.010
	女	3.646	1.055	0.036	
PR09	男	4.312	0.895	0.038	0.749
	女	4.296	0.870	0.030	
PR10	男	2.815	1.101	0.046	0.249
	女	2.749	1.021	0.035	
PR11	男	4.264	0.956	0.040	0.162
	女	4.336	0.934	0.032	
PR12	男	2.556	1.353	0.057	0.008
	女	2.366	1.305	0.045	
PR13	男	3.350	1.255	0.053	0.818
	女	3.335	1.276	0.044	
行为总分	男	40.761	5.803	0.243	0.031
	女	40.088	5.658	0.196	

从 t 检验的结果来看，在洗手行为和食用未去皮的水果方面，女性显著优于男性；在查看笑脸标识上，男性的频率更高；在购买无资质的小摊贩的食品方面，男性频率更低；在购物时男性比女性更加注重商品品牌和冷柜温度。从总体行为上看，男性的行为优于女性。

4. 不同籍贯与不同经济水平大学生食品安全行为差异性比较

根据表 7.36，除了是否食用溏心鸡蛋一项，城市学生得分低于农村学生，在其他行为上，城市学生得分均高于农村学生。对于过期食物的处置方面，城市学生和农村学生的平均值分别为 4.736 和 4.725，两地学生得分都很高，相差最小。在洗手行为上，两地学生的平均分值分别为 3.482 和 3.069，相差 0.413，在所有行为中分值差距最大。在食用溏心鸡蛋方面，城市学生得分低于农村学生，说明城市学生的溏心鸡蛋食用频率高于农村学生。总体看来，城市学生的行为得分要高于农村学生。t 检验结果显示，城市学生和农村学生在洗手行为，就餐前查看笑脸标识行为，购买无资质的小摊贩食品行为，食用未去皮水果的行为，检查商品的品牌、包装、保质期，检查冷柜温度，查看商品是否是有机或绿色标识，食用溏心鸡蛋行为方面存在显著差异，在处置过期食品上和查看商品标签方面不存在显著差异。在行为总分上，城市学生得分显著高于农村学生得分。从 t 值检验结果来看，城市学生行为和农村学生行为之间存在显著差异。

表 7.36　不同籍贯大学生的行为情况

籍贯		平均值	标准差	标准误差平均值	p 值
PR01	城市	3.482	1.093	0.040	0.000
	农村	3.069	1.081	0.043	
PR02	城市	4.736	0.604	0.022	0.736
	农村	4.725	0.607	0.024	
PR03	城市	2.295	1.255	0.045	0.000
	农村	1.872	1.057	0.042	
PR04	城市	2.878	0.912	0.033	0.023
	农村	2.769	0.890	0.035	
PR05	城市	3.977	1.115	0.040	0.000
	农村	3.759	1.111	0.044	
PR07	城市	2.689	1.257	0.045	0.260
	农村	2.613	1.276	0.050	
PR08	城市	3.859	1.008	0.036	0.000
	农村	3.519	1.036	0.041	
PR09	城市	4.353	0.861	0.031	0.019
	农村	4.242	0.898	0.036	
PR10	城市	2.828	1.058	0.038	0.045
	农村	2.714	1.047	0.041	
PR11	城市	4.349	0.935	0.034	0.066
	农村	4.256	0.951	0.038	
PR12	城市	2.575	1.379	0.050	0.000
	农村	2.284	1.246	0.049	
PR13	城市	3.218	1.283	0.046	0.000
	农村	3.488	1.232	0.049	
行为总分	城市	41.239	5.593	0.202	0.000
	农村	39.309	5.707	0.226	

以月支出 1 500 元为区分点，对大学生的行为进行了比较。月支出在 1 500 元及以上的大学生在食用溏心鸡蛋一项上均分低于月支出在 1 500 元以下的大学生，

在其他行为上月支出更高的群体得分更高。月支出在 1 500 元及以上和 1 500 元以下的两个群体在洗手行为、处理过期食物、查看笑脸标识、查看产品的品牌、查看包装，以及食用溏心鸡蛋方面都具有显著差异。具体见表 7.37。

表 7.37　不同经济水平大学生的行为比较

题项	月支出	个案数	平均值	标准差	显著性
PR01	≥1 500	754	3.367	1.093	0.004
	＜1 500	601	3.193	1.121	
PR02	≥1 500	754	4.777	0.536	0.002
	＜1 500	601	4.671	0.672	
PR03	≥1 500	754	2.192	1.218	0.001
	＜1 500	601	1.988	1.129	
PR04	≥1 500	754	2.786	0.919	0.124
	＜1 500	601	2.862	0.879	
PR05	≥1 500	754	3.918	1.144	0.176
	＜1 500	601	3.835	1.076	
PR07	≥1 500	754	2.629	1.268	0.715
	＜1 500	601	2.654	1.262	
PR08	≥1 500	754	3.825	1.010	0.000
	＜1 500	601	3.552	1.036	
PR09	≥1 500	754	4.338	0.877	0.049
	＜1 500	601	4.243	0.891	
PR10	≥1 500	754	2.756	1.059	0.318
	＜1 500	601	2.814	1.050	
PR11	≥1 500	754	4.279	1.004	0.161
	＜1 500	601	4.349	0.855	
PR12	≥1 500	754	2.488	1.348	0.190
	＜1 500	601	2.393	1.307	
PR13	≥1 500	754	3.178	1.303	0.000
	＜1 500	601	3.544	1.194	
行为总分	≥1 500	754	40.533	5.730	0.166
	＜1 500	601	40.098	5.741	

7.3.3　不同大学生群体食品安全自我保护意识的差异性比较

1. 不同专业大学生食品安全意识差异性比较

在感知易感性方面，农学的平均分最高，工学与理学（不含食质与食科）的平均分最低；在感知严重性方面，农学平均分最高，其他专业的平均分非常接近；风险可能性方面，医学平均分最高；在风险可控性方面，食质与食科学科的均值最高；在风险可怕性方面，农学的均值最高。具体见表 7.38。

表 7.38 不同专业的食品安全意识描述（n = 1 405）

专业		感知易感性	感知严重性	风险可能性	风险可控性	风险可怕性
医学（n=175）	平均数	3.616	4.046	2.880	3.364	3.522
	标准偏差	0.842	0.737	0.836	0.787	0.889
工学与理学（不含食质与食科）（n=572）	平均数	3.507	3.939	2.759	3.365	3.583
	标准偏差	0.818	0.751	0.896	0.806	0.902
人文社会学科（n=467）	平均数	3.617	4.060	2.859	3.314	3.691
	标准偏差	0.789	0.777	0.847	0.803	0.922
农学（n=128）	平均数	3.748	4.205	2.699	3.448	3.721
	标准偏差	0.737	0.733	1.009	0.958	0.956
食质与食科（n=63）	平均数	3.516	4.004	2.619	3.540	3.593
	标准偏差	0.776	0.756	0.807	0.809	0.979
总计（n=1 405）	平均数	3.580	4.020	2.795	3.363	3.624
	标准偏差	0.805	0.760	0.882	0.818	0.917

在表 7.39 中，风险的可能性显著性水平为 0.015，小于 0.05，说明风险的可能性部分的数据方差不齐，其余部分的显著性水平均高于 0.05，说明符合方差齐次性。因此对感知易感性、感知严重性、风险可控性和风险可怕性用 LSD 检验，对风险可能性部分用 Dunnett C 检验专业间是否存在差异。

表 7.39 不同专业大学生的意识水平方差齐次性分析

类别	Levene 统计资料	df1	df 2	显著性
感知易感性	1.104	4.000	1 400.000	0.353
感知严重性	0.281	4.000	1 400.000	0.891
风险可能性	3.089	4.000	1 400.000	0.015
风险可控性	2.157	4.000	1 400.000	0.072
风险可怕性	0.568	4.000	1 400.000	0.686

表 7.40 中列出了所有存在显著差异的专业。在风险可能性方面，所有专业之间均不存在显著性差异。工学与理学（不含食质与食科）与人文社会学科、农学在感知易感性、感知严重性方面存在显著性差异，工学与理学（不含食质与食科）的学生认为食品安全的感知易感性更低，食品安全问题的后果的感知严重性更低。

人文社会学科和食质与食科在风险可控性方面存在显著性差异，食质与食科的学生认为食品安全问题更可控。在风险可怕性方面，医学与人文社会学科之间存在着显著性差异，医学生对食品安全的担忧更低。

表 7.40　不同专业大学生食品安全意识方差检验（$n = 1\ 405$）

因变量				平均差异（I-J）	标准误差	显著性
感知易感性	LSD	工学与理学（不含食质与食科）	人文社会学科	−0.110 24*	0.050 1	0.028
			农学	−0.241 05*	0.078 5	0.002
感知严重性	LSD	工学与理学（不含食质与食科）	人文社会学科	−0.121 15*	0.047 2	0.010
			农学	−0.266 27*	0.074 0	0.000
风险可控性	LSD	人文社会学科	食质与食科	0.225 62*	0.109 7	0.040
风险可怕性	LSD	医学	人文社会学科	−0.169 0*	0.081 2	0.037

*表示在 0.05 级别（双尾）相关性显著

2. 不同年级大学生食品安全意识差异性比较

此处进行不同年级比较时，将年级分为了本科生与研究生两类，考察的专业仅限于工学与理学（不含食质与食科）、人文社会科学。表 7.41 反映了不同年级的食品安全意识。在食品安全意识的各方面，本科生的均值均低于研究生。在感知严重性、风险可能性方面，本科生与研究生存在显著差异，相较本科生，研究生认为食品安全问题后果更严重，食品安全问题发生的可能性更大。在感知易感性、风险可控性和风险可怕性三个维度上，不能证明两者存在显著性差异。

表 7.41　不同年级学生的食品安全意识差异性比较（$n = 1\ 039$）

年级		平均值	标准差	标准误差平均值	p 值
感知易感性	本科生	3.547	0.810	0.028	0.431
	研究生	3.599	0.791	0.059	
感知严重性	本科生	3.968	0.765	0.026	0.019
	研究生	4.115	0.754	0.056	
风险可能性	本科生	2.771	0.862	0.029	0.009
	研究生	2.959	0.925	0.069	
风险可控性	本科生	3.341	0.803	0.027	0.889
	研究生	3.350	0.811	0.060	
风险可怕性	本科生	3.622	0.903	0.031	0.489
	研究生	3.674	0.954	0.071	

3. 不同性别大学生食品安全意识差异性比较

如表 7.42 所示，根据 t 检验的结果，在感知易感性和风险可控性方面，男性与女性之间存在显著差异。在感知易感性方面，男性平均分显著高于女性。在感知严重性、风险可能性和风险可怕性方面，男性、女性之间的数值相近，不存在显著性差异。在风险可控性方面，男性均分显著高于女性，说明相对于女性而言，男性认为食品安全问题更可控。

表 7.42　不同性别大学生食品安全意识差异性比较（n = 1 405）

性别		平均值	标准差	标准误差平均值	p 值
感知易感性	男	3.659	0.81	0.034	0.002
	女	3.525	0.798	0.028	
感知严重性	男	4.022	0.766	0.032	0.935
	女	4.018	0.756	0.026	
风险可能性	男	2.781	0.938	0.039	0.618
	女	2.805	0.842	0.029	
风险可控性	男	3.416	0.817	0.034	0.047
	女	3.328	0.817	0.028	
风险可怕性	男	3.621	0.938	0.039	0.911
	女	3.626	0.903	0.031	

4. 不同籍贯及不同经济水平大学生食品安全意识差异性比较

在食品安全意识方面，城市学生在感知易感性、感知严重性、风险可控性上得分更高，两地学生在风险可能性和风险可怕性上得分相近。根据 t 检验的结果，在风险可控性方面，两地学生存在显著差异，城市学生认为食品安全问题更加可控。在感知易感性、感知严重性、风险可能性与风险可怕性方面，两地学生不存在显著差异。具体见表 7.43。

表 7.43　不同籍贯大学生食品安全意识比较

籍贯		平均值	标准差	标准误差平均值	p 值
感知易感性	城市	3.614	0.814	0.029	0.079
	农村	3.538	0.793	0.031	
感知严重性	城市	4.041	0.749	0.027	0.259
	农村	3.995	0.772	0.031	
风险可能性	城市	2.802	0.914	0.033	0.758
	农村	2.788	0.842	0.033	

续表

籍贯		平均值	标准差	标准误差平均值	p 值
风险可控性	城市	3.442	0.825	0.030	0.000
	农村	3.270	0.801	0.032	
风险可怕性	城市	3.636	0.924	0.033	0.593
	农村	3.610	0.909	0.036	

从每月生活费上来看，月支出 1 500 元及以上的群体和月支出 1 500 元以下的群体之间不存在显著差异。具体见表 7.44。

表 7.44　不同经济水平大学生食品安全意识比较

月支出		个案数	平均值	标准差	方差齐性检验	p 值
感知易感性	≥1 500 元	754	3.581	0.821	0.190	0.717
	<1 500 元	601	3.597	0.779		
感知严重性	≥1 500 元	754	4.045	0.768	0.547	0.258
	<1 500 元	601	3.998	0.756		
风险可能性	≥1 500 元	754	2.804	0.915	0.030	0.666
	<1 500 元	601	2.784	0.845		
风险可控性	≥1 500 元	754	2.598	0.839	0.021	0.064
	<1 500 元	601	2.680	0.789		
风险可怕性	≥1 500 元	754	3.633	0.916	0.930	0.898
	<1 500 元	601	3.626	0.915		

7.3.4　差异性比较分析结果总结

通过将大学生进行分类，对不同类别大学生之间进行 t 检验或者方差分析，得出不同大学生群体的知识、意识、行为水平的差异。主要结论包括以下几点。

（1）专业、籍贯会影响大学生食品安全知识水平。食质与食科、医学、农学学生的知识水平显著高于工学与理学（不含食质与食科）、人文社会科学的学生；城市学生的知识水平显著高于农村学生的知识水平。

（2）专业、性别、经济状况会显著影响大学生食品安全行为水平。医学生的行为水平要优于工学与理学（不含食质与食科）、人文社会学科的学生；男性学生的行为要优于女性学生的行为；城市学生的行为要优于农村学生的行为。

（3）专业、年级、性别、经济水平均会影响大学生的食品安全意识，不同人群食品安全意识侧重的维度也不相同。

7.4 大学生食品安全自我保护知识、意识及行为的相关性分析

本章主要是对大学生食品安全知识、意识与行为进行两两相关分析，采用的分析方法是相关性分析。

7.4.1 大学生食品安全自我保护知识与意识相关性分析

根据知信行（knowledge-attitude-practice，KAP）理论，知识会影响意识。由表 7.45 可以看出，知识与感知严重性和风险可控性之间呈正相关，即食品安全知识水平越高的受访者认为食品安全问题更严重，同时也认为食品安全问题更可控。

表 7.45 大学生食品安全知识水平与意识相关性分析（$n = 1\ 405$）

变量		知识总分	感知易感性	感知严重性	风险可能性	风险可控性	风险可怕性
知识总分	Pearson 相关系数	1	0.032	0.146**	0.040	0.079**	0.063*
	p（双尾）		0.233	0.000	0.133	0.003	0.018

**表示在 0.01 级别（双尾）相关性显著；*表示在 0.05 级别（双尾）相关性显著

7.4.2 大学生食品安全自我保护知识水平与行为相关性分析

在对知识水平与行为水平进行相关性分析时，计算所有受访者行为总分与知识总分，并对两者做相关性分析，此处的相关性分析采用的系数是 Pearson 相关系数。经过检验，受访者知识与行为之间的相关系数为 0.218，*p* 值为 0.000，小于 0.01，表明受访者食品安全知识与行为之间存在显著中等相关，即食品安全知识水平越高，行为越正确。

教育是提供知识的重要手段，知识是形成安全行为的基础。很多学者也在研究中发现了食品安全知识与行为之间存在联系。有研究表明，通过教育对知识进行干预时，会增加食品加工者在行为上的得分。但是知识在向行为转化的过程中，也受到很多因素的制约，如经验、态度、风险感知、情绪反应、习惯等。

7.4.3 大学生食品安全自我保护意识与行为相关性分析

消费者在决策时，会基于决策行为实施后感知到的风险来考虑是否实施行为，

这种个体直观感受到的风险被称为风险意识。对风险的判断涉及人们对风险的具体想法及感受，这会强烈影响食品处理者的行为。对受访者的行为与意识各部分进行相关性分析后发现（表 7.46），在 0.05 显著性水平下，行为与意识各组成维度之间均具有显著相关性。感知易感性、感知严重性、风险可怕性及风险可控性与行为之间均存在着正相关关系，风险可能性与行为之间存在着负相关关系。也就是说，当受访者认为食品安全问题越易感，食品安全问题发生的后果越严重，食品安全问题越令人担忧时，受访者就越会采取安全的行为；当受访者认为食品安全问题是可控的，就会采取更加积极的行为，进而降低食品安全问题发生的可能性。

表 7.46 行为与意识相关性分析

变量		感知易感性	感知严重性	风险可能性	风险可控性	风险可怕性
行为总分	Pearson 相关系数	0.192**	0.213**	−0.105**	0.359**	0.166**
	p（双尾）	0.000	0.000	0.000	0.000	0.000

**表示在 0.05 级别（双尾）相关性显著

7.5 本章小结

大学生对食品安全自我保护知识掌握得较差，只有 35%的受访者达到及格水平，亟待关注。

大学生认同食品安全问题后果的严重性，但是认为风险发生的可能性较低，说明大学生对食品安全风险存在着主观构建性和放大效应等认知偏差，开展相关教育非常必要。

大学生在实际购物时对于安全食品标签、过敏原添加剂信息、无资质小摊贩食品等关注较少，存在较高的食物中毒风险隐患。

不同大学生群体在知识、意识、行为上表现出了显著的差异性。在开展相关教育时，有必要针对不同的大学生群体，设计有针对性的教育材料和教育方案。

研究结果可以为相关部门开展针对大学生群体的食品安全健康教育提供数据支撑和理论支持，具有重要的现实意义。教育活动最好可以具有情感和人格化触觉，如微电影、海报、传单等，传播渠道包括课堂、微博、网络、微信等新型媒体。教育不能局限于理论教育，要与实际相结合。教育的地点最好是选择在食物处理场所，能够与具体实操相结合，对于不正确的行为要能直观清晰地描述其风险。而且，高校也应当建立持续评估机制，为大学生实施安全的行为提供激励机制，提高大学生的自我效能，以便在教育结束以后，也可以确保其实施安全行为。

本章的研究对象大多是吉林省长春市高校的大学生，外地学生比例小，样本覆盖不够全面。未来可以利用设计的量表进一步扩大调研范围，以验证本章研究结论的合理性。另外，如何利用本章的研究结论设计针对大学生群体的食品安全教育方案，也是下一步要开展的研究工作。

第8章　消费者食品安全自我保护行为干预设计及实验验证

随着社会经济的发展，我国慢性病发病率和死亡率均出现了快速上涨的趋势。2019年，我国因慢性病导致的死亡人数占总死亡人数的88.5%，其中，心脑血管病、癌症、慢性呼吸系统疾病死亡比例为80.7%（中国疾控中心，2020）。慢性病发病的危险因素有很多，其中危险的食品安全行为、不合理的膳食模式都是重要的危险因素（凌文华，2018）。随之而来的，是我国人均医疗保健消费的节节攀升。

我国慢性非传染性疾病呈现出发病率、病死率居高不下，农村增长幅度快，发病年龄提前，危险因素水平持续上升，多种危险因素相互影响的特点（赵欣，2012）。慢性病的发生和生活方式有关，而农村居民的健康知识、生活行为明显低于城市居民。因此，积极提高农村居民的食品安全知识、干预食品安全自我保护行为迫在眉睫。

8.1　干预方案

根据2009年世界卫生组织的《食品安全风险交流手册》，在干预流程设计和评价中包括10个步骤：第一，确定干预设计的利益相关者、干预设计者、干预执行者和干预对象；第二，在干预前进行头脑风暴，讨论干预过程中可能出现的问题及解决办法；第三，制定科学可行的干预流程；第四，调整和重新设计干预步骤，尽量减少潜在的负面影响；第五，确定干预内容；第六，选择合适的评价方法；第七，保证干预流程的实施，制定合适的分析策略；第八，制定干预的时间表；第九，评估干预的节奏，制定预算；第十，在干预前寻求足够的资助和可靠的协作伙伴。本节将结合上述十个步骤，分别论述干预对象、干预实施主体、干预材料和干预流程。

8.1.1 干预对象

选择农村居民为干预对象，有两方面的原因。一是基线调查的数据显示，在家庭食品处理方面，农村受访者的知识和行为得分普遍低于城市受访者。二是文献回顾中，国内外学者一致认为需要关注农村居民的家庭食品安全处理行为。本课题针对东北三省的农村居民的食品安全知识、行为及可能的食品安全风险进行了近 2 个月的追踪研究，在此期间对这些家庭（共 139 户）进行了十次的食品安全干预，干预目的主要是提升农村居民的食品安全知识和行为，即提升农村居民食物购买和食物处理知识及行为。

8.1.2 干预实施主体

此次调研人员主要是由研究团队中的 2 名青年教师（1 名讲师、1 名工程师）、2 名博士生带领的 30 名人员组成。上述人员在培训后参与本课题的调查活动。30 名人员是从吉林省内的以下高校招募的：吉林大学、东北师范大学、延边大学、吉林财经大学、吉林农业大学、吉林外国语大学、吉林工程技术师范学院等。研究团队通过微信、宣传折页、教师宣传等方式，招募农经、管理、食品科学、食品安全等相关专业的本科生、研究生参与暑期调研工作。

初期招募了 38 名高校学生，针对这些学生进行了为期两周的培训，培训内容包括食品安全知识概述、调研内容、干预方式方法、访谈注意事项等，同时向他们阐明了根据调研完成的效果给予奖励的政策。这些高校学生均来自东北三省的农村，他们将利用暑假近 2 个月的时间，在自己的家乡对亲戚邻居按照研究团队的要求进行家庭食品安全自我保护知识及行为的干预实验。

招募农村学生在自己家乡完成干预实验的原因如下：第一，在这两个月期间，调研人员可以住在自己家中，从而节约住宿等费用，降低干预实验成本；第二，最为重要的是，家庭食物处理行为比较私密，一般不愿意展示给陌生人，由学生在其家乡熟悉的邻里之间进行，避免了被干预者的抵触心理，从而提高其参与度，提高干预实验的完成度；第三，研究除了给予参与实验的农村学生劳务费之外，还与企业进行合作，可以给予参与实验的学生暑期实习证明，实习时长根据其干预户数及总时长确定，因此学生有较高的积极性。

本次研究共完成干预农村家庭 139 户，每个农村家庭在 2 个月的追踪研究期间，共接受 10 次干预，累计完成干预 1 390 次（139 户 × 10 次）。而且，在 10 次追踪式干预期间，要对被干预的农村家庭进行 4 次干预效果评价，时间节点分别如下：干预之前评价 1 次，作为后期干预效果的对照基线；第 4 次干预后评价 1

次；第 8 次干预后评价 1 次；第 10 次干预后评价 1 次。研究团队设计了干预效果评价问卷，在上述四个时间节点，干预实验人员要求被干预家庭现场完成干预效果评价问卷并及时收回和分析，干预期间累计发放并收回干预效果评价问卷 556 份（139 户 ×4 次），干预效果评价问卷的数据用以考察不同干预阶段被干预者食品安全自我保护知识与行为水平。

8.1.3　干预材料

通过阅读文献，确定围绕农村居民家庭食品安全处理知识、家庭食品安全意识和自我效能三个关键点设计和发放干预材料。在干预过程之前，邀请了专家小组对干预措施、干预设计、干预材料、干预流程及可行性等进行评价。在对农村居民的追踪式、持续性的干预中，选择的干预材料都来自国家官方网站和食品安全领域公认的权威的资料。干预渠道分为两种，线下面对面的干预和利用微信群进行的线上干预。不同渠道的干预资料相同，只是资料的发放方式不同、干预者与被干预者的沟通方式不同。干预材料基本情况见表 8.1，详细干预材料参见附录 5。

表 8.1　干预材料汇总

发放顺序	资料内容	干预内容	形式		干预管理	
			线下	线上	线下	线上
1	食源性疾病的危害、分类	知识、意识、自我效能	纸质版的宣传折页	电子版的宣传折页	受访者阅读折页并签名，与调研人员面对面讨论对食源性疾病的认识和了解	受访者在微信群中接收电子版宣传折页，阅读后回复“已阅读”字样，并发表自己对食源性疾病的认识和了解
2	厨房食品安全行为操作指南	知识、意识、行为、自我效能	纸质版的宣传折页	电子版的宣传折页	受访者阅读折页并签名，与调研人员面对面讨论对厨房中食品安全的认识和了解	受访者在微信群中接收电子版宣传折页，阅读后回复“已阅读”字样，并发表自己对厨房中食品安全的认识和了解
3	家庭中肉类、蔬菜水果等安全处理指导	知识、意识、行为、自我效能	纸质版的宣传折页	电子版的宣传折页	受访者阅读折页并签名，与调研人员面对面讨论对厨房肉类、蔬菜、水果的选购、存储及烹饪的认识和了解	受访者在微信群中接收电子版宣传折页，阅读后回复“已阅读”字样，并发表自己对厨房中肉类、蔬菜、水果的选购、存储及烹饪的认识和了解
4	视频《不可忽视的食源性致病菌：致泄性大肠杆菌》	知识、行为	电子版的视频	电子版的视频	调研人员和受访者一同观看视频，针对受访者不明白的部分，调研人员进行讲解	受访者在微信群中接收公众号转发的视频，观看后回复“已观看”字样，有不明白的地方在微信群提问，由调研人员进行讲解
5	家庭食物准备七原则	知识、意识、行为、自我效能	纸质版的宣传折页	电子版的宣传折页	受访者阅读折页并签名，与调研人员面对面讨论洗手、解冻，以及在厨房中如何避免交叉感染的问题	受访者在微信群中接收电子版宣传折页，阅读后回复“已阅读”字样，并发表自己对洗手、解冻、避免交叉感染的认识

续表

发放顺序	资料内容	干预内容	形式		干预管理	
			线下	线上	线下	线上
6	视频《读懂食品标签》	知识、行为、自我效能	电子版的视频	电子版的视频	调研人员和受访者一同观看视频，了解食品标签的配料表、营养成分表等内容，调研人员进行适度讲解	受访者在微信群中接收公众号转发的视频，观看后回复“已观看”字样，调研人员在微信群中讲解配料表、营养成分表等内容
7	在厨房中预防食源性疾病的食品处理要点	知识、行为、自我效能	纸质版的宣传折页	电子版的宣传折页	受访者阅读折页并签名，与调研人员面对面讨论在厨房中预防食源性疾病的关键点以及对世界卫生组织提出的建议的认识	受访者在微信群中接收电子版宣传折页，阅读后回复“已阅读”字样，并发表自己对在厨房中如何预防食源性疾病以及对世界卫生组织提出的建议的认识
8	剩菜食用与保存以及食品认证信息	知识、行为、自我效能	纸质版的宣传折页	电子版的宣传折页	受访者阅读折页并签名，与调研人员面对面讨论剩菜保存食用的做法，讨论不规范处理剩菜的危害性，以及对食品三种认证的认识	受访者在微信群中接收电子版宣传折页，阅读后回复“已阅读”字样，并发表自己对剩菜保存食用的做法，讨论不规范处理剩菜的危害性，以及对食品三种认证的认识
9	视频《不可忽视的食源性致病菌：沙门氏菌》	知识、行为、自我效能	电子版的视频	电子版的视频	调研人员和受访者一同观看视频，了解沙门氏菌的传播途径、预防要点等内容，调研人员进行适度讲解	受访者在微信群中接收公众号转发的视频，观看后回复“已观看”字样，受访者在微信群中可讨论预防沙门氏菌的传播途径、预防要点等内容，调研人员进行适度讲解
10	食品安全热点的真相	知识、意识、自我效能	纸质版的宣传折页	电子版的宣传折页	受访者阅读折页并签名，与调研人员面对面讨论食品安全热点问题。调研人员针对食品安全热点问题进行讲解，并介绍权威的食品安全信息的渠道	受访者在微信群中接收电子版宣传折页，阅读后回复“已阅读”字样，并讨论食品安全热点问题，调研人员针对食品安全热点问题进行讲解，并介绍权威的食品安全信息的渠道

不同干预材料干预的侧重点不同，十次干预材料的干预重点总结如下：第一次干预材料是《病从口入》，干预材料中介绍了家庭中食源性疾病的来源、危害、分类，强调了食源性疾病的严重性，促进受访者重视家庭食品安全处理问题，提高家庭食品安全意识。在干预过程中，督促受访者及时反馈，鼓励受访者提出相关问题，并积极解答解惑，建立受访者的自信。

第二次干预材料是《厨房食品安全行为操作指南》，这份指南结合中国疾病预防控制中心资料、世界卫生组织的推荐指南等编制，提高被干预者家庭食品安全处理知识，指导干预者在家庭厨房中采取规范的食品安全行为，引导干预者安全处理食品，同时通过在干预过程中积极鼓励被干预者给予反馈的方式，加强被干预者的自我效能感，进一步强化食品安全行为。

第三次干预材料是《家庭食品安全指南》，这篇干预材料强调了在肉类、蔬菜、水果的选购、加工、存储等环节进行规范的食品安全处理，可以降低食源性疾病发生风险，意在提高被干预者的家庭食品安全处理知识，提高规范处理食品的意识，同时也提高被干预者的自我效能。

第四次干预材料是电子视频《不可忽视的食源性致病菌：致泄性大肠杆菌》，这个视频来源于国家食品安全风险评估中心官方网站。在这个视频中介绍了容易导致大肠杆菌感染的食品类别，强调了世界卫生组织推荐的食品安全五要点，意在提高被干预者的家庭食品安全处理知识、意识，并改善家庭食品安全处理行为。

第五次干预材料是《家庭食物准备七原则》，这篇材料强调了家庭食品准备环节的处理规范，重点对被干预者的食品准备知识和行为进行干预，同时通过在干预过程中积极鼓励被干预者给予反馈的方式，加强被干预者的自我效能感。

第六次干预材料是电子视频《〈健康之路〉20190524 读懂食品标签（上）》，视频介绍了标签中的配料表、食品营养成分表等知识。这次干预主要是向被干预者介绍食品标签知识，提高被干预对象购买安全食品的相关知识水平，提升食品安全意识，在干预过程中，通过督促受访者及时反馈、及时提出问题，加强被干预者的自我效能感。

第七次干预材料是《如何预防食源性疾病》，这份材料主要干预受访者家庭食品安全处理知识、行为，介绍了家庭食品安全处理环节中食品购买、储存、解冻、清洗等的知识和正确行为规范。

第八次干预材料是《剩菜能不能吃？应如何保存？》，干预了两个方面的知识：一是家庭食品中剩菜的储存食用知识；二是食品标签中食品认证知识。这次干预意在提高食品安全知识，改善受访者行为，在干预过程中，通过督促受访者及时反馈、及时提出问题，加强被干预者的自我效能感。

第九次干预材料是电子视频《不可忽视的食源性致病菌：沙门氏菌》，这份干预视频也是来源于国家食品安全风险评估中心官方网站，旨在提高受访者对食源性疾病的认识，提升食品安全意识，规范受访者的家庭食品安全处理行为。

第十次干预材料是《这些食品安全热点的真相你都知道吗？》，分析了受访者耳熟能详的几个食品安全热点问题，提高被干预者食品安全意识，同时，通过督促被干预者给出积极的反馈，提高被干预者的自我效能感。

8.1.4　干预流程

针对每一位干预对象，研究的具体干预流程如下。

（1）暑期回家后，调研者发放第一次调查问卷，指导受访者回答问卷，检查问卷有无漏答、乱答情况，清晰完整的问卷被认定为合格问卷，调研人员整理问卷并且上传电子版。

（2）每隔三天向受访者发放一次宣传手册，干预农村居民食品安全行为和膳食行为，并引导建立正确的食品安全行为观念和膳食行为观念，获得 4 小时时长的实习证明。

（3）在干预前、干预后的第 4 次、8 次、10 次分别发放干预后的调查问卷，指导受访者回答问卷，无漏答、乱答情况，清晰完整为合格问卷，调研人员整理问卷并且上传电子版。

（4）计算每一次调查问卷的食品安全知识得分和行为得分，并统一整理在 Excel 中。

本次暑期调研分别对 139 户农村居民进行了线上和线下的干预比较，将这些居民分为两组，一组是线上干预组，一组是线下干预组。通过计算 4 次干预效果评价问卷的食品安全知识、食品安全行为得分，从而比较不同干预渠道的效果。具体干预材料见附录 5。

1. 线上干预方案

所有干预材料均在线上发布，但是 4 次干预效果评价问卷调查采取面对面的方式进行。

调研员确定自己要干预的农村居民，建立微信群，邀请所有的被干预者进群后，调研员按时在群里发送干预材料，要求每一位被干预者阅读后在文章下面回复留言确认，或者在微信群里发送“已阅读”字样，表示其已阅读干预材料。

具体流程如下所示。

第 1 天，线下发送调研效果评价问卷，作为后期干预效果评价问卷的对照基准。受访者认真回答问卷，不明白的地方调研员进行讲解。答完问卷，线上发放第一次干预材料《病从口入》。在群里与被干预者聊一聊他的认识、平时遇到的问题等，十分钟左右。带回问卷，并在问卷第一页右上角写上调研员的名字、被干预者的名字及日期。

第 4 天，群里发放第二次干预材料《厨房食品安全行为操作指南》，阅读后需要被干预者在文章下面回复留言确认，或者在微信群里发送“已阅读”字样，表示其已阅读干预材料。

第 7 天，群里发放第三次干预材料《家庭食品安全指南》，阅读后需要被干预者在文章下面回复留言确认，或者在微信群里发送“已阅读”字样表示已阅读干预材料。

第 10 天，群里发放第四次干预材料，视频《不可忽视的食源性致病菌：致泄性大肠杆菌》，调研员将整理好的资料转发到微信群，微信群里被干预者观看后回复“已观看”。观看视频后，调研员对被干预者进行干预后第一次干预效果评价，被干预者完成效果评价问卷后回收，标注调研员姓名、被干预者姓名及日期。

第 13 天，微信群里发放第五次干预材料《家庭食物准备七原则》，阅读后要求受访者在文章下面回复留言确认，或者在微信群里发送“已阅读”字样表示已阅读干预材料。

第 16 天，群里发放第六次干预材料，观看视频《〈健康之路〉20190524 读懂食品标签（上）》，调研员将整理好的资料转发到微信群，干预群里受访者观看视频后回复“已观看”。

第 19 天，群里发放第七次干预材料《如何预防食源性疾病》，阅读后需要受访者在文章下面回复留言确认，或者在微信群里发送“已阅读”字样，表示已阅读干预材料。

第 22 天，群里发放第八次干预材料《剩菜能不能吃？应如何保存？》，阅读后需要受访者在文章下面回复留言确认，或者在微信群里发送“已阅读”字样，表示已阅读干预材料。干预后，调研员带着干预效果评价问卷进行干预后第二次干预效果评价，指导受访者填写问卷。之后回收干预效果评价问卷并标注调研员姓名、受访者姓名及日期。

第 25 天，群里发放第九次干预材料，视频《不可忽视的食源性致病菌：沙门氏菌》，观看视频后被干预者在群里回复“已观看”。

第 28 天，群里发放第十次干预材料《这些食品安全热点的真相你都知道吗？》，阅读后需要受访者在文章下面回复留言确认，或者在微信群里发送“已阅读”字样表示已阅读干预材料。之后，调研员对被干预者进行干预后第三次干预效果评价，被干预者完成效果评价问卷后回收，回收问卷标注调研员姓名、受访者姓名及日期。

2. 线下干预方案

线下干预组的所有干预材料均在线下发布，四次干预效果评价问卷采取面对面的方式进行。调研员确定要干预的农村居民，每次面对面发送干预材料，被干预者阅读后，调研员要同被干预者聊聊他们关于食品安全的想法和意见。

具体流程如下所示。

第 1 天，线下发送调研效果评价问卷，作为后期干预效果评价问卷的对照基准。答完问卷，发放第一次干预材料《病从口入》。同时与受访者聊一聊他对食品安全的认识、平时遇到的问题等，聊天大约十分钟。调研员带回问卷，并在问卷第一页右上角写上名字、受访者的名字及日期。

第 4 天，面对面发放第二次干预材料《厨房食品安全行为操作指南》，阅读后要求被干预者谈谈体会，研究人员解答疑问。

第 7 天，面对面发放第三次干预材料《家庭食品安全指南》，阅读并说体会，研究人员解答疑问。

第 10 天，面对面发放第四次干预材料，给被干预者发送视频《不可忽视的食源性致病菌：致泄性大肠杆菌》，并与被干预者一同观看。干预后，调研员带着干预效果评价问卷要求受访者进行问卷填写，答完问卷后回收，并标注调研员姓名、受访者姓名及日期。

第 13 天，面对面发放第五次干预材料《家庭食物准备七原则》，阅读后要求被干预者谈谈体会，研究人员现场解答疑问。

第 16 天，发放第六次干预材料，向受访者发送视频《<健康之路> 20190524 读懂食品标签（上）》，并与受访者现场一同观看。看完视频要求被干预者谈谈体会，研究人员现场解答疑问。

第 19 天，面对面发放第七次干预材料《如何预防食源性疾病》，阅读后要求被干预者谈谈体会，研究人员现场解答疑问。

第 22 天，面对面发放第八次干预材料《剩菜能不能吃？应如何保存？》，受访者读完干预材料后谈谈体会，研究人员现场解答疑问。之后，调研员进行干预效果评价问卷的调查，被干预者回答问卷，调研员回收问卷，并标注调研员姓名、受访者姓名及日期。

第 25 天，发放第九次干预材料，给受访者发送视频《不可忽视的食源性致病菌：沙门氏菌》，并与受访者一同观看。看完视频要求被干预者谈谈体会，研究人员现场解答疑问。

第 28 天，面对面发放第十次干预材料《这些食品安全热点的真相你都知道吗？》，阅读干预材料后，调研员带着干预后问卷进行调研，回答问卷后回收问卷，标注调研员姓名、受访者姓名及日期。

线上及线下组的每一位被干预者需要完成四份干预效果评价问卷，包括一份干预前的知识及行为评测问卷（基准问卷）、三份干预后的干预效果问卷。

8.2 干预样本描述性统计

本次调研共有 139 户农村居民参与，分别来自辽宁省（42 户）、吉林省（52 户）和黑龙江省（45 户）。

在 139 名受访者中，男性 49 人，占比 35.3%；女性 90 人，占比 64.7%。实际生活中，女性做饭比例高于男性，因此本次调研的性别比例虽然不均，但是符合实际生活常理。

年龄主要集中在 35~54 岁，占比达 61.9%。由于年轻人选择外出读书或者外出打工，因此在农村生活的居民平均年龄较大。研究要求受访者能够参与持续性干预调研，并且回答调查问卷，因此在调研时剔除了不满足要求的受访者，导致受访者年龄集中在 35~54 岁。

受访者的受教育程度最多的是初中，占比 55.4%，其次是小学毕业，占比 25.2%。未婚的有 22 人，占比 15.8%，已婚的最多，114 人，占比 82.0%，还有 3 人次选择其他婚姻状况，占比 2.2%。

从被干预者的工作时长来看，占比最大的是每天工作 6~7 小时和 8 小时及以上，比重各为 36.0%。受访者家庭年收入最多的是 3.6 万~6 万元，共有 42 人，占比 30.2%。具体见表 8.2。

表 8.2　被干预样本描述（n=139）

人口统计变量	题项	频率	占比
性别	男	49	35.3%
	女	90	64.7%
年龄	18~24 岁	18	12.9%
	25~34 岁	21	15.1%
	35~44 岁	45	32.4%
	45~54 岁	41	29.5%
	55~64 岁	10	7.2%
	65 岁及以上	4	2.9%
受教育程度	未上小学	3	2.2%
	小学毕业	35	25.2%
	初中	77	55.4%
	高中或中专	17	12.2%
	大专或大学及以上	7	5.0%
婚姻状况	未婚	22	15.8%
	已婚	114	82.0%
	其他	3	2.2%
家庭年收入	1.2 万元以下	14	10.1%
	1.2 万~3.6 万元	39	28.1%
	3.6 万~6 万元	42	30.2%
	6 万~8.4 万元	20	14.4%
	8.4 万元以上	24	17.3%

续表

人口统计变量	题项	频率	占比
家中是否有 65 岁以上老人	是	140	52.8%
	否	125	47.2%
工作时长	0~1 小时	10	7.2%
	2~3 小时	7	5.0%
	4~5 小时	22	15.8%
	6~7 小时	50	36.0%
	8 小时及以上	50	36.0%

参与本次研究的 139 个被干预的农村居民中，92.8%的人在家经常做饭买菜，符合调研目的，有将近一半的人表示曾经因食用不卫生食物出现了腹泻、呕吐或者腹痛等症状。在购买食品时，33.8%的人总是会看产品包装的保质期，大部分（58.3%）偶尔看保质期，7.9%的人表示从来不看保质期，因为他们相信售卖的产品不会超过保质期。

8.3 干预前后知识、行为差异性分析

8.3.1 农村居民干预前后购买环节行为和知识分析

在购买环节，在经过了 10 次干预之后，受访者的行为和知识得到了明显的改善。其中，在考察受访者是否会查看产品包装上的保质期的行为题项中，经过 10 次干预后，由干预前的 33.8%提高到 58.3%。在考察购买有机食品、绿色食品、无公害食品的行为题项中，干预前受访者的优先购买意愿在 10.8%~14.4%，经过 10 次干预后，优先购买意愿提高到 43.9%~46%。在考察购买蔬菜、水果、生肉、海鲜等食品的顺序时，经过 10 次干预，受访者的行为规范率从 14.4%提高到 60.4%。在考察是否会给孩子购买没有生产许可编号的食品时，干预前，一半以上的受访者没有关注或不了解食品生产许可编号，在 10 次干预后，77.7%的受访者表示不会为孩子购买没有正式生产许可编号的食品。在考察受访者对有机食品、绿色食品、无公害食品的知识题项中，干预后，受访者的正确率分别提高了 22.3 个百分点、17.2 个百分点、13.6 个百分点。考察在夏季购买生肉、海鲜类食品，安全运输回家的正确率从 43.9%提高到 77%，说明在 10 次干预中，关于正确存储、运输

的干预是有效的。关于对食品标签的知识考察中，受访者对食品配料表、营养成分表、食品添加剂的知识正确率分别从 41%、55.4%、10.07%提升到 64%、69.8%和 18.71%。

8.3.2　农村居民干预前后存储环节行为和知识分析

经过 10 次干预后，农村居民的存储环节的知识普遍得到了提升，如第 11 题“如何保存刚买回来的大块生肉？”的正确率从初始的 50.36%增长到 73.38%；14 题“冰箱最佳的冷冻温度是多少？”的正确率从最初的 50.36%增长到 76.98%；15 题“饭菜做好后，但 3 个小时之后才能吃，您认为怎么处理好？”的正确率从初始的 16.55%增长到 48.20%；21 题“冰箱冷藏室有三层，您知道生肉应该放在哪一层吗？”的正确率从最初的 71.94%增长到 89.93%；22 题“冰箱冷藏室的适宜温度是多少？”的正确率从最初的 38.13%增长到 72.66%。但是，12 题“冷冻（−18℃）能杀死食物里边的细菌吗？”正确率却并没有提高，反而还有略微的下降，正确率从最初的 8.63%下降到 4.32%，但不论是干预前还是干预后，这个题的正确率都很低。具体见表 8.3。

表 8.3　农村居民干预前后存储环节知识得分

问题	干预前正确率	四次干预后正确率	八次干预后正确率	十次干预后正确率
11.如何保存刚买回来的大块生肉？	50.36%	61.15%	65.47%	73.38%
12.冷冻(−18℃)能杀死食物里边的细菌吗？	8.63%	5.76%	5.04%	4.32%
14.冰箱最佳的冷冻温度是多少？	50.36%	66.91%	75.54%	76.98%
15.饭菜做好后，但 3 个小时之后才能吃，您认为怎么处理好？	16.55%	28.06%	39.57%	48.20%
21.冰箱冷藏室有三层，您知道生肉应该放在哪一层吗？	71.94%	83.45%	81.29%	89.93%
22.冰箱冷藏室的适宜温度是多少？	38.13%	59.71%	65.47%	72.66%

干预之后消费者在存储行为方面也产生了积极变化，如生肉的存储行为的正确率从最初 24.26%增长到 56.12%。具体见表 8.4。

表 8.4　农村居民干预前后存储行为变化

问题	干预前正确率	四次干预后正确率	八次干预后正确率	十次干预后正确率
17.买回大块生肉后您怎样存储？	24.26%	33.81%	43.88%	56.12%

8.3.3 农村居民干预前后解冻环节行为和知识分析

10 次干预之后，农村居民的生肉解冻知识得到了显著提升，如第 16 题“解冻的肉还可以再冻上吗？”的正确率从最初的 31.65%增长到 73.38%；第 18 题“下列解冻生肉的方法，您认为哪种最不安全？”的正确率从最初的 35.97%增长到 64.75%。具体见表 8.5。

表 8.5 农村居民干预前后解冻环节知识得分

问题	干预前 正确率	四次干预后 正确率	八次干预后 正确率	十次干预后 正确率
16.解冻的肉还可以再冻上吗?	31.65%	57.55%	66.9%	73.38%
18.下列解冻生肉的方法，您认为哪种最不安全?	35.97%	48.92%	58.99%	64.75%

10 次干预后，农村居民解冻行为也获得了显著改善，解冻行为的正确率从 20.86%提升到 64.75%。具体见表 8.6。

表 8.6 农村居民干预前后解冻行为变化

问题	干预前正确率	四次干预后正确率	八次干预后正确率	十次干预后正确率
18.从冰箱拿出冻肉,您一般怎么解冻?	20.86%	46.76%	61.15%	64.75%

8.3.4 农村居民干预前后食物准备环节行为和知识分析

经过 10 次干预后，农村居民的食物准备环节的知识全部得到了提升，如第 24 题“清理厨房面板或灶台的方法是？”的正确率从初始的 71.94%增长到 88.49%；第 25 题“您认为下列选项中哪个是洗碗的正确方法（多选题）？”的正确率从初始的 23.02%增长到 33.09%；第 26 题“菜板切完肉要切水果，怎样做才安全卫生？”的正确率从初始的 26.62%增长到 37.41%；第 27 题“您认为手上有伤口的话，处理食物是否安全？”的正确率从初始的 43.88%增长到 64.75%。还有三道题虽然正确率也有提升，但提升的幅度较小，分别是第 17 题“您认为蔬菜水果应该如何清洗？”的正确率从 43.88%增长到 47.48%，第 28 题“正确的洗手方法是？”正确率从 46.76%增长到 52.52%和第 29 题“处理生肉后，应该怎么洗手？”正确率从 71.22%提升到 76.26%。具体见表 8.7。

表 8.7 农村居民干预前后食物准备环节知识得分

问题	干预前正确率	四次干预后正确率	八次干预后正确率	十次干预后正确率
17.您认为蔬菜水果应该如何清洗?	43.88%	43.88%	56.12%	47.48%

续表

问题	干预前正确率	四次干预后正确率	八次干预后正确率	十次干预后正确率
24.清理厨房面板或灶台的方法是?	71.94%	80.58%	80.58%	88.49%
25.您认为下列选项中哪个是洗碗的正确方法?（多选题）	23.02%	26.62%	33.09%	33.09%
26.菜板切完肉后要切水果，怎样做才安全卫生?（多选题）	26.62%	31.65%	36.69%	37.41%
27.您认为手上有伤口的话，处理食物是否安全?	43.88%	56.11%	53.96%	64.75%
28.正确的洗手方法是?	46.76%	45.32%	47.48%	52.52%
29.处理生肉后，应该怎么洗手?	71.22%	74.1%	73.38%	76.26%

对于农村居民在 10 次干预之后食物准备行为的改变也都是非常正向的，不论是蔬菜的清洗行为还是洗手行为，都得到了显著改善。具体见表 8.8。

表 8.8　农村居民干预前后食物准备行为改变

问题	干预前正确率	四次干预后正确率	八次干预后正确率	十次干预后正确率
16.买回来的蔬菜您通常怎样清洗?	45.3%	44.6%	43.9%	42.4%
19.处理生肉后，您一般怎么洗手?	15.8%	25.9%	36%	39.6%
20.切完生肉的菜板您一般怎样清理?	10.8%	23%	33.1%	41.7%
21.您切生肉跟切青菜（用来凉拌）通常是使用同一块菜板吗?	11.5%	18%	15.8%	38.8%
22.接触食物前您会洗手吗?	43.9%	50.4%	61.9%	69.8%
23.以下哪一选项最符合您的洗手习惯?	15.8%	27.3%	36%	46.8%

8.3.5　农村居民干预前后剩菜处理环节行为和知识分析

经过 10 次干预后，农村居民的剩菜处理环节的知识全部得到了提升，如第 19 题“如何加热剩菜？”的正确率从初始的 56.83%增长到 77.7%；第 20 题“处理剩菜的正确方法是？”的正确率从初始的 61.87%增长到 76.26%；第 23 题“剩菜在冰箱里最长放多久？”的正确率从初始的 64.75%增长到 89.21%。具体见表 8.9。

表 8.9　农村居民干预前后剩菜处理环节知识得分

问题	干预前正确率	四次干预后正确率	八次干预后正确率	十次干预后正确率
19.如何加热剩菜?	56.83%	68.35%	74.1%	77.7%
20.处理剩菜的正确方法是?	61.87%	72.66%	75.54%	76.26%
23.剩菜在冰箱里最长放多久?	64.75%	76.98%	82.73%	89.21%

干预 10 次之后，农村居民的剩菜处理行为得到了普遍改善，如“一般您是怎样加热剩菜的？”的正确率从 64.03%提高到 84.17%，其他的行为正确率也都提高了 15 个百分点以上。具体见表 8.10。

表 8.10 农村居民干预前后剩菜处理行为改变

问题	干预前正确率	四次干预后正确率	八次干预后正确率	十次干预后正确率
24.您在家里平时怎么处理剩菜？	38.13%	45.32%	51.08%	64.75%
25.您家里的剩菜一般吃几顿？	41.73%	48.92%	61.87%	70.5%
26.一般您是怎样加热剩菜的？	64.03%	68.35%	74.1%	84.17%

8.3.6 农村居民干预前后食品安全处理知识和行为总体情况

在考察受访者家庭食品安全处理行为的调查问卷中，一共有 27 道题，考察受访者在购买阶段、存储解冻阶段、准备阶段和剩菜处理阶段的行为。

在考察受访者家庭食品安全处理知识的调查问卷中，一共有 36 道题，29 道题考察了受访者在购买阶段、存储解冻阶段、准备阶段和剩菜处理阶段的知识，7 道题考察了食源性疾病的知识。

在问卷分数统计中，有三点事项需要说明。第一，没有干预的知识并不进行得分统计。例如，食品安全行为中的第 1 题“您在家经常做饭或买菜吗？”；第 2 题“在过去一年中，您是否有因为食用不卫生食物出现腹泻、呕吐、腹痛等症状？”。该类题项均不做分数统计。

第二，在选项中，如果选项是以利克特量表形式被选择，则赋分为 3 分、2 分、1 分，而不是选对 1 分，选错 0 分。例如，食品安全行为中的第 4 题“购买食品时，您是否会优先选择带有右边标识的产品？”，选项 A“总是会优先选择带有此类标识的产品”，赋值 3 分；选项 B“有时会优先选择”，赋值 2 分；选项 C“从不优先选择”，赋值 1 分。

第三，多选题根据问题的性质计分。如果题项是关于受访者行为方面的，如食品安全行为中的第 18 题“从冰箱拿出冻肉，您一般怎么解冻？”，正确答案是选项 A“用微波炉解冻”；选项 C“密封包装好后泡在冷水里”；选项 F“提前放在冰箱冷藏室里”。如果受访者选择了正确答案中的一个，即可记为 1 分。但是针对食品安全知识部分的多选题，受访者如果选对部分选项，则说明受访者对于该知识不了解，没有全部规避风险，仍然有安全隐患，所以部分选对也只给 0 分，只有全部选对才给 1 分。例如，食品安全知识部分中的第 26 题“菜板切完肉要切水果，怎样做才安全卫生？”，正确的答案是选项 D“用热水和洗洁精把菜板冲洗干净，再切水果”；选项 E“用另一块菜板切水果”。如果受访者只选择一项，那么对于这个知识掌握得并不完全，因此选择了全部正确答案的才给 1 分。另外，多选题只要选错选项，就赋值 0 分。

四次干预的食品安全行为得分和食品安全知识得分的描述性分析如表 8.11 所示，在食品安全行为得分上，得分由高到低排序如下：干预问卷四（14.72）>干预问卷三（13.33）>干预问卷二（11.66）>干预问卷一（9.76）；在食品安全知识得分上，得分由高到低排序如下：干预问卷四（21.43）>干预问卷三（19.34）>干预问卷二（17.35）>干预问卷一（13.71）。

表 8.11　食品安全行为得分和食品安全知识得分

分类		n	均值	标准差	标准误	均值的 95%置信区间		极小值	极大值
						下限	上限		
食品安全行为得分	干预问卷一	139	9.76	3.021	0.256	9.26	10.27	4	20
	干预问卷二	139	11.66	3.490	0.296	11.08	12.25	5	21
	干预问卷三	139	13.33	3.746	0.318	12.70	13.96	5	22
	干预问卷四	139	14.72	4.056	0.344	14.04	15.40	6	22
	总数	556	12.37	4.040	0.171	12.03	12.71	4	22
食品安全知识得分	干预问卷一	139	13.71	4.466	0.379	12.96	14.45	4	25
	干预问卷二	139	17.35	5.047	0.428	16.51	18.20	6	31
	干预问卷三	139	19.34	5.471	0.464	18.42	20.26	6	31
	干预问卷四	139	21.43	5.775	0.490	20.46	22.40	6	32
	总数	556	17.96	5.929	0.251	17.46	18.45	4	32

为了进一步研究四次干预的食品安全行为得分和食品安全知识得分有无显著差异，采用差异性分析进行验证，具体分析结果见表 8.12。

表 8.12　食品安全行为得分和食品安全知识得分差异比较

分类	平方和	df	均方	F	显著性	Sig.
食品安全行为得分	组间	1 910.308	3	636.769	49.180	0.000
	组内	7 147.108	552	12.948		
	总数	9 057.415	555			
食品安全知识得分	组间	4 507.122	3	1 502.374	55.281	0.000
	组内	15 001.842	552	27.177		
	总数	19 508.964	555			

采用单因素方差法分析四次干预的食品安全行为得分和食品安全知识得分的差异性，以显著性作为判断标准，当 Sig. >0.05 时，两个变量之间不存在显著差异；当 Sig. <0.05 时，两个变量之间存在显著差异。从表 8.12 中可以看出，Sig.小于 0.05，

证明四次干预的食品安全行为得分和食品安全知识得分上有显著差异。为了进一步验证四次干预两两之间的食品安全行为得分和食品安全知识得分上是否显著不同，采用LSD检验进行验证。具体结果见表8.13。

表8.13 食品安全行为得分和食品安全知识得分显著性比较

因变量	（I）分组	（J）分组	均值差（I–J）	标准误	显著性
食品安全行为得分	干预问卷一	干预问卷二	−1.899*	0.432	0.000
		干预问卷三	−3.568*	0.432	0.000
		干预问卷四	−4.957*	0.432	0.000
	干预问卷二	干预问卷一	1.899*	0.432	0.000
		干预问卷三	−1.669*	0.432	0.000
		干预问卷四	−3.058*	0.432	0.000
	干预问卷三	干预问卷一	3.568*	0.432	0.000
		干预问卷二	1.669*	0.432	0.000
		干预问卷四	−1.388*	0.432	0.001
	干预问卷四	干预问卷一	4.957*	0.432	0.000
		干预问卷二	3.058*	0.432	0.000
		干预问卷三	1.388*	0.432	0.001
食品安全知识得分	干预问卷一	干预问卷二	−3.647*	0.625	0.000
		干预问卷三	−5.633*	0.625	0.000
		干预问卷四	−7.727*	0.625	0.000
	干预问卷二	干预问卷一	3.647*	0.625	0.000
		干预问卷三	−1.986*	0.625	0.002
		干预问卷四	−4.079*	0.625	0.000
	干预问卷三	干预问卷一	5.633*	0.625	0.000
		干预问卷二	1.986*	0.625	0.002
		干预问卷四	−2.094*	0.625	0.001
	干预问卷四	干预问卷一	7.727*	0.625	0.000
		干预问卷二	4.079*	0.625	0.000
		干预问卷三	2.094*	0.625	0.001

*表示在0.1级别（双尾）相关性显著

表8.13是四次干预两两之间的食品安全行为得分和食品安全知识得分的LSD检验结果，由表8.13可知，在食品安全行为得分和食品安全知识得分上，干预问卷一、干预问卷二、干预问卷三、干预问卷四两两之间的显著性系数均小于0.05，即四次干预两两之间的食品安全行为得分和食品安全知识得分均存在显著差异。

表 8.14 分析研究变量之间的相关关系，检验食品安全行为得分和食品安全知识得分之间是否具有相关性，用 Pearson 相关系数检验，显著性水平为 95%。从表8.14 中可以看出，在置信度（双侧）为 0.05 的水平上，食品安全行为得分和食品安全知识得分的相关系数大于 0，显著性小于 0.05，证明食品安全行为得分和食品安全知识得分之间为正相关，且为显著相关。

表 8.14　食品安全行为得分和食品安全知识得分相关性

分类		食品安全行为得分	食品安全知识得分
食品安全行为得分	Pearson 相关系数	1	
	n	556	
食品安全知识得分	Pearson 相关系数	0.525**	1
	n	556	556

**表示在 0.05 水平（双侧）上显著相关

从数据结果分析，食品安全知识得分和食品安全行为得分随着干预次数的增加而增加，这表明了干预效果显著。虽然此次干预次数较多，但是受访者积极接收干预信息，干预效果体现在持续增加的得分上。在干预后期收集了被干预者的反馈信息，大部分对于此次干预的效果表示认可，也希望从不同的渠道获得权威正确的食品安全知识指导，提高自己和家人的食品安全水平。

8.3.7　不同干预渠道干预效果比较

在农村进行干预调研的过程中，一共有 65 位受访者参与了线下干预调研，74 位受访者参与了线上干预调研。对被干预者分别在干预前、四次干预后、八次干预后、十次干预后进行了干预效果评价，线下和线上干预的受访者家庭食品安全行为和食品安全知识得分情况见表 8.15。

表 8.15　线下线上干预的受访者家庭食品安全行为和食品安全知识得分汇总

分类		线下渠道干预					线上渠道干预				
		n	均值	标准差	最小值	最大值	n	均值	标准差	最小值	最大值
食品安全行为得分	干预前问卷	65	10.22	3.03	6	20	74	9.37	2.98	4	20
	四次干预后问卷	65	12.22	3.63	5	21	74	11.18	3.31	5	20
	八次干预后问卷	65	13.75	3.78	7	22	74	12.96	3.71	5	21
	十次干预后问卷	65	15.26	3.84	7	22	74	14.24	4.21	6	21
食品安全知识得分	干预前问卷	65	13.89	5.08	4	25	74	13.54	3.87	5	22
	四次干预后问卷	65	17.60	4.95	6	30	74	17.14	5.15	9	31

续表

分类		线下渠道干预					线上渠道干预				
		n	均值	标准差	最小值	最大值	n	均值	标准差	最小值	最大值
食品安全知识得分	八次干预后问卷	65	20.11	5.63	6	31	74	18.66	5.28	9	31
	十次干预后问卷	65	22.00	5.55	6	32	74	20.93	5.96	6	32

由表 8.15 可知，对于线下干预模式，在食品安全行为得分均值上，得分由高到低排序如下：十次干预后问卷（15.26 分）>八次干预后问卷（13.75 分）>四次干预后问卷（12.22 分）>干预前问卷（10.22 分）；在食品安全知识得分上，得分由高到低排序如下：十次干预后问卷（22.00 分）>八次干预后问卷（20.11 分）>四次干预后问卷（17.60 分）>干预前问卷（13.89 分）。

对于线上干预模式，在食品安全行为得分均值上，得分由高到低排序如下：十次干预后问卷（14.24 分）>八次干预后问卷（12.96 分）>四次干预后问卷（11.18 分）>干预前问卷（9.37 分）；在食品安全知识得分上，得分由高到低排序如下：十次干预后问卷（20.93 分）>八次干预后问卷（18.66 分）>四次干预后问卷（17.14 分）>干预前问卷（13.54 分）。

在此基础上，对线上、线下两种干预渠道的受访者的家庭食品安全行为和食品安全知识得分进行比较，分析通过不同干预渠道进行干预的效果是否存在显著差异。

分别计算线上、线下受访者食品安全行为得分变化相关数据。

（1）四次干预后的线上干预行为得分的变化值（第四次线上干预后得分减线上干预前得分）和线下干预行为得分的变化值（第四次线下干预后得分减线下干预前得分），并比较两者有没有显著差异（表中记为线上 vs.线下—变化 1）。

（2）八次干预后的线上干预行为得分的变化值（第八次线上干预后得分减第四次线上干预后得分）和线下干预行为得分的变化值（第八次线下干预后得分减第四次线下干预后得分），并比较两者有没有显著差异（表中记为线上 vs.线下—变化 2）。

（3）十次干预后的线上干预行为得分的变化值（第十次线上干预后得分减第八次线上干预后得分）和线下干预行为得分的变化值（第十次线下干预后得分减第八次线下干预后得分），并比较两者有没有显著差异（表中记为线上 vs.线下—变化 3）。

（4）十次干预后的线上干预行为得分的总变化值（第十次线上干预后得分减线上干预前得分）和线下干预行为得分的总变化值（第十次线下干预后得分减线下干预前得分），并比较两者有没有显著差异（表中记为线上 vs.线下—变化总）。

从表 8.16 中可以看出，在此次干预中，线上、线下两种渠道的干预效果并没有体现出差别，即线上干预、线下干预对于提高受访者的行为和知识得分均是有效的。

表 8.16　线上线下家庭食品安全处理行为得分变化的 *t* 检验结果

分类		Levene 的变异数相等测试		针对平均值是否相等的 *t* 检验		
		F	显著性	*t*	df	显著性（双尾）
线上 vs.线下—变化 1	采用相等变异数	0.119	0.730	0.343	137	0.732
	不采用相等变异数			0.342	132.045	0.733
线上 vs.线下—变化 2	采用相等变异数	0.623	0.431	−0.530	137	0.597
	不采用相等变异数			−0.530	135.141	0.597
线上 vs.线下—变化 3	采用相等变异数	0.285	0.594	0.455	137	0.650
	不采用相等变异数			0.461	136.340	0.645
线上 vs.线下—变化总	采用相等变异数	2.586	0.110	0.213	137	0.831
	不采用相等变异数			0.215	136.982	0.830

同样，将线上、线下受访者食品安全知识得分的差异性进行比较，并计算相关数据。

（1）四次干预后的线上干预知识得分的变化值（第四次线上干预后得分减线上干预前得分）和线下干预知识得分的变化值（第四次线下干预后得分减线下干预前得分），并比较两者有没有显著差异（表中记为线上 vs.线下—变化 1）。

（2）八次干预后的线上干预知识得分的变化值（第八次线上干预后得分减第四次线上干预后得分）和线下干预知识得分的变化值（第八次线下干预后得分减第四次线下干预后得分），并比较两者有没有显著差异（表中记为线上 vs.线下—变化 2）。

（3）十次干预后的线上干预知识得分的变化值（第十次线上干预后得分减第八次线上干预后得分）和线下干预知识得分的变化值（第十次线下干预后得分减第八次线下干预后得分），并比较两者有没有显著差异（表中记为线上 vs.线下—变化 3）。

（4）十次干预后的线上干预知识得分的总变化值（第十次线上干预后得分减线上干预前得分）和线下干预知识得分的总变化值（第十次线下干预后得分减线下干预前得分），并比较两者有没有显著差异（表中记为线上 vs.线下—变化总）。

线上、线下知识得分变化值的 *t* 检验结果如表 8.17。从表 8.17 中可以看出，对于线上、线下两种渠道的干预效果，在此次干预中，并没有体现出差别。即线上干预、线下干预对于提高受访者的知识得分均是有效的，而且线上干预和线下干预这两种渠道的干预效果并没有明显差异。

表 8.17 线上线下家庭食品安全处理知识得分变化的 *t* 检验结果

分类		Levene 的变异数相等测试		针对平均值是否相等的 *t* 检验		
		F	显著性	*t*	df	显著性（双尾）
线上 vs.线下—变化 1	采用相等变异数	0.477	0.491	0.149	137	0.882
	不采用相等变异数			0.148	131.574	0.882
线上 vs.线下—变化 2	采用相等变异数	2.341	0.128	1.342	137	0.182
	不采用相等变异数			1.319	118.841	0.190
线上 vs.线下—变化 3	采用相等变异数	5.825	0.017	−0.632	137	0.528
	不采用相等变异数			−0.644	133.753	0.521
线上 vs.线下—变化总	采用相等变异数	0.021	0.886	0.647	137	0.519
	不采用相等变异数			0.642	129.679	0.522

8.4 政策建议

（1）相对于城市居民，农村居民的食品安全知识和食品安全行为得分普遍较低，干预农村居民食品安全知识和行为是相关部门的工作重点。

（2）本次干预调研主要的干预渠道是面对面干预、线上微信群干预，其他的干预手段，如电视、广播、新媒体、居委会的宣传栏、培训班等都可以尝试，并且可以进一步比较不同干预渠道的干预效果。

（3）本次干预调研得出结论，随着干预次数的增加，干预效果越来越好。因此，长期的稳定的干预是提高农村居民食品安全知识得分的重要手段。

（4）食品安全知识得分的增加和食品安全行为得分的增加之间具有显著的正向相关关系，因此，为了保障农村居民的食品消费安全，权威知识的发布是必要的。

8.5 本章小结

基于以上研究可以看出，干预次数不同对农村居民的家庭食品安全处理行为和知识的改变有显著差异，因此开展长期稳定的干预是有必要的。而且，在本次研究中，线上和线下两种干预渠道对受访者的干预效果并没有明显差异，因此各地可以因地制宜，酌情选择干预渠道。

参 考 文 献

白丽，汤晋，王林森，等. 2014b. 家庭食品安全行为高风险群体辨识研究[J]. 消费经济，30（1）：43-46.

白丽，魏昱同，郭思宏. 2014a. 消费者食品安全知识评价与人口学特征研究——对家庭食物消费链的考察[J]. 中国食物与营养，20（9）：46-50.

陈勃. 1999. 自我的防御和应对：弗洛伊德理论与皮亚杰理论的联合点[J]. 北京师范大学学报（人文社会科学版），（5）：67-72.

陈君石. 2008-06-29. 消费者应学会自我保护技能[N]. 工人日报（003）.

陈君石. 2015-04-20. 中国的食源性疾病有多严重？[N]. 北京科技报（052）.

陈荔萍，顾勤，吴舒窈，等. 2019.家庭医生服务对社区老年人跌倒预防知信行干预的研究[J]. 中国社区医师，35（31）：168-169.

陈香玉. 2015. 可追溯乳品消费者行为研究[D]. 中国农业科学院博士学位论文.

陈香玉，龚晶，孟鹤. 2017.可追溯乳品消费意愿和行为差异的影响因素研究[J]. 中国乳品工业，45（2）：33-38，60.

陈向明. 2015. 扎根理论在中国教育研究中的运用探索[J]. 北京大学教育评论，13（1）：2-15，188.

陈新建，董涛，易干军. 2014. 城市消费者有机食品认知与购买决策——基于北京、上海、广州、深圳 1017 名消费者调查[J]. 华中农业大学学报（社会科学版），（2）：80-87.

陈燕，赵晨鹰. 2009. 两种自我保护机制：记忆忽视和自我免疫[J]. 心理科学进展，17（2）：384-389.

段文婷，江光荣. 2008. 计划行为理论述评[J]. 心理科学进展，16（2）：315-320.

费小冬. 2008. 扎根理论研究方法论：要素、研究程序和评判标准[J]. 公共行政评论，1（3）：23-43，197.

公雪梅，杨蕙馨. 2016. 蔬菜电子商务消费者购买意愿的扎根理论分析[J]. 求索，（7）：90-94.

巩顺龙，白丽，陈磊，等. 2011. 我国城市居民家庭食品安全消费行为实证研究——基于 15 个省市居民家庭的肉类处理行为调查[J]. 消费经济，27（3）：80-84.

郭思宏. 2013. 家庭环境下的消费者食品安全行为评价研究[D]. 吉林大学博士学位论文.

韩杨，曹斌，陈建先，等. 2014. 中国消费者对食品质量安全信息需求差异分析——来自 1573 个消费者的数据检验[J]. 中国软科学，（2）：32-45.

韩杨，乔娟. 2009. 消费者对可追溯食品的态度、购买意愿及影响因素——基于北京市调查的检验与分析[J]. 技术经济，28（4）：37-43，53.

姜百臣，朱桥艳，欧晓明. 2013. 优质食用农产品的消费者支付意愿及其溢价的实验经济学分析——来自供港猪肉的问卷调查[J]. 中国农村经济，（2）：23-34.

李连英，郭锦墉. 2015. 消费者对蔬菜质量安全认知与购买行为的影响因素分析——基于南昌市的调查[J]. 农业经济与管理，（5）：79-88.

李玲玉，陈香伶，曾茵茵. 2019. 知信行健康教育模式对血脂异常患者服药依从性的影响[J]. 白求恩医学杂志，17（4）：391-393.

李维瑜，刘静，余桂林，等. 2015. 知信行理论模式在护理工作中的应用现状与展望[J]. 护理学杂志，30（6）：107-110.

李想，石磊. 2014. 行业信任危机的一个经济学解释：以食品安全为例[J]. 经济研究，（1）：169-181.

李新春，陈斌. 2013. 企业群体性败德行为与管制失效——对产品质量安全与监管的制度分析[J]. 经济研究，（10）：98-111，123.

李勇. 2013. 中国地理[M]. 哈尔滨：黑龙江科学技术出版社.

凌文华. 2018. 膳食模式与慢性病防治[J]. 中华预防医学杂志，52（3）：217-220.

刘丹. 2013. 顾客兼容性量表的开发与检验[D]. 长沙理工大学硕士学位论文.

刘金平，黄宏强，周广亚. 2006. 城市居民风险认知结构研究[J]. 心理科学，（6）：1439-1441，1459.

刘录民. 2009. 我国食品安全监管体系研究[D]. 西北农林科技大学博士学位论文.

刘录民，侯军歧，景为. 2008.食品安全概念的理论分析[J]. 西安电子科技大学学报（社会科学版），18（4）：53-59.

刘宁，高尔生，武俊青. 2008. 居民营养知识、态度、行为及影响因素分析[J]. 中国公共卫生，24（4）：482-485.

刘增金，乔娟. 2014. 消费者对可追溯食品的购买行为及影响因素分析——基于大连市和哈尔滨市的实地调研[J]. 统计与信息论坛，29（1）：100-105.

卢嘉怡. 2015. 有机食品购买行为的影响因素研究——基于兰州城镇居民的调查[D]. 兰州财经大学硕士学位论文.

罗丞. 2010. 消费者对安全食品支付意愿的影响因素分析——基于计划行为理论框架[J]. 中国农村观察，（6）：22-34.

罗丞. 2011. 信念对消费者安全食品购买倾向的影响——计划行为理论框架下的分析[J]. 华东经济管理，25（2）：109-113.

马庆国. 2002. 管理统计：数据获取、统计原理、SPSS 工具与应用研究[M]. 北京：科学出版社.

马小辉. 2012. 基于计划行为理论对消费者安全食品购买意向的研究[D]. 华中农业大学硕士学位论文.

梅媛. 2013. 长沙市居民心肺复苏知信行现状及培训效果研究[D]. 中南大学硕士学位论文.

倪国华，郑风田. 2014. 媒体监管的交易成本对食品安全监管效率的影响——一个制度体系模型及其均衡分析[J]. 经济学（季刊），13（2）：559-582.

彭慧蛟，万丽红，黄月友，等. 2012. 脑卒中患者健康信念与健康行为的调查研究[J]. 中华护理杂志，47（1）：10-13.

全国食品工业标准化技术委员会. 2003. 食品工业基本术语（一）[J]. 江西食品工业，（4）：55-56.

全世文，曾寅初. 2014. 食品安全：消费者的标识选择与自我保护行为[J]. 中国人口·资源与环境，24（4）：77-85.

任端平，潘思轶，何晖，等. 2006. 食品安全、食品卫生与食品质量概念辨析[J]. 食品科学，27（6）：256-259.

任萍. 2011. 3 起家庭化学性食物中毒事件调查[J]. 海峡预防医学杂志，17（1）：52-53.

慎飞飞. 2019. 知信行干预对颅脑肿瘤手术患者术后康复的影响[J]. 中国高等医学教育，（11）：136，138.

石贵成，王永贵，邢金刚，等. 2005. 对服务销售中关系强度的研究——概念界定、量表开发与效度检验[J]. 南开管理评论，8（3）：74-82.

宋友. 2014. 基于健康信念理论的绿色农产品购买意愿影响机制研究[D]. 湖南大学硕士学位论文.

隋思博. 2017. 消费者对餐饮服务业食品安全状况评价及教育策略[D]. 吉林大学硕士学位论文.

孙金姗，李健，孔祥静. 2017. 基于知信行模式的健康教育在糖尿病足患者中的应用研究[J]. 中国健康教育，33（9）：848-851.

滕月. 2011. 我国消费者食品安全意识和行为研究[J]. 消费经济，27（2）：74-77.

汪清秀，孙旭文，石鸿艳，等. 2015. 知信行模式干预对社区老年高血压患者自我管理行为的影响[J]. 护理学杂志，30（1）：88-90.

王常伟，顾海英. 2012. 中国消费者记性差吗?——对中国消费者容忍企业食品安全问题的经济分析[J]. 经济与管理研究，（10）：121-128.

王二朋，高志峰. 2016. 风险感知、政府公共管理信任与食品购买行为——对中国消费者品牌食品与安全认证食品购买行为的解释[J]. 南京工业大学学报（社会科学版），15（3）：92-98.

王慧敏，乔娟，宁攸凉. 2012. 消费者对安全食品购买意愿的影响因素分析——基于北京市城镇消费者“绿色食品”认证猪肉消费行为的实证分析[J]. 中国畜牧杂志，48（6）：48-52.

王建华，王思瑶，山丽杰. 2016. 农村食品安全消费态度、意愿与行为的差异研究[J]. 中国人口·资源与环境，26（11）：139-149.

王建明，王俊豪. 2011. 公众低碳消费模式的影响因素模型与政府管制政策——基于扎根理论的一个探索性研究[J]. 管理世界，（4）：58-68.

王林森. 2013. 家庭食品安全干预主体及干预渠道研究[D]. 吉林大学硕士学位论文.
王思思. 2013. 大学毕业生就业权益自我保护研究[D]. 沈阳师范大学硕士学位论文.
王晓莉，李勇强，李清光，等. 2015. 中国环境污染与食品安全问题的时空聚集性研究——突发环境事件与食源性疾病的交互[J]. 中国人口・资源与环境，25（12）：53-61.
王志刚，李腾飞，黄圣男. 2013. 消费者对食品安全的认知程度及其消费信心恢复研究——以“问题奶粉”事件为例[J]. 消费经济，29（4）：42-47.
魏洁. 2019. 知信行干预模式预防居家高龄养老者跌倒的效果[J]. 首都食品与医药，26（24）：138.
魏昱同. 2015. 基于自检卡的家庭食品安全风险干预模式及制度保障研究[D]. 吉林大学硕士学位论文.
吴林海，王红纱，刘晓琳. 2014. 可追溯猪肉：信息组合与消费者支付意愿[J]. 中国人口・资源与环境，24（4）：35-45.
吴明隆. 2010. 问卷统计分析实务——SPSS 操作与应用[M]. 重庆：重庆大学出版社.
吴元元. 2012. 信息基础、声誉机制与执法优化——食品安全治理的新视野[J]. 中国社会科学，（6）：115-133，207-208.
谢红光. 2013. 体质健康信念对体育锻炼行为意向及行为习惯的影响[J]. 体育学刊，20（4）：100-105.
谢康，赖金天，肖静华，等. 2016. 食品安全、监管有界性与制度安排[J]. 经济研究，51（4）：174-187.
谢兴伟，孙亚慧，栾国翠. 2014. 大学生食品安全认知影响因素和食品安全教育对策研究[J]. 中国健康教育，30（12）：1094-1097.
徐文婷. 2018-09-19. 食源性疾病不可小视[EB/OL]. http://health.people.com.cn/n1/2018/0919/c14739-30302748.html.
叶蔚云，曾美玲，林洁如. 2012. 广州市家庭食品安全操作及影响因素分析[J]. 中国公共卫生，28（3）：312-314.
余建斌，乔娟. 2010. 消费者对认证农产品的支付意愿及其影响因素——基于广州市消费者行为的实证分析[R]. 2010 年全国中青年农业经济学者年会. 武汉.
曾伏娥，罗茜，屠采撷，等. 2011. 网上消费者非伦理行为：特性、维度与测量[J]. 南开管理评论，14（2）：26-36.
张莉. 2010. 兰州市 486 名孕妇食品安全认知状况及购买力行为调查分析[D]. 兰州大学硕士学位论文.
张涛. 2005. 食品安全法律规制研究[D]. 西南政法大学博士学位论文.
张召普. 2016. 服务意识量表开发[D]. 山东大学硕士学位论文.
赵欣. 2012. 慢病管理的现状与发展方向[J]. 中国临床医生，40（3）：42-44.
中国疾控中心. 2020. 中国居民营养与慢性病状况报告（2020 年）[J]. 营养学报，（6）：521.

钟甫宁，易小兰. 2010. 消费者对食品安全的关注程度与购买行为的差异分析——以南京市蔬菜市场为例[J]. 南京农业大学学报（社会科学版），10（2）：19-26.

钟年，彭凯平. 2005.文化心理学的兴起及其研究领域[J]. 中南民族大学学报（人文社会科学版），25（6）：12-16.

周应恒，霍丽玥，彭晓佳. 2004. 食品安全：消费者态度、购买意愿及信息的影响——对南京市超市消费者的调查分析[J]. 中国农村经济，（11）：53-59，80.

Ababio P F，Lovatt P. 2015. A review on food safety and food hygiene studies in Ghana[J]. Food Control，47：92-97.

Aiken L S，West S G，Reno R R. 1991. Multiple Regression：Testing and Interpreting Interactions[M]. London：Sage.

Ajzen I. 1985. From intentions to actions：a theory of planned behavior[C]//Kuhl J，Beckman J. Action Control：From Cognition to Behavior. Heidelberg：Springer：11-39.

Ajzen I. 1991. The theory of planned behavior[J]. Organizational Behavior and Human Decision Processes，50（2）：179-211.

Ajzen I，Fishbein M. 1980. Understanding Attitudes and Predicting Social Behavior[M]. Englewood Cliffs：Prentice Hall.

Al-Shabib N A，Husain F M，Khan J M. 2017. Study on food safety concerns，knowledge and practices among university students in Saudi Arabia[J]. Food Control，73：202-208.

Amiri P，Ghofranipour F，Ahmadi F，et al. 2011. Barriers to a healthy lifestyle among obese adolescents：a qualitative study from Iran[J]. International Journal of Public Health，56（2）：181-189.

Arrow K J，Cropper M L，Eads G C，et al. 1996. Is there a role for benefit-cost analysis in environmental，health，and safety regulation?[J]. Science，272（5259）：221-222.

Bagozzi R P. 1992. The self-regulation of attitudes，intentions，and behavior[J]. Social Psychology Quarterly，55（2）：178-204.

Bagozzi R P. 1993. On the neglect of volition in consumer research：a critique and proposal[J]. Psychology & Marketing，10（3）：215-237.

Bai L，Tang J，Yang Y，et al. 2014. Hygienic food handling intention. An application of the theory of planned behavior in the Chinese cultural context[J]. Food Control，42：172-180.

Baker C，Wuest J，Stern P N. 1992. Method slurring：the grounded theory phenomenology example[J]. Journal of Advanced Nursing，17（11）：1355-1360.

Bandura. 1997. A Self-Efficacy：The Exercise of Control[M]. New York：Freeman.

Baron R M，Kenny D A. 1986. The moderator-mediator variable distinction in social psychological research：conceptual，strategic，and statistical considerations[J]. Journal of Personality and Social Psychology，51（6）：1173-1182.

Baser F，Ture H，Abubakirova A，et al. 2017. Structural modeling of the relationship among food safety knowledge，attitude and behavior of hotel staff in Turkey[J]. Food Control，73：438-444.

Bauer R A. 1960. Consumer behavior as risk taking[C]//Hancock R S. Dynamic Marketing for a Changing World. Chicago：American Marketing Association：389-398.

Beck L，Ajzen I. 1991. Predicting dishonest actions using the theory of planned behavior[J]. Journal of Research in Personality，25（3）：285-301.

Becker M H. 1974. The Health Belief Model and Personal Health Behavior[M]. Thorofare：Slack.

Byrd-Bredbenner C，Wheatley V，Schaffner D，et al. 2007. Development and implementation of a food safety knowledge instrument[J]. Journal of Food Science Education，6（3）：46-55.

Byrne B. 2010. Structural Equation Modeling with AMOS：Basic Concepts，Applications，and Programming[M]. 2nd ed. New York：Routledge.

Carr C J，Lu F C. 1998. Partnership for food safety education— "Fight BAC!" [J]. Regulatory Toxicology and Pharmacology，27（3）：281-282.

Champion V L. 1984. Instrument development for health belief model constructs[J]. Advances in Nursing Science，6（3）：73-85.

Chapman B，Eversley T，Fillion K，et al. 2010. Assessment of food safety practices of food service food handlers（risk assessment data）：testing a communication intervention（evaluation of tools）[J]. Journal of Food Protection，73（6）：1101-1107.

Charmaz K. 2000. Grounded theory：objectivist and constructivist methods[C]//Denzin N K，Lincoln Y S. Handbook of Qualitative Research. 2nd ed. Thousand Oaks：Sage：509-535.

Charmaz K. 2006. Constructing Grounded Theory：A Practical Guide Through Qualitative Analysis[M]. London：Sage.

Chow S，Mullan B. 2010. Predicting food hygiene. An investigation of social factors and past behaviour in an extended model of the health action process approach[J]. Appetite，54（1）：126-133.

Cohen J，Cohen P，West S G，et al. 2013. Applied Multiple Regression/Correlation Analysis for the Behavioral Sciences[M]. Mahwah：Routledge.

Collins J E. 1997. Impact of changing consumer lifestyles on the emergence/reemergence of foodborne pathogens[J]. Emerging Infectious Diseases，3（4）：471-479.

Courtney S M，Majowicz S E，Dubin J A. 2016. Food safety knowledge of undergraduate students at a Canadian university：results of an online survey[J]. BMC Public Health，16（1）：1147.

Cutcliffe J R. 2000. Methodological issues in grounded theory[J]. Journal of Advanced Nursing，31（6）：1476-1484.

da Motta S P O, Flint S, Perry P, et al. 2014. Consumer contribution to food contamination in Brazil: modelling the food safety risk in the home[J]. Brazilian Journal of Food Technology, 17（2）: 154-165.

de Boeck E, Jacxsens L, Bollaerts M, et al. 2015. Food safety climate in food processing organizations: development and validation of a self-assessment tool[J]. Trends in Food Science & Technology, 46（2）: 242-251.

Deatrick J A. 2017. Where is "family" in the social determinants of health? Implications for family nursing practice, research, education, and policy[J]. Journal of Family Nursing, 23(4): 423-433.

Dennett D C.1981. Three kinds of intentional psychology[C]//Healy R. Reduction, Time, and Reality. Cambridge: Cambridge University Press: 63-81.

Deshpande S, Basil M D, Basil D Z. 2009. Factors influencing healthy eating habits among college students: an application of the health belief model[J]. Health Marketing Quarterly, 26（2）: 145-164.

Dey I. 1999. Grounding Grounded Theory: Guidelines for Qualitative Inquiry[M]. San Diego: Academic Press.

Djukic D, Moracanin S V, Milijasevic M, et al. 2016. Food safety and food sanitation[J]. Journal of Hygienic Engineering and Design, 14: 25-31.

Djuretic T, Wall P G, Ryan M J, et al. 1996. General outbreaks of infectious intestinal disease in England and Wales 1992 to 1994[J]. Communicable Disease Report. CDR Review, 6（4）: R57-63.

Dwairy M. 2015. Culture and psychology[C]//Dwairy M. From Psycho-Analysis to Culture-Analysis: A Within-Culture Psychotherapy. London: Palgrave Macmillan: 4-17.

Ehrlich I, Becker G S. 1972. Market insurance, self-insurance, and self-protection[J]. Journal of Political Economy, 80（4）: 623-648.

Eom Y S. 1994. Pesticide residue risk and food safety valuation: a random utility approach[J]. American Journal of Agricultural Economics, 76（4）: 760-771.

European Food Safety Authority（EFSA）, European Centre for Disease Prevention and Control（ECDC）. 2013. The European Union summary report on trends and sources of zoonoses, zoonotic agents and food-borne outbreaks in 2012[J]. EFSA Journal, 11（4）: 3129.

Evans H S, Madden P, Douglas C, et al. 1998. General outbreaks of infectious intestinal disease in England and Wales, 1995 and 1996[J]. Communicable Disease and Public Health, 1(3): 165-171.

FAO, WHO. 2003. Assuring Food Safety and Quality: Guidelines for Strengthening National Food Control Systems[Z].

Fila S A，Smith C. 2006. Applying the theory of planned behavior to healthy eating behaviors in urban Native American youth[J]. International Journal of Behavioral Nutrition and Physical Activity，3（1）：11.

Fishbein M. 1963. An investigation of the relationships between beliefs about an object and the attitude toward that object[J]. Human Relations，16（3）：233-239.

Fishbein M，Ajzen I. 1975. Belief Attitude，Intention and Behavior：An Introduction to Theory and Research[M]. Reading：Addison-Wesley.

Fornell C，Larcker D F. 1981. Evaluating structural equation models with unobservable variables and measurement error[J]. Journal of Marketing Research，18（1）：39-50.

Gizaw Z，Gebrehiwot M，Teka Z. 2014. Food safety practice and associated factors of food handlers working in substandard food establishments in Gondar Town，Northwest Ethiopia，2013/14[J]. International Journal of Food Science，3（7）：138-146.

Glanz K，Rimer B K，Viswanath K. 2008. Health Behavior and Health Education：Theory，Research，and Practice[M].San Francisco：Jossey-Bass.

Glaser B G. 1978. Theoretical Sensitivity：Advances in the Methodology of Grounded Theory[M]. Mill Valley：Sociology Press.

Glaser B G，Strauss A L. 1967. The Discovery of Grounded Theory：Strategies for Qualitative Research[M]. Chicago：Aldine.

Gollwitzer P M. 1993. Goal achievement：the role of intentions[J]. European Review of Social Psychology，4（1）：141-185.

Gong S，Wang X，Yang Y，et al. 2016. Knowledge of food safety and handling in households：a survey of food handlers in Mainland China[J]. Food Control，64：45-53.

González-Teruel A，Abad-García M F. 2012. Grounded theory for generating theory in the study of behavior[J]. Library & Information Science Research，34（1）：31-36.

Gould S J. 1988. Consumer attitudes toward health and health care：a differential perspective[J]. The Journal of Consumer Affairs，22（1）：96-118.

Guilabert M，Wood J A. 2012. USDA certification of food as organic：an investigation of consumer beliefs about the health benefits of organic food[J]. Journal of Food Products Marketing，18（5）：353-368.

Haapala I，Probart C. 2004. Food safety knowledge，perceptions，and behaviors among middle school students[J]. Journal of Nutrition Education and Behavior，36（2）：71-76.

Hair，Jr. J F，Anderson R E，Tatham R L，et al.1998. Multivariate Data Analysis[M]. 5th ed. Upper Saddle River：Prentice Hall.

Hanson J A，Benedict J A. 2002. Use of the health belief model to examine older adults' food-handling behaviors[J]. Journal of Nutrition Education and Behavior，34：S25-S30.

Hanson J A, Hughes S M, Liu P. 2015. Use of health belief model variables to examine self-reported food handling behaviors in a sample of U.S. adults attending a tailgate event[J]. Journal of Food Protection, 78 (12): 2177-2183.

Hassan H F, Dimassi H, Karam Z N. 2018. Self-reported food safety knowledge and practices of Lebanese food handlers in Lebanese households[J]. British Food Journal, 120 (3): 518-530.

Hayes A F. 2017. Introduction to Mediation, Moderation, and Conditional Process Analysis: A Regression-based Approach[M]. New York: Guilford Press.

Hingson R W, Strunin L, Berlin B M, et al. 1990. Beliefs about aids, use of alcohol and drugs, and unprotected sex among massachusetts adolescents[J]. American Journal of Public Health, 80(3): 295-299.

Hochbaum G M. 1958. Public participation in medical screening programs: a socio-psychological study (No. 572) [R]. US Department of Health, Education, and Welfare, Public Health Service, Bureau of State Services, Division of Special Health Services, Tuberculosis Program.

Hoffman E W, Bergmann V, Shultz J A, et al. 2005. Application of a five-step message development model for food safety education materials targeting people with HIV/AIDS[J]. Journal of the American Dietetic Association, 105 (10): 1597-1604.

Hofstede G. 1993. Cultures and organizations: software of the mind[J]. Administrative Science Quarterly, 38 (1): 132-134.

Hutchinson S A, Wilson H S. 1993. Grounded theory: the method[J]. Nursing Research: A Qualitative Perspective, 2: 180-212.

Janz N K, Becker M H. 1984. The health belief model: a decade later[J]. Health Education Quarterly, 11 (1): 1-47.

Jevšnik M, Hlebec V, Raspor P. 2008a. Consumers' awareness of food safety from shopping to eating[J]. Food Control, 19 (8): 737-745.

Jevšnik M, Hlebec V, Raspor P. 2008b. Food safety knowledge and practices among food handlers in Slovenia[J]. Food Control, 19: 1107-1118.

Jouanjean M A, Maur J C, Shepherd B. 2015. Reputation matters: spillover effects for developing countries in the enforcement of US food safety measures[J]. Food Policy, 55: 81-91.

Kaliyaperumal K. 2004. Guideline for conducting a knowledge, attitude and practice (KAP) study[J]. AECS Illumination, 4 (1): 7-9.

Kang H J, Lee M W, Hwang I K, et al. 2015. Development of safe food handling guidelines for Korean consumers[J]. Journal of Food Protection, 78 (8): 1541-1546.

Kendall P, Medeiros L C, Hillers V, et al. 2003. Food handling behaviors of special importance for pregnant women, infants and young children, the elderly, and immune-compromised people[J]. Journal of the American Dietetic Association, 103 (12): 1646-1649.

Kim K K, Horan M L, Gendler P, et al. 1991. Development and evaluation of the osteoporosis health belief scale[J]. Research in Nursing & Health, 14（2）: 155-163.

Kim R. 2012. Determinants of brand equity for credence goods: consumers' preference for country origin, perceived value and food safety[J]. Agricultural Economics, 58（7）: 299-307.

Kim Y G, Jang S Y, Kim A K. 2014. Application of the theory of planned behavior to genetically modified foods : moderating effects of food technology neophobia[J]. Food Research International, 62: 947-954.

Kirscht J P. 1974. The health belief model and illness behavior[J]. Health Education Monographs, 2（4）: 387-408.

Kline R B. 2011. Principles and Practice of Structural Equation Modeling[M]. 3rd ed. New York: Guilford Press.

Kloeblen A S, Batish S S. 1999. Understanding the intention to permanently follow a high folate diet among a sample of low-income pregnant women according to the health belief model[J]. Health Education Research, 14（3）: 327-338.

Ko W H. 2013. The relationship among food safety knowledge, attitudes and self-reported HACCP practices in restaurant employees[J]. Food Control, 29（1）: 192-197.

Koppel K, Higa F, Godwin S, et al. 2016. Food leftover practices among consumers in selected countries in Europe, South and North America[J]. Foods, 5（3）: 66.

Kosa K M, Cates S C, Bradley S, et al. 2015. Consumer-reported handling of raw poultry products at home: results from a national survey[J]. Journal of Food Protection, 78（1）: 180-186.

Kothe E J, Mullan B A, Butow P. 2012. Promoting fruit and vegetable consumption. Testing an intervention based on the theory of planned behaviour[J]. Appetite, 58（3）: 997-1004.

Kunadu A P H, Ofosu D B, Aboagye E, et al. 2016. Food safety knowledge, attitudes and self-reported practices of food handlers in institutional foodservice in Accra, Ghana[J]. Food Control, 69: 324-330.

Lange M, Göranzon H, Marklinder I. 2016. Self-reported food safety knowledge and behaviour among home and consumer studies students[J]. Food Control, 67: 265-272.

Lee K, Ashton M C. 2004. Psychometric properties of the HEXACO personality inventory[J]. Multivariate Behavioral Research, 39（2）: 329-358.

Lewin K. 1951. The nature of field theory[C]// Marx M H. Psychological Theory. New York: Macmillan.

Liu H, Li J, Lu Z, et al. 2010. Does Chinese culture influence psychosocial factors for heroin use among young adolescents in China? A cross-sectional study[J]. BMC Public Health, 10（1）: 563.

Lochbaum M R, Rhodes R E, Stevenson S J, et al. 2010. Does gender moderate the exercising personality? An examination of continuous and stage-based exercise[J]. Psychology, Health & Medicine, 15（1）: 50-60.

Lusk J L, Coble K H. 2005. Risk perceptions, risk preference, and acceptance of risky food[J]. American Journal of Agricultural Economics, 87（2）: 393-405.

MacKinnon D P, Fritz M S, Williams J, et al. 2007. Distribution of the product confidence limits for the indirect effect: program PRODCLIN[J]. Behavior Research Methods, 39（3）: 384-389.

Majowicz S E, Hammond D, Dubin J A, et al. 2017. A longitudinal evaluation of food safety knowledge and attitudes among Ontario High School students following a food handler training program[J]. Food Control, 76: 108-116.

Mari S, Tiozzo B, Capozza D, et al. 2012. Are you cooking your meat enough? The efficacy of the theory of planned behavior in predicting a best practice to prevent salmonellosis[J]. Food Research International, 45（2）: 1175-1183.

Mayer A B, Harrison J A. 2012. Safe eats: an evaluation of the use of social media for food safety education[J]. Journal of Food Protection, 75（8）: 1453-1463.

Medeiros L C, Chen G, Hillers V N, et al. 2008. Discovery and development of educational strategies to encourage safe food handling behaviors in cancer patients[J]. Journal of Food Protection, 71（8）: 1666-1672.

Medeiros L C, Hillers V N, Kendall P A, et al. 2001a. Evaluation of food safety education for consumers[J]. Journal of Nutrition Education, 3（1）: S27-S34.

Medeiros L C, Hillers V N, Kendall P A, et al. 2001b. Food safety education: what should we be teaching to consumers? [J]. Journal of Nutrition Education, 33（2）: 108-113.

Mehr R I, Cammack E, Rose T. 1961. Principles of Insurance[M]. Homewood: Richard D. Irwin.

Meysenburg R, Albrecht J A, Litchfield R, et al. 2014. Food safety knowledge, practices and beliefs of primary food preparers in families with young children. A mixed methods study[J]. Appetite, 73（1）: 121-131.

Michaelidou N, Hassan L M. 2008. The role of health consciousness, food safety concern and ethical identity on attitudes and intentions towards organic food[J]. International Journal of Consumer Studies, 32（2）: 163-170.

Miles M B, Huberman A M. 1994. Qualitative Data Analysis: An Expanded Sourcebook[M]. 2nd ed. Thousand Oaks: Sage.

Miles S, Braxton D S, Frewer L J. 1999. Public perceptions about microbiological hazards in foods[J]. British Food Journal, 101（10）: 744-762.

Minugh P A, Rice C, Young L. 1998. Gender, health beliefs, health behaviors, and alcohol consumption[J]. The American Journal of Drug and Alcohol Abuse, 24（3）: 483-497.

Mitchell R E，Fraser A M，Bearon L B. 2007. Preventing food-borne illness in food service establishments：broadening the framework for intervention and research on safe food handling behaviors[J]. International Journal of Environmental Health Research，17（1）：9-24.

Montano D E，Kasprzyk D. 2015. Theory of reasoned action，theory of planned behavior，and the integrated behavioral model[C]//Glanz K，Rimer B K，Viswanath K. Health Behavior：Theory，Research，and Practice. 5th ed. San Francisco：Jossey-Bass：95-124.

Moreb N A，Priyadarshini A，Jaiswal A K. 2017. Knowledge of food safety and food handling practices amongst food handlers in the Republic of Ireland[J]. Food Control，80：341-349.

Morse J M. 1991. Strategies for sampling[C]//Morse J M. Qualitative Nursing Research：A Contemporary Dialogue. Newbury Park：Sage：127-146.

Morse J M. 1994. Emerging from the data：the cognitive processes of analysis in qualitative inquiry[J]. Critical Issues in Qualitative Research Methods，346：23-43.

Mullan B，Allom V，Sainsbury K，et al. 2015b. Examining the predictive utility of an extended theory of planned behaviour model in the context of specific individual safe food-handling[J]. Appetite，90：91-98.

Mullan B，Allom V，Sainsbury K，et al. 2016. Determining motivation to engage in safe food handling behaviour[J]. Food Control，61：47-53.

Mullan B，Wong C. 2009. Hygienic food handling behaviours. An application of the theory of planned behaviour[J]. Appetite，52（3）：757-761.

Mullan B，Wong C. 2010. Using the theory of planned behaviour to design a food hygiene intervention[J]. Food Control，21（11）：1524-1529.

Mullan B，Wong C，Kothe E. 2013. Predicting adolescents' safe food handling using an extended theory of planned behavior[J]. Food Control，31（2）：454-460.

Mullan B，Wong C，O'Moore K. 2010. Predicting hygienic food handling behaviour：modelling the health action process approach[J]. British Food Journal，112（11）：1216-1229.

Mullan B，Wong C，Todd J，et al. 2015a. Food hygiene knowledge in adolescents and young adults[J]. British Food Journal，117（1）：50-61.

Naing N N，Zain M M，Hamzah W M，et al. 2007. A study of effectiveness of health education program on knowledge，attitude and practice（KAP）of food handlers toward foodborne diseases and food safety[J]. International Medical Journal，14（4）：253-260.

Nout M J R，Motarjemi Y. 1997. Assessment of fermentation as a household technology for improving food safety：a joint FAO/WHO workshop[J]. Food Control，8（5/6）：221-226.

Nyarugwe S P，Linnemann A，Hofstede G J，et al. 2016. Determinants for conducting food safety culture research[J]. Trends in Food Science & Technology，56：77-87.

O'Hear A. 1996. Karl Popper：Philosophy and Problems[M]. Cambridge：Cambridge University Press.

Osaili T M, Obeidat B A, Jamous D O A, et al. 2011. Food safety knowledge and practices among college female students in north of Jordan[J]. Food Control, 22（2）: 269-276.

Parra P A, Kim H, Shapiro M A, et al. 2014. Home food safety knowledge, risk perception, and practices among Mexican-Americans[J]. Food Control, 37: 115-125.

Pickard A J. 2013. Research Methods in Information[M]. London: Facet.

Popper K R. 1965. Of clouds and clocks: an approach to the problem of rationality and the freedom of man//Cicchetti D, Grove W M. Thinking Clearly About Psychology: Essays in Honnor of Paul E. Meehl[M]. University of Washington, Saettle, WA: 100-139.

Pourtaheri A, Morowati-Sharifabad M A, Falahzadeh H, et al. 2018. Food handling behaviors based on the health belief model in Iranian women[J]. Journal of Advanced Pharmacy Education & Research, 8（S2）: 125.

Powell D A, Jacob C J, Chapman B J. 2011. Enhancing food safety culture to reduce rates of foodborne illness[J]. Food Control, 22（6）: 817-822.

Pun K F, Chin K S, Lau H. 2000. A review of the Chinese cultural influences on Chinese enterprise management[J]. International Journal of Management Reviews, 2（4）: 325-338.

Redmond E C, Griffith C J. 2009. The importance of hygiene in the domestic kitchen: implications for preparation and storage of food and infant formula[J]. Perspectives in Public Health, 129（2）: 69-76.

Rodrigues K L, Eves A, das Neves C P, et al. 2020. The role of optimistic bias in safe food handling behaviours in the food service sector[J]. Food Research International, 130: 108732.

Rogers R W. 1983. Cognitive and psychological processes in fear appeals and attitude change: a revised theory of protection motivation[C]// Cacioppo J T, Petty R E. Social Psychophysiology: A Sourcebook. New York: Guilford Press: 153-176.

Ropkins K, Beck A J. 2000. HACCP in the home: a framework for improving awareness of hygiene and safe food handling with respect to chemical risk[J]. Trends in Food Science & Technology, 11（3）: 105-114.

Rosenstock I M. 1960. What research in motivation suggests for public health[J]. American Journal of Public Health and the Nations Health, 50（3）: 295-302.

Rosenstock I M. 1974. The health belief model and preventive health behavior[J]. Health Education Monographs, 2（4）: 354-386.

Rosenstock I M, Strecher V J, Becker M H. 1988. Social learning theory and the health belief model[J]. Health Education & Behavior, 15（2）: 175-183.

Ruby G E, Abidin U F U Z, Lihan S, et al. 2019. Predicting intention on safe food handling among adult consumers: a cross sectional study in Sibu District, Malaysia[J]. Food Control, 106: 106696.

Sainsbury K，Mullan B，Sharpe L. 2013. Gluten free diet adherence in coeliac disease. The role of psychological symptoms in bridging the intention-behaviour gap[J]. Appetite，61（1）：52-58.

Sandelowski M. 2008. Theoretical saturation[C]//Given L M. The Sage Encyclopedia of Qualitative Methods. Thousand Oaks：Sage：875-876.

Sanlier N. 2009. The knowledge and practice of food safety by young and adult consumers[J]. Food Control，20（6）：538-542.

Schwarzer R. 1992. Self-efficacy in the adoption and maintenance of health behaviors：theoretical approaches and a new model[C]//Schwarzer R. Self-efficacy：Thought Control of Action. Washington D C：Hemisphere Publishing Corp：217-243.

Schwarzer R，Luszczynska A，Ziegelmann J P，et al. 2008. Social-cognitive predictors of physical exercise adherence：three longitudinal studies in rehabilitation[J]. Health Psychology，27（1）：S54-S63.

Schwarzer R，Schuz B，Ziegelmann J P，et al. 2007. Adoption and maintenance of four health behaviors：theory-guided longitudinal studies on dental flossing，seat belt use，dietary behavior，and physical activity[J]. Annals of Behavioral Medicine：A Publication of the Society of Behavioral Medicine，33（2）：156-166.

Shapiro M A，Porticella N，Jiang L C，et al. 2011. Predicting intentions to adopt safe home food handling practices[J]. Applying the theory of planned behavior. Appetite，56（1）：96-103.

Sharif L，Al-Malki T. 2010. Knowledge，attitude and practice of Taif University students on food poisoning[J]. Food Control，21（1）：55-60.

Skinner B F. 1938. The Behavior of Organisms[M]. Englewood Cliffs：Appleton-Century-Crofts.

Skinner C S，Arfken C L，Sykes R K. 1998. Knowledge，perceptions，and mammography stage of adoption among older urban women[J]. American Journal of Preventive Medicine，14(1)：54-63.

Strauss A，Corbin J. 1990. Basics of Qualitative Research：Grounded Theory Procedures and Techniques[M]. Newbury Park：Sage.

Strauss A，Corbin J. 1998. Basics of Qualitative Research Techniques[M]. 2nd ed. Thousand Oaks：Sage.

Strecher V J，Rosenstock I M. 1997. The health belief model[C]// Baum A，Newman S，Weinman J，et al. Cambridge Handbook of Psychology，Health and Medicine. Cambridge：Cambridge University Press：113-117.

Tolman E C. 1932. Purposive Behavior in Animals and Men[M]. New York：Appleton-Century-Crofts.

Tóth A J，Koller Z，Illés C B，et al. 2017. Development of conscious food handling in Hungarian school cafeterias[J]. Food Control，73：644-649.

Treisman M. 1960. Stimulus-response theory and expectancy[J]. British Journal of Psychology，51（1）：49-60.

Turner B A. 1981. Some practical aspects of qualitative data analysis：one way of organising the cognitive processes associated with the generation of grounded theory[J]. Quality and Quantity，15（3）：225-247.

Uggioni P L，Salay E. 2013. Reliability and validity of a questionnaire to measure consumer knowledge regarding safe practices to prevent microbiological contamination in restaurants[J]. Journal of Nutrition Education and Behavior，45（3）：250-257.

Verplanken B，Orbell S. 2003. Reflections on past behavior：a self-report index of habit strength [J]. Journal of Applied Social Psychology，33（6）：1313-1330.

Walker D，Myrick F. 2006. Grounded theory：an exploration of process and procedure[J]. Qualitative Health Research，16（4）：547-559.

Wallston K A. 2005. The validity of the multidimensional health locus of control scales[J]. Journal of Health Psychology，10（5）：623-631.

Watson J B. 1925. Behaviorism[M]. New York：Norton.

Whited T，Feng Y，Bruhn C M. 2019. Evaluation of the high school food safety curriculum using a positive deviance model[J]. Food control，96：324-328.

Xue J，Zhang W. 2013. Understanding China's food safety problem：an analysis of 2387 incidents of acute foodborne illness[J]. Food Control，30（1）：311-317.

Yang S，Angulo F J，Altekruse S F. 2000. Evaluation of safe food-handling instructions on raw meat and poultry products[J]. Journal of Food Protection，63（10）：1321-1325.

Yarrow L，Remig V M，Higgins M M. 2009. Food safety educational intervention positively influences college students' food safety attitudes，beliefs，knowledge，and self-reported practices[J]. Journal of Environmental Health，71（6）：30-35.

Yeung H F，Bruhn C，Blackburn M，et al. 2019. Evaluation of in-person and on-line food safety education programs for community volunteers[J]. Food Control，99：34-39.

Young I，Reimer D，Greig J，et al. 2017. Explaining consumer safe food handling through behavior-change theories：a systematic review[J]. Foodborne Pathogens and Disease，14（11）：609-622.

附录1　扎根理论访谈提纲

深度访谈提纲

1. 个人信息：年龄、籍贯、职业、收入（平均的）。

2. 从买菜行为入手，了解被访者的买菜行为。

2.1　购买场所，挑选原则，感官检验，商标，是否看 QS 等食品安全标识，是否注意三无产品，新鲜度，外包装的完整性，认为安全吗，认为安全的原因是什么?

2.2　上次购买的情况，买肉的顺序，买完肉会不会两小时之内回家，并存放在冰箱里?

如果能接触到品牌肉，价格会更贵一点，您会购买吗?

2.3　会采取什么样的自我保护行为。

2.4　有机蔬菜和盒装水果（认为是否安全和选购）。

2.5　什么样的人注重“买到”安全食品，出生地、收入的差异、受教育程度、父辈经验。

2.6　标有“儿童食用”的标识会认为更安全?

2.7　是否有小孩，对于选购健康产品有没有影响?

2.8　是否关注经营环境，过期食品或即将过期食品的选购问题。

2.9　对于自认为安全的选购方式，是否一直施行?原因是什么?

2.10　对周围人情况的调查。

2.11　周围人的购买行为会不会对自己造成影响，广告效应。

2.12　对食品安全事件以及对自己健康程度的关注。

2.13　您是否觉得比周围的人更有知识?过度乐观，过度自信。

3. 买菜之后，运输过程，清洗过程，烹饪过程，储藏过程。

3.1　是否勤洗手和洗手方式。

3.2　菜板问题，菜板的清洗问题。

3.3　剩饭储藏和食用问题（可以采取回忆的方法，如上次剩饭的解决问题）。

3.4　水果的打皮问题。

3.5　肉的储藏，切块，然后储藏。

3.6　让受访者回忆上次的状况，是否有和他自认为安全的行为方式不一的行为，原因是什么？

3.7　解冻的过程和烹饪前的感官检验。

3.8　对周围人情况的调查以及是否会进行干预？

3.9　一个人在家的时候怎么吃饭？

3.10　冷冻冷藏温度。

3.11　水果和蔬菜的清洗（通常还有上一次）。

3.12　对做饭失去兴趣、环境、生活方式。

4. 食品安全知识的来源和是否产生过怀疑以及发现谣言的能力。

5. 是否有食物中毒的经历？

6. 被访者对于消费者自我保护行为的定义。

7. 是否想要了解食品安全操作的知识，途径是什么？

附录 2　消费者食品安全自我保护行为调查量表

编号：

中国消费者食品安全调查

（Questionnaire of Consumer Food Safety in China）

尊敬的消费者：

您好！我们是一个关于消费者食品安全的研究团队，来自吉林大学。现有一份问卷需要您来完成，我们保证对问卷内容进行保密，问卷结果仅用作研究使用，不会泄露您的任何信息，希望您认真如实填写。本研究受到国家自然科学基金项目（项目批准号：71573103）的支持，感谢您的支持！

第 一 部 分

请依照您的真实情况，在所对应的分数下面打“√”。

题项	非常不重视 1	不太重视 2	一般 3	比较重视 4	非常重视 5
1.您重视身体状况的改变吗？					
2.您重视做一些事来改善身体状况吗？					
3.您重视了解一些与健康相关的信息吗？					
4.您重视与他人交流健康方面的知识吗？					
5.您重视家中厨房的卫生状况吗？					

续表

题项	非常不重视 1	不太重视 2	一般 3	比较重视 4	非常重视 5
6.您重视家中食材的卫生状况吗?					
7.您重视家中菜板的卫生状况吗?					
8.您重视家中餐具（如勺子、碗筷）的卫生状况吗?					
9.您重视家人的健康状况吗?					

10.您关注家人身体状况的变化吗?

○ 1 极不关注	○ 2 不太关注	○ 3 还可以	○ 4 比较关注	○ 5 非常关注

11.家人的身体健康状况，对您来说重要吗?

○ 1 极不重要	○ 2 不太重要	○ 3 还可以	○ 4 比较重要	○ 5 非常重要

第二部分

请选出以下题目中您认为正确的答案（用“√”勾选）。

1. 一个人用一块菜板切完生肉之后，现在他想再切蔬菜（用于凉拌），下面哪个方式是正确的?

A. 用抹布擦干净这块菜板之后接着切蔬菜

B. 用热水冲洗菜板，然后再切蔬菜

C. 使用这个菜板的另一面去切蔬菜

D. 用热水和洗洁精清洗完菜板再切蔬菜

E. 使用另一块菜板来切蔬菜

F. 哪需要那么费劲，直接切就好了

2. 解冻过的生肉是否可以再次冷冻起来以备下次使用?

A. 可以　　　　B. 不可以

3. 在做饭的过程中，手接触到衣服之后是否还需要洗手?

A. 不需要　　　　B. 需要

4. 您认为剩菜最多可以吃几顿?

A. 就能再吃一顿　　　　B. 只要保存好，吃两顿也没事

C. 保存好的话，吃三顿也行　　　　D. 只要闻起来味道没坏，就可以吃

5. 大块生肉应该被如何储藏？
A. 直接放在冰箱冷藏室里
B. 切成小块，再把它们储藏在冰箱冷冻室里
C. 切成小块，再分别密封好把它们储藏在冰箱冷冻室里
D. 储藏在一个冷的地方就好了
E. 冬天，大块生肉都是挂在一个比较冷的地方
6. 如果剩下的剩菜较多，应该怎么储藏？
A. 直接倒在一个大点的饭碗里储藏在冰箱中
B. 把大份剩菜分开放在小份容器中，然后放置在冰箱中
C. 直接放置在厨房里
D. 怎么方便怎么储藏，只要尽快吃掉就好了
7. 您认为生肉应该如何解冻？
A. 从冰箱里拿出来直接放在菜板上解冻就好了
B. 从冰箱里拿出来直接泡在热水里解冻，这样还快
C. 从冰箱里拿出来，密封好，放在冰箱冷藏室里解冻
D. 从冰箱里拿出来，密封好，放在冷水中解冻
8. 洗手时，正确的揉搓时间应不少于多少秒？
A. 沾沾水搓搓就得了，5 秒以内就可以
B. 差不多 5~10 秒吧，就洗得差不多了
C. 10~20 秒吧，应该足够洗干净了
D. 一定要 20 秒以上才算洗干净
9. 在做饭的过程中，手接触到脸之后是否还需要洗手？
A. 不需要　　B. 需要
10. 下列选项中，哪个是正确的剩菜处理方式？
A. 加热到自己喜欢的温度就行了
B. 如果在夏天的话，并不需要加热
C. 一定要加热到沸腾
11. 在室温下放置 3~4 个小时的剩菜，是否还能储藏在冰箱中再次食用？
A. 可以储藏，下次再吃　　B. 不可以储藏，立即倒掉
C. 闻闻饭菜味道，如果没有变味可以储藏，下次再吃
D. 只要看上去没问题就可以储藏，下次再吃
12. 在家开始做饭时，下面哪个选项是正确的洗手方式？
A. 用纸巾或毛巾擦手
B. 用冷水洗手
C. 用温水洗手

D. 用香皂和温水洗手
E. 用湿巾擦手

第 三 部 分

在作答下列问题之前，您需要知道什么是食物处理行为。食物处理行为主要包括消费者购买食品后，所进行的食物清洗、储藏、烹饪行为。正确的食物处理行为就是正确地进行食物的清洗、储藏和烹饪。

您是否同意下表中描述的话，请依照您的真实情况，在所对应的分数下面打“√”。

题项	完全不同意 1	不太同意 2	一般 3	比较同意 4	完全同意 5
1.勤俭节约是一个好习惯					
2.浪费食物是可耻的					
3.勤俭节约是人的优良品质					
4.人应该养成勤俭节约的习惯					
5.您是否同意“就算正确地处理食物，也无法保证自己吃的食物的安全性”？					
6.您是否同意“自己吃的食物安全与否自己控制不了”？					
7.您是否同意“目前我国的食品安全现状下，无论怎样正确地处理食物都无法保障自己食用食物的安全性”？					
8.您是否同意“食物安不安全，买回来就已经定了，自己再怎么处理也没用”？					

下面题项是对您本人的描述，根据描述内容是否符合您的真实情况在对应分数下面打“√”。

题项	完全不符合 1	不太符合 2	一般 3	比较符合 4	非常符合 5
9.在家处理食物时，您力求完美					
10.在家处理食物时，您精益求精					
11.在家处理食物时，您关注每一个细节					

第 四 部 分

1.您的家人（如父母、子女、伴侣）对您如何处理食物有影响吗？

○ 1 完全没有	○ 2 很少	○ 3 有一些	○ 4 有很多	○ 5 全部

2.您的食物处理知识有多少是来自家人（如父母、子女、伴侣）的？

○ 1 完全没有	○ 2 很少	○ 3 有一些	○ 4 有很多	○ 5 全部

3.您处理食物的行为有多少是向家人（如父母、子女、伴侣）学到的？

○ 1 完全没有	○ 2 很少	○ 3 有一些	○ 4 有很多	○ 5 全部

4.您会和周围人（如朋友、同事或亲戚）交流如何处理食物吗？

○ 1 完全不会	○ 2 很少会	○ 3 有时会	○ 4 经常会	○ 5 每次都会

5.您周围的人（如朋友、同事或者亲戚）对您处理食物的方式有影响吗？

○ 1 完全没有	○ 2 很少	○ 3 有一些	○ 4 有很多	○ 5 全部

6.您的食物处理知识有多少是来自周围的人（如朋友、同事或者亲戚）的？

○ 1 完全没有	○ 2 很少	○ 3 有一些	○ 4 有很多	○ 5 全部

7.周围的人（如同事、朋友或者亲戚）对您的食物处理行为有影响吗？

○ 1 完全没有	○ 2 很少	○ 3 有一些	○ 4 有很多	○ 5 全部

8.您会观看与食物处理相关的新闻或文章吗？

○ 1 完全不会	○ 2 很少会	○ 3 有时会	○ 4 经常会	○ 5 每次都会

9.专家关于食物处理的建议对您有影响吗？

○ 1 完全没有	○ 2 很少	○ 3 有一些	○ 4 有很多	○ 5 全部

10.您的处理食物的知识有多少是通过电视、微信等新闻媒体获得的？

○ 1 完全没有	○ 2 很少	○ 3 有一些	○ 4 有很多	○ 5 全部

11.专家或者媒体的言论会影响您处理食物的行为吗？

○ 1 完全没有	○ 2 很少	○ 3 有一些	○ 4 有很多	○ 5 全部

第 五 部 分

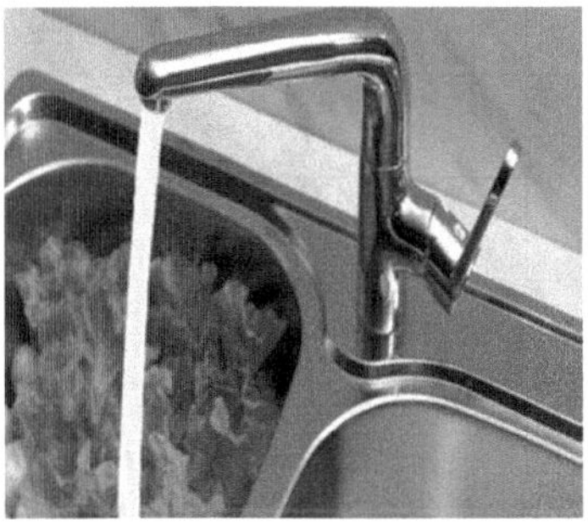

可以出温水的水龙头

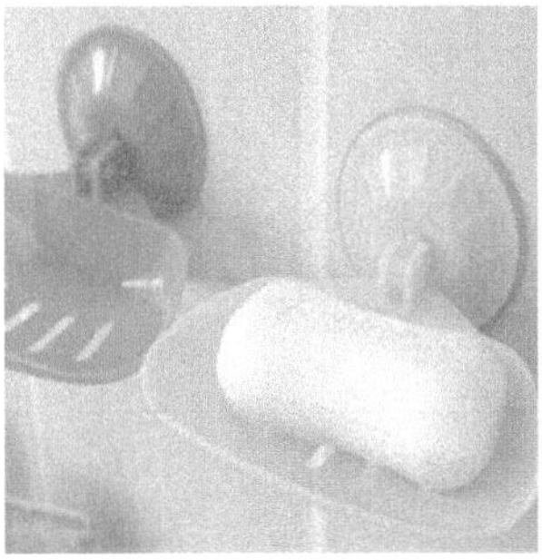

香皂

擦手的干净毛巾

冰箱

可以把剩菜分开储藏的保鲜盒或保鲜膜

两块切菜板

能出凉水的水龙头

1.上图中所提到的工具，您家里具备几件？

○ 1 有三个及以下	○ 2 有四个	○ 3 有五个	○ 4 有六个	○ 5 全部都有

2.上图中所提到的工具，在您想要使用时能够方便获取吗？

○ 1 极不方便	○ 2 不太方便	○ 3 还可以	○ 4 比较方便	○ 5 非常方便

3.上图中所提到的工具，在您需要使用时能够快速获取吗？

○ 1 极不容易	○ 2 不太容易	○ 3 还可以	○ 4 比较容易	○ 5 非常容易

题项	从来没有 1	很少 2	有时候 3	经常有 4	总是 5
4.您有感觉到时间紧张吗?					
5.工作使您感到筋疲力尽吗?					
6.工作使您的心情低落吗?					
7.在过去一年里，您有没有因食用自己或家人做的食物而感到恶心?					
8.在过去一年里，您有没有因食用自己或家人做的食物而腹泻?					
9.在过去一年里，您有没有因食用自己或家人做的食物而呕吐?					
10.在过去一年里，您有没有因食用自己或家人做的食物而腹痛?					

第六部分

一、关于食物中毒的认知

题项	完全无影响 1	影响很小 2	一般 3	有一些影响 4	有很大影响 5
1.食物中毒会影响您身体健康吗?					
2.食物中毒会影响您的心情吗?					
3.食物中毒会影响您的家庭生活吗?					
4.食物中毒会影响您的工作吗?					

二、关于洗手行为

正确的洗手方式：

第一步：用流动的温水和香皂弄湿手。

第二步：双手相互搓擦，持续20秒。

第三步：用流动的水冲干净手。

第四步：用干净的毛巾或纸巾擦干净。

如果处理食物前未采取上述的洗手方式，会导致下列情况发生吗?

题项	肯定不会 1	不太可能 2	有点可能 3	很大可能 4	一定会 5
5.有可能威胁身体健康					
6.有可能增加心理上的担忧					
7.有可能造成金钱上的损失					
8.有可能导致食用食物不安全					

如果处理食物前采取上述的洗手方式，下面情况发生的可能性多大?

题项	肯定不会 1	不太可能 2	有点可能 3	很大可能 4	一定会 5
9.提高生活质量					
10.食物中毒的风险减少					
11.减少心理上的担忧					
12.花费时间					
13.投入精力					
14.投入金钱					
15.增加麻烦					

如果采取上述的方式洗手会遇到下列提及的问题，您是否还有信心坚持去做?

题项	完全没信心 1	不太有信心 2	一般 3	比较有信心 4	非常有信心 5
16.必须改变自己					
17.需要您去学习如何正确洗手					
18.坚持正确地洗手有困难					
题项	完全没有 1	基本没有 2	一般 3	有一些 4	非常有 5
19.在接下来的一个月，您有（打算）在每次处理食物时都采取正确的洗手行为吗?					
20.在接下来的一个月，您有（计划）在每次处理食物时都采取正确的洗手行为吗?					
21.在接下来的一个月，您会（努力）在每次处理食物时都采取正确的洗手行为吗?					
22.在接下来的一个月，您有每次处理食物时都采取正确的洗手行为的（目标）吗?					

23.在过去的一周，您处理食物时完全按照上述四点要求洗手的频率?

○ 1 从来没有	○ 2 很少会	○ 3 有时会	○ 4 经常会	○ 5 每次都会

题项	完全不同意 1	不太同意 2	一般 3	比较同意 4	非常同意 5
24.您平时在家做饭时用什么样的方式洗手完全是出于习惯					
25.您平时在家做饭时用什么样的方式洗手完全是出于一种自动的反应					
26.您平时在家做饭时怎样洗手完全是一种下意识的反应					
27.您并不需要刻意思考做饭时用什么样的方式洗手					

三、关于剩菜的处理行为

正确的剩菜处理方式：

（1）小份剩菜可直接储藏，大份的剩菜要分开储藏于干净密闭的容器中。

（2）剩菜要储藏在冰箱中，最多储藏三天。

（3）吃剩菜之前一定要加热到沸腾，并且仅能加热一次，加热过的剩菜没吃完必须倒掉。

如果没有采取上述的剩菜处理方式，会导致下列情况发生吗？

题项	肯定不会 1	不太可能 2	有点可能 3	很大可能 4	一定会 5
28.有可能威胁身体健康					
29.有可能增加心理上的担忧					
30.有可能造成金钱上的损失					
31.有可能导致食用食物不安全					

如果采取上述的剩菜处理方式，下面情况发生的可能性多大？

题项	肯定不会 1	不太可能 2	有点可能 3	很大可能 4	一定会 5
32.提高生活质量					
33.食物中毒的风险减少					
34.吃得更加安全					
35.减少心理上的担忧					
36.花费时间					
37.投入精力					
38.投入金钱					
39.增加麻烦					

如果采取上述的剩菜处理方式会遇到下列提及的问题，您是否还有信心坚持去做？

题项	完全没信心 1	不太有信心 2	一般 3	比较有信心 4	非常有信心 5
40.必须改变自己					
41.需要您去学习如何正确处理剩菜					
42.坚持正确地处理剩菜有困难					
43.会使您不开心					
44.在接下来的一个月，您有（打算）每次处理剩菜时都正确地去处理吗？					

续表

题项	完全没有 1	基本没有 2	一般 3	有一些 4	非常有 5
45.在接下来的一个月，您有（计划）每次处理剩菜时都正确地去处理吗？					
46.在接下来的一个月，您会（努力）每次处理剩菜时都正确地去处理吗？					
47.在接下来的一个月，您有每次处理剩菜时都正确地去处理的（目标）吗？					

48.在过去的一周，您在家完全遵守上述三点要求处理剩菜的频率？

○1 从来没有	○2 很少会	○3 有时会	○4 经常会	○5 每次都会

题项	完全不同意 1	不太同意 2	一般 3	比较同意 4	非常同意 5
49.您平时在家如何处理剩菜完全是出于习惯					
50.您平时在家如何处理剩菜完全是一种自动的反应					
51.您平时在家如何处理剩菜完全是一种下意识的反应					
52.您并不需要去刻意思考如何处理剩菜					

四、关于生肉的解冻行为

正确的生肉解冻方式。

（1）生肉可放置于冰箱保鲜层、冷水中或微波炉内解冻，不可以放置于室温下或者热水中进行解冻。

（2）生肉解冻时一定要密封。

（3）解冻过的生肉只能使用一次，不可以再次冷冻。

如果没有采取上述的生肉解冻方式，会导致下列情况发生吗？

题项	肯定不会 1	不太可能 2	有点可能 3	很大可能 4	一定会 5
53.有可能威胁身体健康					
54.有可能增加心理上的担忧					
55.有可能造成金钱上的损失					
56.有可能导致食用食物不安全					

如果采取上述的生肉解冻方式，下列情况发生的可能性有多大？

题项	肯定不会 1	不太可能 2	有点可能 3	很大可能 4	一定会 5
57.提高生活质量					
58.食物中毒的风险减少					
59.吃得更加安全					
60.减少心理上的担忧					
61.花费时间					
62.投入精力					
63.投入金钱					
64.增加麻烦					

65.在过去的一周，您在家完全遵守上述三点要求解冻生肉的频率？

○1 从来没有	○2 很少会	○3 有时会	○4 经常会	○5 每次都会

题项	完全不同意 1	不太 同意 2	一般 3	比较 同意 4	非常 同意 5
66.您平时在家如何解冻生肉完全是出于习惯					
67.您平时在家如何解冻生肉完全是一种自动的反应					
68.您平时在家如何解冻生肉完全是一种下意识的反应					
69.您并不需要去刻意思考如何解冻生肉					

以下问题是关于您的个人信息，我们保证对本次问卷的全部内容保密，仅作为科学研究使用，请您放心填写。

1.您的性别

□男　□女

2.您的年龄

□18~24 岁　□25~34 岁　□35~44 岁

□45~54 岁　□55~64 岁　□65 岁及以上

3.您的受教育程度

□小学及以下　□初中　□高中

□大学专科　□大学本科　□研究生

4.您的家庭人均月收入

□1 000 元以下　□1 000~3 000 元

□3 000~5 000 元　□5 000~7 000 元

□7 000 元及以上

5.您的长期居住地

□城市　　□农村

6.您家中有几口人

□2 人及以下　　□3~4 人

□5~6 人　　□7 人及以上

7.您家中是否有老人（65 岁以上）

□有　　□没有

8.您家中最小成员的年龄

□1 岁以下　　□1~3 岁

□4~7 岁　　□8~12 岁

□13 岁及以上

9.您的工作是否与（或曾与）食品相关（如饭店工作人员、食品加工厂员工等）

□有　　□没有

下面为选答题。

我们后续会有再次调研和抽奖环节，届时我们还会发放一定的奖励，如果您想参与到我们接下来的调研和抽奖环节，请在下方留下您的联系方式，到时候我们会与您进行联系，我们保证会对您的一切信息保密，请您放心。

10.您的姓氏____________手机/座机____________

附录3　消费者食品安全自我保护知识—行为偏差调查量表

中国消费者食品安全调查

尊敬的受访者：

您好！我们是一个来自吉林大学的关于消费者食品安全的研究团队。现有一份问卷需要您来完成。本问卷不记名，我们郑重承诺将会对问卷的内容进行保密，问卷结果仅用作研究使用，不会泄露您的任何信息。希望您认真如实填写，因为您所填的结果对我们非常重要！本研究受到国家自然科学基金项目（项目批准号：71573103）的支持。您的回答将为中国消费者食品安全的研究做出重要贡献。十分感谢您的配合！

1. 您在家经常买菜吗？　[单选题] *

○A.是

○B.否

2. 您在家经常做饭吗？　[单选题] *

○A.是

○B.否

3. 在过去的一年中，您是否出现因为摄取不卫生食物发生如腹泻、呕吐和腹痛等，因而服用相应药物或去医院就诊的情况？　[单选题] *

○A.是

○B.否

4. 购买食品时，您是否会查看产品包装上的保质期？　[单选题] *

○A.总是会查看产品的保质期

○B.偶尔会查看产品的保质期

○C.从来不查看产品的保质期

5. 购买食品时，您是否会优先挑选带有此类标识的产品？　[单选题] *

○A.总是会优先挑选带有此标识的产品
○B.不太关注产品是否带有此标识
○C.从来不会购买带有此标识的产品

6. 购买食品时，您是否会优先挑选带有此类标识的产品？　[单选题] *

○A.总是会优先挑选带有此标识的产品
○B.不太关注产品是否带有此标识
○C.从来不会购买带有此标识的产品

7. 购买食品时，是否会优先挑选带有此类标识的产品？　[单选题] *

○A.总是会优先挑选带有此标识的产品
○B.不太关注产品是否带有此标识
○C.从来不会购买带有此标识的产品

8. 您通常在超市购买蔬菜、水果、生肉、海鲜等食品的顺序是什么？ [单选题] *
○A.按货架顺序购买，从入口一直逛到出口收银台
○B.想起哪个买哪个
○C.结账前最后购买生肉、海鲜等食品
9. 您购买蔬菜一般是什么频率？ [单选题] *
○A.一周一次
○B.一周两次
○C.两天或三天一次
○D.现吃现买
10. 您家里吃的蔬菜一般是在哪里购买的？ [多选题] *
□A.大型连锁超市（如沃尔玛等）
□B.中小型连锁超市（如远方超市等）
□C.便民农贸市场（如早市或个体摊贩等）
□D.社区便利店（如地利生鲜等）
□E.有机农场（如自己或亲朋种植、有机观光采摘农场等）
□F.电商平台（如微商、各种公众平台）
□G.不买，基本都是自家种植的
11. 您一般购买什么样的蔬菜？ [多选题] *
□A.看上去品相好的，没有外伤的
□B.长得不是那么好看的
□C.有进口的不选国产的
□D.价格相对高的
□E.价格相对低的
□F.商家打折销售的
□G.应季的
□H.带有有机、绿色或无公害标识的
□I.不买，基本都是自家种植的
12. 买回来的蔬菜您通常怎样清洗？ [单选题] *
○A.用果蔬洗涤剂浸泡后清洗
○B.用热水浸泡后清洗
○C.用冷水浸泡后清洗
○D.用流动的自来水（冷水）清洗
○E.用流动的自来水（温水）清洗
○F.用果蔬清洗机清洗

○G.用抹布或纸巾擦拭
○H.没有脏就不用洗
13. 您一般去哪里购买水果？ [多选题] *
□A.大型连锁超市（如沃尔玛等）
□B.中小型连锁超市（如远方超市等）
□C.便民农贸市场（如早市或个体摊贩等）
□D.社区便利店（如地利生鲜等）
□E.专门的水果超市（如果婆婆等）
□F.有机农场（如自己或亲朋种植、有机观光采摘农场等）
□G.电商平台（如微商、各种公众平台）
□H.不买，基本都是自家种植的
14. 您一般选水果会选什么样的？ [多选题] *
□A.看上去品相好的，没有外伤的
□B.长得不是那么好看的
□C.有进口的不选国产的
□D.价格相对高的
□E.价格相对低的
□F.商家打折销售的
□G.应季的
□H.带有有机、绿色或无公害标识的
□I.不买，基本都是自家种植的
15. 下面哪种符合您清洗水果的习惯？ [单选题] *
○A.用果蔬洗涤剂浸泡后冲洗
○B.用热水浸泡后清洗
○C.用冷水浸泡后清洗
○D.用流动的自来水（冷水）清洗
○E.用流动的自来水（温水）清洗
○F.用果蔬清洗机清洗
○G.不洗，用纸巾、抹布或湿巾擦一下
16. 您家里吃的生肉一般是在哪里购买的？ [多选题] *
□A.大型连锁超市（如沃尔玛等）
□B.中小型连锁超市（如远方超市等）
□C.便民农贸市场（如早市或个体摊贩等）
□D.社区便利店（如地利生鲜等）
□E.有机农场（如自家或亲朋种植、有机观光采摘农场等）

□F.电商平台（如微商、各种公众平台）
□G.不买，基本都是自家养殖的
17. 您一般买生肉会选什么样的？ [多选题] *
□A.看上去品相好的
□B.有进口不选国产的
□C.价格相对高的
□D.价格相对低的
□E.商家打折销售的
□F.知名品牌的（如华正、雨润、皓月）
□G.带有有机、绿色或无公害标识的
□H.不买，基本都是自家养殖的
18. 购买后的肉类、海鲜类食品您通常怎样拿回家？ [单选题] *
○A.用普通购物袋与其他食物分开装
○B.用普通购物袋与其他食物混装
○C.用冰袋打包
○D.随机，不一定
19. 您通常是怎样处理买回来的大块生肉的？ [单选题] *
○A.原包装直接放到冰箱冷冻室里
○B.切成小块放进冰箱冷冻室
○C.切成小块分别封好后放进冰箱冷冻室
○D.直接放到冰箱冷藏室里
○E.切成小块放进冰箱冷藏室
○F.切成小块分别封好后放进冰箱冷藏室
○G.室温下放在阴凉地方
20. 处理过生肉后，您一般怎样洗手？ [单选题] *
○A.用毛巾或抹布擦一下
○B.用一次性湿巾擦一下
○C.用自来水（冷水）冲洗
○D.用自来水（温水）冲洗
○E.用肥皂和自来水（冷水）冲洗
○F.用肥皂和自来水（温水）冲洗
○G.在洗脸池或洗脸盆里洗
○H.在洗脸池或洗脸盆里用肥皂洗
○I.一般不洗

21. 切完生肉的菜板您通常是如何清理的？　[单选题] *

○A.用抹布擦干净

○B.用菜刀刮一刮，然后用抹布擦干净

○C.用流动的自来水（冷水）冲洗干净

○D.用流动的自来水（温水）冲洗干净

○E.用流动的自来水（冷水）及洗洁精洗干净

○F.用流动的自来水（温水）及洗洁精洗干净

○G.不清理，下次用之前再清理

22. 您切生肉跟切青菜（用来凉拌）通常是使用同一块菜板么？　[单选题] *

○A.用同一块菜板的同一面，切生肉和青菜之间不用清洗，切完后统一清洗

○B.用同一块菜板，但是用不同的面分别切生肉和青菜

○C.用同一块菜板的同一面，切完生肉后用流动的自来水（冷水）冲洗菜板，然后再切青菜

○D.用同一块菜板的同一面，切完生肉后用流动的自来水（温水）冲洗菜板，然后再切青菜

○E.用同一块菜板的同一面，切完生肉后用流动的自来水（冷水）及洗洁精清洗菜板，然后再切青菜

○F.用同一块菜板的同一面，切完生肉后用流动的自来水（温水）及洗洁精清洗菜板，然后再切青菜

○G.两块菜板，切生肉和切青菜的菜板不混用

23. 您接触食物前通常会洗手吗？　[单选题] *

○A.每次都会洗，如果没有洗手的条件就不接触食物

○B.有条件的话，都会洗，没有条件的话就不洗

○C.想起来就洗一下

○D.很少洗

24. 以下哪种最符合您的洗手习惯？　[单选题] *

○A.用流动的自来水（冷水）洗手，擦干

○B.用流动的自来水（温水）洗手，擦干

○C.用流动的自来水（冷水）并使用香皂或洗手液仔细搓洗，擦干

○D.用流动的自来水（温水）并使用香皂或洗手液仔细搓洗，擦干

○E.在洗脸池或洗脸盆内用冷水洗手，擦干

○F.在洗脸池或洗脸盆内用温水洗手，擦干

○G.在洗脸池或洗脸盆内用冷水洗手并使用香皂或洗手液仔细搓洗，擦干

○H.在洗脸池或洗脸盆内用温水洗手并使用香皂或洗手液仔细搓洗，擦干

25. 您家里平时怎么处理剩菜？ [单选题] *

○A.不吃，直接倒掉

○B.直接放在橱柜里

○C.密封好后放在橱柜里

○D.直接放在冰箱里冷藏

○E.密封好后放在冰箱里冷藏

○F.直接放在冰箱里冷冻

○G.密封好后放在冰箱里冷冻

○H.家里从来不剩菜

26. 您家的剩菜最多吃几顿？ [单选题] *

○A.只吃一顿

○B.保存好的话，可以再吃两顿

○C.保存好的话，可以再吃三顿

○D.只要闻起来味道没坏，就可以一直到吃完为止

27. 您认为冷冻能杀死食物中的细菌么？ [单选题] *

○A.全部杀死

○B.杀死一部分

○C.完全不能

○D.不知道

28. 下列哪种情况您认为最容易引发食物中毒？ [单选题] *

○A.饮用了刚从冰箱里拿出来的酸奶

○B.食用了生的没有充分加热的海鲜

○C.食用了没有加热的午餐肉罐头

○D.食用了没有洗干净的水果

29. 您认为生产加工过程中不允许使用基因工程技术的是哪种食品？ [单选题] *

○A.有机食品

○B.绿色食品

○C.无公害食品

○D.不知道

30. 您认为在生产过程中，减量化使用常规农药、化肥的是哪种食品？ [单选题] *

○A.有机食品

○B.绿色食品

○C.无公害食品

○D.不知道

31. 您认为在生产过程中，禁用高毒高残留农药的是哪种食品？　[单选题] *

○A.有机食品

○B.绿色食品

○C.无公害食品

○D.不知道

32. 您觉得在超市购买蔬菜、水果、生肉、海鲜应有相应的顺序么？　[单选题] *

○A.没啥顺序，见啥买啥

○B.先买生肉、海鲜

○C.先买蔬菜、水果，后买生肉、海鲜

33. 您认为多久买一次青菜能保证菜的新鲜？　[单选题] *

○A.一周一次

○B.一周两次

○C.两天或三天一次

○D.现吃现买

34. 您认为在哪里买蔬菜是最安全的？　[多选题] *

□A.大型连锁超市（如沃尔玛等）

□B.中小型连锁超市（如远方超市等）

□C.便民农贸市场（如早市或个体摊贩等）

□D.社区便利店（如地利生鲜等）

□E.有机农场（如自己或亲朋种植、有机观光采摘农场）

□F.电商平台（如微商、各种公众平台）

□G.自己种，不需要购买

35. 您觉得什么是品质好的蔬菜？　[多选题] *

□A.看上去品相好的，没有外伤的

□B.长得不是那么好看的

□C.进口的比国产的好

□D.价格相对高的

□E.价格相对低的

□F.商家打折销售的

□G.应季的

□H.带有有机、绿色、无公害标识的

□I.自家种植的

36. 您认为哪种清洗蔬菜的方式洗得最干净？　[单选题] *

○A.用果蔬洗涤剂浸泡后清洗

○B.用热水浸泡后清洗
○C.用冷水浸泡后清洗
○D.用流动的自来水（冷水）清洗
○E.用流动的自来水（温水）清洗
○F.用果蔬清洗机清洗
○G.用抹布或纸巾擦拭
○H.没有脏就不用洗

37. 您认为在哪里购买水果能保证安全呢？ [多选题] *
□A.大型连锁超市（如沃尔玛等）
□B.中小型连锁超市（如远方超市等）
□C.便民农贸市场（如早市或个体摊贩等）
□D.社区便利店（如地利生鲜等）
□E.专门的水果超市（如果婆婆等）
□F.有机农场（如自己或亲朋种植、有机观光采摘农场）
□G.电商平台（如微商、各种公众平台）
□H.自己种，不需要购买

38. 您觉得什么是品质好的水果？ [多选题] *
□A.看上去品相好的，没有外伤的
□B.长得不是那么好看的
□C.进口的比国产的好
□D.价格相对高的
□E.价格相对低的
□F.商家打折销售的
□G.应季的
□H.带有有机、绿色、无公害标识的
□I.自家种植的

39. 您认为怎样清洗后的水果最安全？ [单选题] *
○A.用果蔬洗涤剂浸泡后清洗
○B.用热水浸泡后清洗
○C.用冷水浸泡后清洗
○D.用流动的自来水（冷水）清洗
○E.用流动的自来水（温水）清洗
○F.用果蔬清洗机清洗
○G.用纸巾或抹布擦拭干净

40. 您认为哪里卖的肉类最安全？ [多选题] *

□A.大型连锁超市（如沃尔玛）

□B.中小型连锁超市（如远方超市）

□C.便民农贸市场（如早市或个体摊贩）

□D.社区便利店（如地利生鲜）

□E.有机农场（如自家或亲朋家种）

□F.电商平台（如微商、各种公众平台）

□G.自己养，不需要购买

41. 您觉得什么是品质好的肉？ [多选题] *

□A.看上去品相好的

□B.进口的比国产的好

□C.价格相对高的

□D.价格相对低的

□E.商家打折销售的

□F.知名品牌的（如华正、雨润、皓月等）

□G.自己养殖的

42. 夏季购买生肉、海鲜时您觉得怎样带回家最安全？ [单选题] *

○A.用普通袋子与其他食物分开

○B.与其他食物混装在一起

○C.用冰袋单独打包

○D.不一定，怎样都可以

43. 购买回来的大块生肉您觉得怎样储藏最安全？ [单选题] *

○A.原包装直接放到冰箱冷冻室里

○B.切成小块放进冰箱冷冻室

○C.切成小块分别密封好放进冰箱冷冻室

○D.原包装直接放到冰箱冷藏室里

○E.切成小块放进冰箱冷藏室

○F.切成小块分别密封好放进冰箱冷藏室

○G.室温下放在阴凉地方

44. 在处理过生肉后，您觉得怎样洗手洗得最干净？ [单选题] *

○A.用毛巾或抹布擦

○B.用一次性湿巾擦

○C.用自来水（冷水）冲洗

○D.用自来水（温水）冲洗

○E.用肥皂和自来水（冷水）冲洗

○F.用肥皂和自来水（温水）冲洗
○G.在洗脸池或洗脸盆里洗
○H.在洗脸池或洗脸盆里用肥皂洗
○I.无所谓，不洗也没事

45. 切完生肉的菜板，您觉得怎样处理最干净？ [单选题] *
○A.用抹布擦干净
○B.用菜刀刮一刮，然后用抹布擦干净
○C.用流动的自来水（冷水）冲洗干净
○D.用流动的自来水（温水）冲洗干净
○E.用流动的自来水（冷水）及洗洁精清洗干净
○F.用流动的自来水（温水）及洗洁精清洗干净
○G.无所谓，不洗也没事

46. 您觉得切生肉跟切青菜（用来凉拌）可以使用一块菜板么？ [单选题] *
○A.可以用同一块菜板，但要用不同的面
○B.可以用同一块菜板的同一面
○C.可以用同一块菜板的同一面，但切完生肉后要用流动的自来水（冷水）冲洗干净，然后再切青菜
○D.可以用同一块菜板的同一面，但切完生肉后要用流动的自来水（温水）冲洗干净，然后再切青菜
○E.可以用同一块菜板的同一面，但切完生肉后要用流动的自来水（冷水）及洗洁精清洗干净，然后再切青菜
○F.可以用同一块菜板的同一面，但切完生肉后要用流动的自来水（温水）及洗洁精清洗干净，然后再切青菜
○G.应该用两块菜板，切生肉的和切青菜的菜板不混用

47. 操作食物前洗手您认为重要吗？ [单选题] *
○A.非常重要，应当每次都洗，如果没有条件洗就不接触食物
○B.比较重要，有条件应当尽量每次都洗，没有条件就不洗
○C.不太重要，不干不净吃了没病
○D.完全不重要，不用洗

48. 您认为下列哪种是正确的洗手方式？ [单选题] *
○A.用流动的自来水（冷水）洗手，擦干
○B.用流动的自来水（温水）洗手，擦干
○C.用流动的自来水（冷水）并使用香皂或洗手液仔细搓洗，擦干
○D.用流动的自来水（温水）并使用香皂或洗手液仔细搓洗，擦干
○E.在洗脸池或洗脸盆内用冷水洗手，擦干

○F.在洗脸池或洗脸盆内用温水洗手，擦干
○G.在洗脸池或洗脸盆内用冷水洗手并使用香皂或洗手液仔细搓洗，擦干
○H.在洗脸池或洗脸盆内用温水洗手并使用香皂或洗手液仔细搓洗，擦干
49. 您认为剩菜应该怎么处理？ [单选题] *
○A.不吃，直接倒掉
○B.直接放在橱柜里
○C.密封好后放在橱柜里
○D.直接放在冰箱里冷藏
○E.密封好后放在冰箱里冷藏
○F.直接放在冰箱里冷冻
○G.密封好后放在冰箱里冷冻
○H.家里从来不剩菜
50. 您认为剩菜最多可以吃几顿？ [单选题] *
○A.只能吃一顿
○B.保存好的话，可以吃两顿
○C.保存好的话，可以吃三顿
○D.只要闻起来味道没坏，就可以一直到吃完为止

人口统计学变量

51. 您所在的地区是 [填空题] *

____

52. 您的性别是 [单选题] *
○A.男
○B.女
53. 您的年龄是 [单选题] *
○A.18~24 岁
○B.25~34 岁
○C.35~44 岁
○D.45~54 岁
○E.55~64 岁
○F.65 岁及以上
54. 您的工作状态 [单选题] *
○A.与食品卫生、食品安全、食物营养相关的全职或兼职人员
○B.全职或兼职医生
○C.其他全职工作者

○D.其他兼职工作者
○E.待业
○F.退休
○G.在读学生
55. 您现在的居住地是 [单选题] *
○A.特大城市（如北京、上海、广州、深圳）
○B.大中城市
○C.小城镇
○D.农村
56. 您的受教育程度是 [单选题] *
○A.小学及以下
○B.初中
○C.高中
○D.大学专科
○E.大学本科
○F.研究生
57. 您的婚姻状况是 [单选题] *
○A.未婚
○B.已婚有孩
○C.已婚无孩
○D.其他
58. 您的家庭人均年收入是 [单选题] *
○A.6 000 元以下
○B.6 000~14 000 元
○C.14 000~23 000 元
○D.23 000~35 000 元
○E.35 000~65 000 元
○F.65 000 元及以上
59. 您家中是否有 65 岁以上的老人 [单选题] *
○A.是
○B.否
60. 您家中最小成员的年龄是 [单选题] *
○A.1 岁以下
○B.1~2 岁
○C.3~5 岁

○D.6~12 岁

○E.12 岁以上

61. 您和您的家人（父母、伴侣、孩子）是否有高血压、糖尿病、冠心病、哮喘等慢性疾病？　[单选题] *

○A.是

○B.否

62. 您的联系方式是（选填）　[填空题]

____

附录4　大学生食品安全自我保护知识、意识及行为研究问卷

您好！我是吉林大学的学生，目前正在为毕业论文收集问卷。本问卷的目的是了解大学生食品安全知识、意识及行为水平。问卷为不记名问卷，在这里，我们郑重承诺，对您的个人信息严格保密。对您的合作我们深表感谢。

答题方式：请在您选择的答案上打“√”。

一、请根据您的日常行为，从以下选项中选出表示您行为的答案。

选项从左向右表示频率依次降低。

题项	总是会	经常会	有时候会	大多数时候不会	从来不会
1.正确的洗手方式应该是用流动的自来水并使用香皂或者洗手液仔细搓洗，擦干，您觉得您洗手时是按照正确的步骤来洗手的吗？					
2.超过保质期的食物您会丢掉吗？					
3.您会检验饭店的笑脸标识吗？（如果不了解笑脸标识，请选择从来不会）					
4.您会购买没有资质的小摊贩食物吗？					
5.您会食用没有清洗没有去皮的水果吗？					
6.在购买食品的时候，您会看标签和过敏原添加剂信息吗？					
7.购物时，您会关注商品的生产商或者品牌吗？					
8.购物时，您会检查商品包装是否完整吗？					
9.购物时，您会关注商品是否为有机或者绿色食品吗？					
10.购物时，您会检查商品保质期吗？					
11.购买需要冷藏的食品时，如酸奶，您会关注超市冰箱或者冷柜的温度吗？					
12.您会食用溏心鸡蛋（蛋黄未凝固）吗？					

二、您是否同意以下表述，请根据您的真实情况，在所对应的观点下面打“√”，

选项从左向右表示赞同程度依次降低。

题项	非常赞同	比较赞同	一般	不太赞同	非常不赞同
1.我的身体健康状况使我更容易因为食品安全问题而使健康受损（如有人患有肠胃炎，稍微吃点不太干净的东西就会腹泻）					
2.我觉得我将来会因为食品安全问题而使健康受损					
3.我将来因食品安全问题而使健康受损的可能性较大					
4.我很担心会因为食品安全问题而使健康受损					
5.因食品安全问题而使健康受到损害的后果很严重					
6.因食品安全问题而使健康受到损害可能会导致死亡					
7.因食品安全问题而使健康受到损害会增加我的花费					
8.因食品安全问题而使健康受到损害会给我的社会生活、家庭生活、工作能力带来负面影响					
9.我认为在自己身上发生食品安全问题的可能性很小					
10.我觉得自己购买劣质食品的可能性很小					
11.我能采取多种措施确保自己不受劣质食品的危害					
12.我能采取措施确保食品安全问题不发生在自己身上					
13.我能采取措施确保自己不购买劣质食品					
14.我非常担心在自己身上发生食品安全问题					
15.我非常担心自己购买了劣质食品					
16.我很害怕发生公共食品安全问题					

三、请从以下问题中，选择出您认为的正确答案（可以是多个）。

1.您是否知道可以通过餐厅里面张贴的笑脸标识选择食品卫生与食品安全有保障的饭店？

A.了解　　B.不了解

2.您是否了解 SC 标识？

A.了解　　B.不了解

3.您对绿色食品的了解是？

A.知道或者大概知道具体含义　　B.只听说过名词，但不知道具体含义

C.没有听说过，完全不知道

4.您对有机食品的了解是？

A.知道或者大概知道具体含义　　B.只听说过名词，但不知道具体含义

C.没有听说过，完全不知道

5.您对无公害食品的了解是？

A.知道或者大概知道具体含义　　B.只听说过名词，但不知道具体含义

C.没有听说过，完全不知道

6.冷藏或者冷冻可以杀菌吗？

A.可以　B.不可以　C.不知道

7.做好的饭菜在室温（25℃）下可以安全放置多长时间？

A.2 个小时　B.6 个小时　C.只要气味、口味没有改变就可以　D.不知道

8.您觉得以下哪种是正确的洗手方式？

A.用流动的自来水洗手，擦干

B.用流动的自来水并使用香皂或洗手液仔细搓洗，擦干

C.在洗脸池或者洗脸盆内用冷水洗手，擦干

D.在洗脸池或者洗脸盆内用温水洗手，擦干

E.在洗脸池或者洗脸盆内用冷水洗手并使用香皂或洗手液仔细搓洗，擦干

F.在洗脸池或者洗脸盆内用温水洗手并使用香皂或洗手液仔细搓洗，擦干

9.您认为加热剩菜时需要加热多久？

A.加热至完全沸腾或者冒气　B.热了就好，不要太烫

C.加热到室温就行　D.并不是一定要加热的

10.冷冻可以抑制微生物的生长吗？

A.可以　B.不可以　C.不知道

11.在逛超市的时候，什么时候把冷冻或者冷藏食品（如雪糕、速冻水饺）放进手推车最合适？

A.一进超市的时候　B.大概逛到一半的时候

C.马上就要出超市，打算去结账之前　D.什么时候放进去都可以

12.为防止食物中毒，最佳的冷冻温度是多少？（如果您不清楚，请选择一个您认为最接近的答案）

A.−18℃　B.−8℃　C.−4℃　D.0℃

13.您认为食用溏心鸡蛋（蛋黄未凝固）会增加食物中毒的风险吗？

A.会　B.不会　C.不确定

14.您认为食用半熟的豆角会增加食物中毒的风险吗？

A.会　B.不会　C.不确定

15.有下列哪些症状的人不应该为他人准备食物？

A.坏肚子　B.皮肤过敏　C.发烧　D.嗓子疼

E.感冒　F.这些人都不可以　G.以上人群都可以准备食物

四、您的基本信息

1.您的年级

A.大一　B.大二　C.大三　D.大四　E.大五（仅针对医学生）　F.研究生

2.您的专业类别

（如果没有包含您的专业类别或者您不确定您的专业类别，请备注您的专业）

A.医学或医学部　　B.工学与理学（不含食质与食科）

C.人文社会科学　　D.农学　　E.食质或食科

3.您的性别

A.男性　　B.女性

4.您的籍贯所在地

A.城市　　B.农村

5.您的平均每月生活费___________元。

最后，对您的合作我们再次深表谢意！

附录 5　农村居民干预材料

干预材料一：病从口入

食源性疾病是危害公众健康的最重要因素。食源性疾病是指由摄食进入人体的有毒有害物质（包括生物性病原体）等致病因子造成的疾病。致病因素包括病毒、细菌、寄生虫等，会引起肠胃炎，严重时危及肝脏、肾脏甚至是生命。

家庭中食品储存不当和处理不当会造成食品变质、交叉污染。2010 年我国家庭中的食品中毒人数和死亡人数分别占当年总中毒人数和死亡人数的 48.2%和 78.8%。

我国大部分家庭缺乏食品安全常识，未意识到危害的严重性。调查表明，不按照卫生规范准备食物或食品，久而久之会引发食源性疾病，导致自己和家人身体健康受到严重危害。由于我国居民在家庭中清洗、储藏、烹饪食品的方式基本上是依靠传承，大家认为现有的食品处理方式并没有使家人生病或自己不舒服，因此坚信自己准备、烹饪、储存食品的行为是正确的。事实上，调查表明大部分居民不能够按照卫生规范或标准在家中做饭或准备食品，这样久而久之必会引起严重的食源性疾病，使家人和自己的身体健康受到严重损害。因此，每一位家庭中的食品处理者必须认识到问题的严重性，储存和准备食品时必须按照卫生标准认真准备，纠正自己的错误习惯，这样才能保障家人和自身的身体健康。

食品污染引起的疾病是当今世界上最广泛的卫生问题之一。

（1）食源性疾患的发病率居各类疾病总发病率的第二位。

（2）50%~87%的食源性疾病发生与家庭食品安全行为直接或间接相关

（3）中国工程院院士陈君石曾指出中国平均每 6 个半人中就有 1 人次罹患食源性疾病。换句话说，中国有近两亿人次通过摄食而患上感染性或中毒性疾病。

（4）中国疾控中心毛雪丹博士分析 2003~2008 年中国细菌性食源性疾病监测结果，推算出当时监测漏报率为 99.992%。他通过计算食源性疾病造成的早逝与残疾对健康生命年损失进行综合性研究（相当于传统文化“折寿”的概念），结果显示，食源性疾病使中国人口总寿命每年损失约 28 万年（平均每人每年少活 0.18 小时），给中国造成的直接和间接的经济损失高达 132 亿元。

按照致病因素不同，我们常常把食源性疾病分为以下几类。

（1）细菌性食源性疾病，如金黄色葡萄球菌、沙门氏菌。

（2）病毒性食源性疾病，如轮状病毒、甲型肝炎病毒。

（3）食源性寄生虫病，如旋毛虫、猪带绦虫。

（4）化学性食物中毒，如铅、砷、有机磷等。

（5）真菌性食物中毒，如黄曲霉毒素。

（6）动物性食物中毒，如河豚鱼中毒。

（7）植物性食物中毒，如四季豆中毒、毒蘑菇中毒。

（8）其他或原因不明的食源性疾病。

细菌的致病性如下所示。

（1）副溶血性弧菌：嗜盐性细菌，天然存在于海水、沿海环境、海底沉积物和鱼贝类等海产品中，并且生命力特别顽强，在抹布和砧板上能生存一个月以上。主要病因是食用未经烧熟煮透的海产品，急性胃肠炎。

（2）单增李斯特菌：生命力顽强，冷藏情况下仍然可以生长繁殖。污染肉、奶、水产品等，生肉和即食食品污染率最高。发病率低，病死率较高，孕妇感染后，能引起胎儿感染，甚至导致流产等严重后果，据报道，概率约为三分之一。

（3）沙门氏菌：污染肉蛋奶，生鸡肉最容易被污染，呕吐腹泻腹痛等。

干预材料二：厨房食品安全行为操作指南

（1）煮熟。保证食物最中间部分煮熟；通过搅拌、转动等方式让食物的各个部分充分加热。

（2）冰箱温度。冰箱保鲜室的温度保持在 4℃或以下；不准备马上吃的生肉储存在零下 18℃的冷冻室内。

（3）剩菜处理。剩饭和剩菜立即放入冰箱；再次食用剩饭和剩菜前，要彻底加热；剩饭和剩菜只能加热一次，不能连续重复加热。

（4）冰箱使用。食物充分冷却后放入冰箱；冰箱里的东西不能太满，要给空气流通的空间；放在冰箱保鲜室的生肉 3 天内吃完；生肉放在保鲜室的最下层，并且不能与其他熟食接触。

（5）清洗。手拿食物前用温水和香皂洗手 20 秒以上；蔬菜和水果用专门的果蔬清洗剂及流动的水清洗干净。

（6）常温下食物的保鲜。食物在常温下极易变质，要及时转移到冰箱里；不能让生肉、鸡蛋、熟食、切开的水果在室温下存放 2 个小时以上，如果室温超过30℃，则不能超过一个小时。

（7）分开。在购物和储藏的时候应该把生肉、生海鲜、鸡蛋与其他食物分开；在做菜的时候准备两个菜板，一个切生肉、生海鲜，一个切熟食；熟的食物不要放进放过生肉、生海鲜而且未清洗的碗碟里。

（8）安全解冻生肉。把冷冻生肉包裹严实放入凉水中解冻，或冰箱冷藏室解冻，或微波炉解冻；不能将冷冻生肉放在室温下或热水里解冻（细菌会大量繁殖）；解冻后的生肉要一次性全部吃完，不能再次冷冻。

春季如何预防食物中毒？

春暖花开，人们的饮食生活会更丰富多彩，亲友聚餐、外出就餐等活动增多，如果在采购、加工、储存等环节稍有不当，便会造成食品安全隐患。为预防和减少食物中毒的发生，特此提醒大家注意以下几个方面。

（1）采购食品时，要到规模大、信誉好、食品质量把关较严的商场或超市选购，不要购买、加工和食用来历不明的食物及死因不明的畜禽或水产品，不要采摘、食用不认识的野生菌类、野菜和野果，以保证食品原料的卫生安全。

（2）购买和食用定型包装食品时，要查看厂名、厂址、生产日期、保质期等，不要购买和食用无生产日期或保质期、厂名、厂址的“三无”食品及感官性状异常的食品，不要食用超过保质期的食品。

（3）外出聚餐，应选择食品卫生条件好、信誉度高的餐饮单位，不要到无证照摊贩处就餐。

（4）家庭聚餐时，避免暴饮暴食，以免引起胃肠功能紊乱和身体抵抗力降低，增加患病风险；要坚持良好的个人卫生习惯，在烹调食物和进餐前要注意洗手，接触生鱼、生肉和生禽后要再次洗手。

（5）尽量不要生食肉类、海（水）产品等食品；制作食品时要做到生熟食品分开加工，生熟工具分开使用。

（6）剩余食物要及时冷藏，剩余食品和隔夜食品要彻底加热后再食用。

（7）进餐后如出现呕吐、腹泻等食物中毒症状，要立即进行自救，尽快吐出胃中物，并尽快就医。同时立即向当地监管部门报告，并保留所有剩余的食物和加工设备，以备调查中毒原因之用。

（8）购买食品及外出就餐索取和保留好相关票据，以备中毒原因追溯调查。

干预材料三：家庭食品安全指南

人们常常会提到食品安全，其实，最重要的食品安全问题是食源性疾病。各类食品都要避免有害细菌、病毒、寄生虫、毒物，以及化学的和物理的污染，才能保证健康地摄取食物。食源性疾病经常出现的体征与症状主要来自肠胃道综合征，如胃部不适、腹泻、发热、呕吐、腹部痉挛及脱水。比较严重的综合征如麻痹症和脑膜炎。每年患食源性疾病的人数很多，但只要采取相应的措施，就可能降低发生食源性疾病的危险，尤其是在家庭中。家庭的食品安全问题着重在食品的选购、加工、储存等方面。

保证肉类食品的食品卫生

肉类食品味道鲜美，营养丰富，食用价值较高。但肉品可能传播人畜共患传染病及寄生虫病，容易腐败变质，引起食物中毒，危害人体健康，应引起我们的重视。

为了保证肉类的安全食用，要做到以下几点。

1）正确选购

一般经卫生检疫部门检疫后的合格肉，已排除了患有传染病和寄生虫病的病畜肉，并盖有圆形印章，可以放心购买。肉的新鲜程度可用肉眼来观察。

新鲜畜肉的表皮微微干燥，有光泽；肉的断面为淡红色，稍湿润，但不黏；肉质紧密，有弹性，指压后可迅速恢复原状；脂肪分布均匀，没有“哈拉味”及腐臭味。

经冷冻后的肉如肌肉等保持原有颜色，表面有光泽，结构坚硬，敲击后发出清脆的声音，且没有异味，则可证明肉质良好，可以购买。一般最好选购超市的放心肉，质量可靠。如发现肉已有发黏、失去弹性、颜色不正或变色、异味等情况，就不能购买。

2）正确贮存

现代家庭中一般采用冰箱来贮存肉类，但低温下许多微生物仍然有存活的可能，因此保存时间也不宜过长，一般家畜肉在 1~−1℃可保存 10~20 天，−10~−18℃可保存时间较长，一般 1~2 个月。购买后可将肉分装成若干份保存在冷冻室内，每次取出一份食用，这样可避免冰箱门反复开启及肉的反复解冻和冻结。建议冷藏室温度不低于 4℃，冷冻室不低于−17.5℃。

3）注意肉类正确烹调

由于未煮熟的肉中可能含有寄生虫和细菌，因此肉应彻底煮熟煮透方可食用，特别是在吃火锅时。肉制品类熟食最好当天购买当天吃完，一顿吃剩的肉类菜肴如红烧肉、咖喱鸡等必须放入冰箱，食用前重新加热。

肉制品罐头在贮存中如发生胖听或破裂，则说明肉已变质，不能食用。腌制的肉制品在食用前，也应注意加热至少半小时，因为有些细菌如沙门氏菌，能在含盐量 10%~15%的肉类中存活好几个月，且只有用沸水煮 30 分钟方能将其全部杀死。

千万要注意的是，肉类有轻度异味或发生变质后，不能加热一下再吃，因为有些细菌是耐高温的，且细菌产生的毒素也并不能被加热所破坏。要注意生熟分开，避免交叉感染。

此外，家禽和鱼都以选购鲜活为好，它们的贮存和烹调方法与肉类食品相仿。总之，我们要从肉类的选购、贮存和烹调这三方面把关，防止病从口入。

保证蔬菜水果的食品卫生

蔬菜水果是我们每天必不可少的健康食品，能提供丰富的矿物质和维生素。但蔬菜水果往往会被有毒有害的化学物质、细菌和寄生虫污染，如挑选或处理不当，会危害人体健康。尤其是夏天新鲜瓜果蔬菜常被生吃，而且夏季蔬菜生长期短，农药残留问题更为突出，应引起我们重视。

1）挑选

不要挑选农药味特别浓的蔬菜水果及腐烂的蔬菜和表皮破损的水果。应注意带虫眼的蔬菜并不一定未受过农药污染，因为农药的大量施用已使一些害虫的抗药性大大增加。对一些洗净后能直接食用的水果如草莓、杨梅、李子等，购买时更要谨慎。一般情况下不要购买已削皮的或切开的水果。

2）清洗与去皮

对于新鲜水果蔬菜，食用前应仔细用水冲洗，为了减少它们外面的细小脏物、细菌和农药，可以去除蔬菜或水果的外皮。

带叶蔬菜最外层的叶片应摘除，水果和瓜果类蔬菜可用果蔬清洗剂擦洗；根茎类和瓜果类蔬菜如胡萝卜、土豆、番茄、莴笋、冬瓜、西葫芦等，去皮后应再用清水冲洗，水果也应洗净后削皮再吃。

3）浸泡

将清洗过的蔬菜用水浸泡 0.5~1 小时，再用清水洗净，用流水冲洗最好。

4）水烫

有些蔬菜，如青椒、芹菜、花菜、生菜、菠菜、刀豆等洗净后可先用开水烫一下，再下锅煸炒。

5）变花样

不要长时间吃同样的食物，要选择不同种类的食物，即食物多样化，这样可以避免摄入太多的某一种农药，同时还可摄入全面的营养素。

6）其他注意事项

除非是绿色食品，一般不要生食蔬菜，以防寄生虫、细菌及农药残留的污染。不要吃腐烂的水果和霉变的甘蔗，因为即使将水果的腐烂部分挖除，未烂的部分也已侵入了微生物代谢过程中所产生的各种毒素，只不过肉眼看不见而已。蔬菜要现炒现吃，不要过夜。

干预材料四：视频《不可忽视的食源性致病菌：致泄性大肠杆菌》

网址：http://www.cfsa.net.cn/Article/News.aspx?id=402E4F9C187879418DD798CF9DD4EC 98FC80C2CD461F5A83。

干预材料五：家庭食物准备七原则

（1）做饭之前，必须用热水和香皂（洗洁精、洗手液）彻底洗手。

（2）冷冻的肉不能直接放在冷水里解冻；也不能放在案板上慢慢解冻。正确解冻三种方法：一是放在冰箱冷藏室解冻；二是用塑料袋包裹严实后放在冷水里解冻；三是放在微波炉里解冻。

（3）菜板生熟分开，家里最好有一个单独的案板和菜刀，专门切生肉。如果只有一个案板或菜刀，切完生肉后的案板和菜刀一定要用热水和洗涤剂彻底清洗，然后再切其他的食品。

（4）冰箱一个月左右清洗消毒一次。冰箱中生的和熟的食品应该分开存放，熟食应该放入有盖的容器中存放，避免交叉污染。

（5）放在冰箱冷藏室的生肉最好在三天内吃完。

（6）接触生肉后必须用热水和香皂（洗洁精、洗手液）彻底洗手；然后再去拿其他的食品或碗筷等。

（7）剩菜必须在两小时内放进冰箱。剩菜不能仅仅加热到温的状态，必须高温加热（如加热到开锅）。而且，剩菜只能加热一次，热过一次没有吃完，必须倒掉。

酱菜、剩菜中的亚硝酸盐是怎么回事？

亚硝酸盐是一种世界各国都普遍使用的食品添加剂。因其可与肉中的肌红素结合而形成亚硝肌红素，维持良好外观，且还原性强，具有一定的防腐作用，故亚硝酸盐常被用作护色剂和防腐剂。亚硝酸盐有急性中毒导致高铁血红蛋白血症，以及慢性中毒致畸和致癌的风险，因此必须严格控制添加量。我国《食品添加剂使用卫生标准》（GB 2760—2014）规定，亚硝酸钠和亚硝酸钾可作为护色剂、防腐剂用于食品加工。其使用范围和使用量如下：腌腊肉制品类（如咸肉、腊肉、板鸭、中式火腿、腊肠），酱卤肉制品类，熏、烧、烤肉类，油炸肉类，肉灌肠类，发酵肉制品类 0.15 克/千克，残留量≤30 毫克/千克（以亚硝酸钠计）；肉罐头类 0.15 克/千克，残留量≤50 毫克/千克；西式火腿类（熏烤、烟熏、蒸煮火腿）0.15 克/千克，残留量≤70 毫克/千克。

蔬菜中硝酸盐含量较高，主要是由于过量施用氮肥，未被蔬菜吸收利用的部分会以硝酸盐的形式储存在蔬菜中。烹制后的剩菜，微生物大量繁殖，会把蔬菜中的硝酸盐还原成亚硝酸盐。同时，由于生鲜叶菜含有一定量的硝酸盐，在腌渍过程中，硝酸盐也会被还原成亚硝酸盐。例如，家庭腌制酸菜，通常情况下，亚硝酸盐含量会在第六天达到最高，但随后会逐渐下降，20 天后基本彻底分解，所以家庭腌渍蔬菜要注意食用时间。

干预材料六：视频《〈健康之路〉 20190524 读懂食品标签（上）》

网址：http://tv.cctv.com/2019/05/24/VIDE88AgtBkkZVe9bIqUQVlN190524.shtml?spm=C53121759377.PJBqL9mwZUSN.0.0。

干预材料七：如何预防食源性疾病

（1）选择新鲜安全的食品。不要购买和食用来源不明及色、香、味、形等感官性状异常的食品，包装食品应在保质期内。

（2）食物要烧熟煮透，各部位的温度都必须达到 70℃以上，特别是肉类、乳制品等易被病原菌污染的食品应彻底加热，煮透后食用。

（3）尽快吃掉做熟的食品。食品出锅后应尽快吃掉，夏秋季节在常温下存放不应超过 4 小时。

（4）妥善贮存食品。食品应贮存在 60℃以上或 5℃以下的条件下，同时要将食品贮存在密闭容器里，避免老鼠、蟑螂、苍蝇等的污染，注意生和熟的食物、新鲜与剩余食物要分开贮存。要牢记冰箱不是保险箱，要定时清洁。

（5）熟食品要再加热后方可使用。剩菜剩饭不宜贮存太久，低温贮存的食品必须回锅加热处理，回锅加热的温度至少要达到 70℃。

（6）避免生熟食品的交叉污染。加工生熟食品的用具（案板、刀具等）要分开使用，生熟食物要分开存放。

（7）保持厨房的卫生。厨房应当保持整洁，用来加工食品的所有用具表面必须保持干净。接触餐具和厨房用具的抹布应该在下次使用前彻底清洗，必要时煮沸消毒。特别要注意不要在厨房内存放任何有毒物及其容器，以避免误用、误食。

（8）养成良好的卫生习惯。饭前便后要洗手，在收拾生禽、生肉、生鱼之后，要再次洗手，方可接触其他食品。

世界卫生组织食品安全五要点

1）保持清洁

拿食品前要洗手，准备食品期间还要经常洗手。便后洗手。

清洗和消毒用于准备食品的所有场合和设备。

避免虫、鼠及其他动物进入厨房和接近食物。

2）生熟分开

生肉、禽和海产食品要与其他食品分开。

处理生的食物有专用的设备和用具，如刀具和切肉板。使用器皿储存食物以避免生熟食物互相接触。

3）做熟

生食物要彻底做熟，尤其是肉、禽、蛋和海产食品。

4）保持食物的安全温度

熟食在室温下不得存放2小时以上。

所有熟食和易腐烂的食物应及时冷藏（最好在5℃以下）

熟食在食用前应保持滚烫的温度（60℃以上）。

即便在冰箱中也不能过久储存食物。

冷冻食物不要在室温下化冻。冷冻食物解冻的最好办法：微波炉解冻、冰箱冷藏室和清洁流动水解冻。

5）使用安全的水和原材料

使用安全的水进行处理以保安全。

挑选新鲜和有益健康的食物。

选择经过加工的食品，如经过低热消毒的牛奶。

水果和蔬菜要洗干净，尤其是生食者。不吃超过保质期的食物。

干预材料八：剩菜能不能吃？应如何保存？

剩菜是否能吃，要看剩的是什么，剩了多久，储藏条件是什么，重新加热条件是什么。将剩菜分为蔬菜，以及鱼、肉和豆制品两大类。其中蔬菜是最不适合剩的，反复加热会使蔬菜中的营养成分（如维生素等）严重丢失，而且蔬菜中硝酸盐的含量较高，储存过程中在微生物的作用下，硝酸盐可能逐渐转变为亚硝酸盐。因此，建议剩蔬菜应尽量在24小时之内食用，这期间的亚硝酸盐含量并不会对人体造成危害。对于剩鱼、肉和豆制品，基本无须考虑亚硝酸盐的问题，而更需要注意微生物的繁殖问题。食用剩菜时，一定要彻底加热。同时一定不要对剩菜进行反复多次加热，吃多少就热多少。不管是哪一类菜，如果认为一餐吃不完，应尽量在出锅时就进行分装，微凉下来后及时放入冰箱中保存。

有机食品、绿色食品、无公害食品之比较

有机农业是指在生产中完全或基本不用人工合成的肥料、农药、生长调节剂和畜禽饲料添加剂，而采用有机肥满足作物营养需求的种植业，或采用有机饲料满足畜禽营养需求的养殖业。

按照农产品施农药化肥多寡排序，由高到低分别为无公害、绿色、有机。

无公害食品可以使用化学合成的农药化肥，使用量多寡依据国家标准。

绿色食品是减农药，减化肥。

有机食品是无农药、无化肥或不能使用任何化学合成的物质，有机产品的优点是比较天然，对环境更友好，污染较少，也因此成本最高、产量最低。有机食品按照有机生产标准，在生产过程中不使用人工合成肥料、农药，不使用生长调节剂和禽畜饲料添加剂等物质，不采用基因工程获得的生物及其产物。

有机食品、绿色食品和无公害食品的区别如下所示。

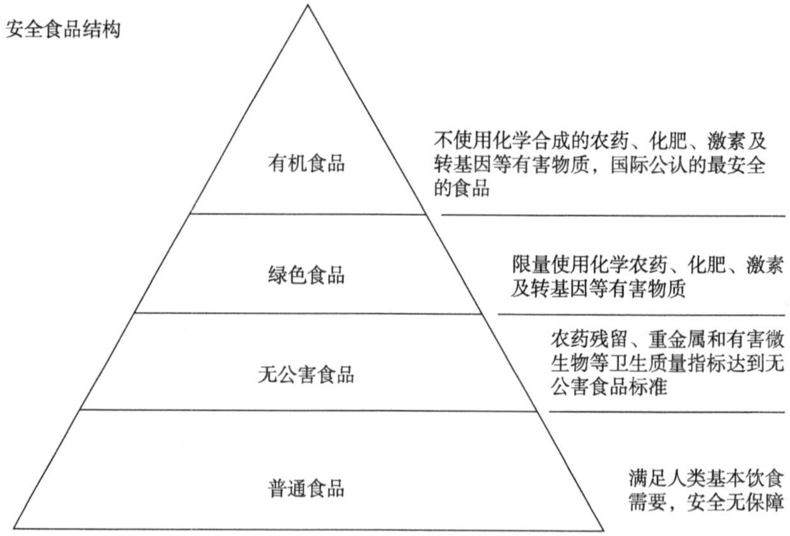

有机食品

有机食品符合的标准：

原料来自有机农业生产体系或天然产品

产品在整个生产加工过程中必须严格遵守有机食品的加工、包装、贮藏、运输要求

生产者在有机食品的生产、流通过程中有完善的追踪体系和完整的生产、销售的档案

必须通过独立的有机食品认证机构认证

干预材料九：视频《不可忽视的食源性致病菌：沙门氏菌》

网址：http://www.cfsa.net.cn/Article/News.aspx?id=850F1BD9E93C76F770D8010F181569BA6E4AA28580C3FDD8。

干预材料十：这些食品安全热点的真相你都知道吗?

热点 1　木耳久泡有毒。

编者短评：食用时认真清洗，过夜储存木耳务必放冰箱。

解读专家：国家食品安全风险评估中心副主任李宁。

科学解读：木耳本身无毒，但如果被环境中的椰毒假单胞菌污染，该菌代谢产生的米酵菌酸则可能导致食物中毒。椰毒假单胞菌食物中毒多发生在夏、秋季，易被其污染的食品包括变质木耳、鲜银耳、谷类发酵制品和薯类制品。椰毒假单胞菌引起的食物中毒并不常见，但此类中毒发病急，无特效解毒药物，死亡率高达 40%，病后恢复情况与摄入毒素的量有关。

消费者除了要注意从正规渠道购买木耳，还应在食用木耳时，注意认真清洗木耳，并及时食用。食用时根据需求来泡发木耳，不宜过多泡发，如果需要过夜储存，务必放入冰箱冷藏室；泡发后如果发现耳片发黏、软、无韧性或有异味，一定要丢弃。如果凉拌，则需用开水焯熟，并适当添加大蒜、醋等，以降低发病率和死亡率。

热点 2　美国环孢子虫感染事件。

编者短评：生熟分开，注意卫生。

解读专家：国家食品安全风险评估中心技术顾问刘秀梅。

科学解读：环孢子虫病是环孢子虫引起的，以水样腹泻为主要症状的寄生虫病，主要通过被环孢子虫污染的生鲜食物或水感染，多发于 6~9 月，很难直接人传人。建议食品生产经营者应加强原料选择及过程控制，灭活和消除食品中可能污染的环孢子虫卵囊，确保生鲜食品和饮用水的安全。消费者应自觉养成良好的卫生习惯，不食用不干净的食物和水，生熟分开。

热点 3　咖啡真的致癌吗?

编者短评：其实防癌的证据更多。

解读专家：中国食品科学技术学会副理事长、中国疾病预防控制中心营养与健康所所长丁刚强。

科学解读：食品中丙烯酰胺来源于美拉德反应的副产物，在所有的高温加工食品中几乎都有。目前尚缺乏咖啡与人类致癌的相关性证据，国内外也没有国家或组织制定食品中丙烯酰胺的限量标准。毒性与剂量不能分开，比如如果想靠喝咖啡达到致癌性，除非一天喝 30 杯中杯咖啡才有可能；在 2017 年国家癌症研究基金会发布的报告中指出，目前没有证据显示喝咖啡会使人致癌，甚至有部分证据还表明咖啡能降低某些癌症的风险，如乳腺癌、子宫内膜癌及肝癌。

热点 4 非洲猪瘟蔓延猪肉还能吃吗？

编者短评：正规渠道购买+高温烹饪=放心食用。

解读专家：北京食品科学研究院院长、中国肉类食品综合研究中心主任、国家肉类食品质量监督检验中心主任王守伟。

科学解读：猪是非洲猪瘟唯一的自然宿主，世界范围内还没有一例其他哺乳动物感染这一病毒，所以非洲猪瘟不会对人和食品安全造成影响；打击非洲猪瘟是为了保护生猪养殖业；通过高温就可以杀死非洲猪瘟的病毒，60℃持续加热 20 分钟即可灭活。目前市场上销售的工厂化高温肉制品和低温肉制品，其加工工艺及条件均可使病毒失活。家庭烹饪鲜（冻）猪肉时的温度，也同样可以让病毒失活。

热点 5 食用盐中添加亚铁氰化钾堪比毒药？

编者短评：学好化学才能不被谣言洗脑。

解读专家：中国工程院院士、北京工商大学校长孙宝国。

科学解读：亚铁氰化钾是我国允许使用的一种抗结剂，主要是为了防止精制盐结块，在常规烹饪条件下不会产生有毒物质氰化钾。亚铁氰化钾的安全性已被多个国家与国际组织广泛认可，按照相关规定在食用盐中合理添加，不会对人体健康造成危害。

热点 6 食用植物调和油鱼目混珠，国家重拳监管。

编者短评：按规生产，也得按规宣传。

解读专家：中国粮油学会首席专家王瑞元。

科学解读：针对我国食用植物调和油市场上出现的一些不规范现象，如在高价格油脂中掺入低价格油脂、以高价油脂命名、夸大油品的健康功效、用转基因油料生产的食用油标识不显著等问题。国家已出台相应文件，予以有效监管。与此同时，只要符合国家有关规范标准的产品，都是安全可靠的，消费者可以放心食用。

热点 7 “碱性体质”骗局被戳穿。

编者短评：传播碱性体质的“鼻祖”被判赔患者 1.05 亿美元，大家也都该醒醒啦。

解读专家：北京大学公共卫生学院营养与食品卫生学系主任马冠生。

科学解读：只有“酸碱平衡”的说法，没有“酸碱体质”的概念；正常生理状态下，人体内体液的酸碱度保持相对稳定的状态，酸碱失衡并不容易发生；呈酸性或呈碱性食物并不能造成酸性或碱性体质；日常生活中应注重平衡膳食均衡营养，才能促进健康。